国家社会科学基金项目"中国共产党的奋斗精神融入高校思想政治理论课研究"（项目批准号：20BKS121）阶段性成果。

思想政治教育研究文库

新时代大学生
艰苦奋斗精神教育研究

张　颖　著

光明日报出版社

图书在版编目（CIP）数据

新时代大学生艰苦奋斗精神教育研究 / 张颖著. --
北京：光明日报出版社，2021.5
ISBN 978 - 7 - 5194 - 5966 - 6

Ⅰ.①新… Ⅱ.①张… Ⅲ.①大学生—艰苦奋斗—革
命传统教育—教育研究 Ⅳ.①G641

中国版本图书馆 CIP 数据核字（2021）第 068194 号

新时代大学生艰苦奋斗精神教育研究
XINSHIDAI DAXUESHENG JIANKU FENDOU JINGSHEN JIAOYU YANJIU

著　　者：张　颖	
责任编辑：陆希宇	责任校对：李小蒙
封面设计：中联华文	责任印制：曹　净

出版发行：光明日报出版社

地　　址：北京市西城区永安路 106 号，100050

电　　话：010 - 63169890（咨询），63131930（邮购）

传　　真：010 - 63131930

网　　址：http：//book. gmw. cn

E - mail：luxiyu@ gmw. cn

法律顾问：北京德恒律师事务所龚柳方律师

印　　刷：三河市华东印刷有限公司

装　　订：三河市华东印刷有限公司

本书如有破损、缺页、装订错误，请与本社联系调换，电话：010 - 63131930

开　　本：170mm×240mm	
字　　数：205 千字	印　　张：16
版　　次：2021 年 5 月第 1 版	印　　次：2021 年 5 月第 1 次印刷
书　　号：ISBN 978 - 7 - 5194 - 5966 - 6	

定　　价：95.00 元

目　录
CONTENTS

导　论

一、研究缘起与意义

（一）问题提出

艰苦奋斗精神是中华民族的传统美德，是中国共产党的优良传统和作风，是中国共产党人的政治本色。党始终高度重视艰苦奋斗精神的传承，把艰苦奋斗的教育作为一项重要的思想工作来抓，使艰苦奋斗精神成为激励中国共产党和中华民族不断永续奋斗的重要精神力量，融入党和中华民族的精神基因当中。随着改革开放和社会主义市场经济的深入发展，社会物质财富快速增长，人民生活水平稳步提升，在巨大发展成就面前，人们艰苦奋斗的精神却开始淡漠，艰苦奋斗的精神支撑作用没有得到应有发挥。有的党员和人民群众不同程度地存在贪图享乐、不思进取心理，拜金主义、奢靡之风盛行，浪费问题严重。党的十八大以来，习近平总书记在强调改进工作作风时指出："最根本的是要坚持和发扬艰苦奋斗精神，这事关党和人民事业的兴衰成败。"并在全党和全国号召和倡导厉行节俭、反对浪费之风，弘扬艰苦奋斗精神。习近平在新华社《网民呼吁遏制餐饮环节"舌尖上的浪费"》材料上做出批示："要大力弘扬中华民族勤俭节约的优秀传统，大力宣传节约光荣、浪费可耻的思想观念，努力使厉行节约、反对浪费在全社会蔚然成风。"①向全社会发出弘扬艰苦奋斗精神的号召。

树人必先立德，高校应努力在思想政治教育内容中提高艰苦奋斗精神教育所占比重，并贯穿整个高校人才培育的全过程，为党和国家培养德才兼备的社会主义建设者和接班人。新时代大学生的思想意识和行为方式在很大程度上引领着社会潮流。大学生艰苦奋斗精神教育的成效，势必决定着优秀民族精神、党的优良作风是否可以得到传承和发扬。通过多年不懈的努力，高校的艰苦奋斗教育工作已经获得较多成绩，艰苦奋斗精神也进入大学生的头脑，成为大学生的基本认知。而近年来，大学生受到多元文化价值观冲击、社会不良风气蔓延的影响，加之部分教育主体艰苦奋斗精神教育缺位，导致一些大学生艰苦奋斗意识淡化，部分大学生没有明确奋斗目标和远大理想。主要表现在学习上，惧怕困难，缺乏刻苦钻研、勇于创新的精神；生活中，贪图安逸，过度消费，享乐攀比之风盛行，自理能力不强，遇到挫折时气馁、退缩甚至放弃；思想上，缺乏坚定的理想信念，缺少团队意识、社会责任感和奉献精神；就业创业观念上，劳动观念、敬业精神淡薄，缺少吃苦务实精神和艰苦创业的意识，择业时"眼高手低"的现象普遍；等等。目前，大学生艰苦奋斗精神教育本身也存在问题：部分教育主体对艰苦奋斗精神教育重要性认识不足；部分高校忽视大学生艰苦奋斗精神教育；设置的教育内容陈旧，缺乏针对性和时代性；采取的教育方法单一；运用的教育途径缺乏创新；相关理论研究不足等，这些都影响艰苦奋斗精神教育

---

① 隋笑飞. 厉行节约 反对浪费［N］. 人民日报，2013－01－29（1）.

产生良好的效果。由此可见，大学生的艰苦奋斗精神培育工作亟待改进。

党的十九大报告指出："全党一定要保持艰苦奋斗、戒骄戒躁的作风，以时不我待、只争朝夕的精神，奋力走好新时代的长征路。"① 中国特色社会主义建设进入了新时代，中国正处在全面建成小康社会的决胜阶段，即将开启全面建设中国特色社会主义现代化强国的新征程。新的时代赋予作为中国特色社会主义主要建设者的大学生新的责任和使命，这就要求他们必须具备有时代特性的艰苦奋斗精神。要让大学生担当起新时代的社会责任和历史使命，必须在大学生群体中坚持与弘扬艰苦奋斗精神。大学生的艰苦奋斗精神教育不容忽视、教育效果亟待提升。

（二）研究意义

研究新时代大学生艰苦奋斗精神教育问题是进一步完善和丰富艰苦奋斗教育理论的需要。对培养大学生艰苦奋斗精神的相关问题进行系统研究，加深对艰苦奋斗精神教育的内涵、理论基础、实践经验、教育内容、教育方式等理论的认识，可以整合并丰富学界关于艰苦奋斗教育的理论成果，使对艰苦奋斗问题的研究更系统化、更全面、更具理论性。从大学生思想政治教育视角来研究艰苦奋斗精神问题，也可以充实大学生思想政治教育理论与方法，拓展大学生思想政治教育的研究空间，为培养大学生其他精神品质的理论研究提供借鉴。

研究新时代大学生艰苦奋斗精神教育问题是解决大学生艰苦奋斗精神淡化问题的现实需求。社会主义市场经济的快速发展，在不断满足人

———————

① 习近平．决胜全面建成小康社会 夺取新时代中国特色社会主义伟大胜利［N］．人民日报，2017－10－28（1）．

民物质文化需求的同时，也推动了人们思想解放和观念更新。在优越条件下成长起来的大学生，明显表现出艰苦奋斗精神淡化的问题。这导致一些大学生不能吃苦、畏惧艰难、心理脆弱、融入社会困难、缺乏社会责任感等，会影响大学生身心健康，也会影响高校思想政治教育目标即培养德才兼备的社会主义事业所需人才目标的实现。因此，研究如何加强高校艰苦奋斗精神的教育，是摆在高校和社会面前的一项紧迫课题。本研究具有以下几点意义。通过分析总结高校开展艰苦奋斗精神教育的实践历程，并总结历史经验，可以把过去培养青年人艰苦奋斗精神的好做法、好思想继续应用到今天的教育活动中；结合新时代大学生的特点，可以转变教育理念，创新教育方法，用大学生喜闻乐见、接受度高的方式开展教育活动；调研大学生艰苦奋斗精神教育面临的困境，找出产生问题的思想根源，可以探索出能够切实加强和改进新时代大学生艰苦奋斗精神教育的有效路径；解决当前高校艰苦奋斗精神教育效果不理想的问题，可以提升高校思想政治教育的水平和实效，促进高校思想政治教育实践的科学发展。

二、研究现状

艰苦奋斗的作风是中国共产党要永远保持的优良作风和政治本色。党的历代领导核心都高度重视传承艰苦奋斗作风，并结合时代特征阐述艰苦奋斗的思想。为此，对艰苦奋斗精神的理论和对艰苦奋斗精神教育问题的研究，是思想政治教育领域中学者们研究的主要问题之一，并取得了一定的研究成果。学者们的研究成果对进一步深入研究大学生艰苦奋斗精神教育奠定了良好基础。

（一）关于艰苦奋斗精神的基本理论的研究

研究艰苦奋斗精神的基本理论是深入开展艰苦奋斗精神研究的逻辑起点，也是研究大学生艰苦奋斗精神教育的前提和基础。虽然学者们开展艰苦奋斗精神研究多年，但对于该问题的系统理论成果并不多见，特别是近些年相关的成果很少。最有代表性的当属柳礼泉著的《中国共产党对艰苦奋斗精神的发展与升华》，该书对艰苦奋斗精神的基本内涵和价值、传统文化中的艰苦奋斗精神、党的艰苦奋斗精神及其时代内涵、新世纪新阶段弘扬艰苦奋斗精神的主要途径等几个方面，进行了详细深入的阐述。还有叶笃初、王作成主编的《党员干部艰苦奋斗作风读本》一书，从阐述党的艰苦奋斗思想入手，向党员领导干部讲述新时期艰苦奋斗精神时代内涵，继续坚持艰苦奋斗作风的重要意义，以及如何在工作中、思想上树立和践行艰苦奋斗的作风。姚军所著的《奋斗论》、褚海萍的博士论文《节俭观研究》中也有部分内容对艰苦奋斗精神进行了理论研究。这些关于艰苦奋斗精神的理论研究，是本研究的宝贵参考资料。其他学者在研究艰苦奋斗精神时，各有侧重，多是针对某一方面的问题进行研究。综合起来，学者们对艰苦奋斗精神的研究主要集中在以下几个方面。

一是艰苦奋斗精神基本内涵和表现研究。学者从多个角度阐述了艰苦奋斗的概念。柳礼泉在著作中认为："艰苦奋斗它是人类在认识世界、改造世界的实践中，为实现自身的目标而不畏艰难、锐意进取的意志状态、思想品格和精神力量"；"是艰苦朴素、勤劳节俭、珍惜物质财富的生产和生活作风"。[①] 张振川把艰苦奋斗视为一种当代民族意志，

---

① 柳礼泉. 中国共产党对艰苦奋斗精神的发展与升华 [M]. 长沙：湖南大学出版社，2008：2.

是顽强拼搏精神，是为祖国的社会主义现代化建设献身的热情和创造力。邢增鎏认为艰苦奋斗体现在：从物质方面，是人们的消费要在合理限度内，与社会的经济水平相适应，它倡导勤俭节约，珍惜物质财富；从精神方面，艰苦奋斗是不怕艰难困苦、坚忍不拔、奋发有为、乐于贡献的精神状态。① 成志伟、武在平认为，艰苦奋斗表现在："思想上有旺盛的斗志，为实现革命的理想奋斗不息。工作上不避艰苦，不怕困难，勇挑重担。生产上对国家和集体的财物精打细算。"② 总体来说，学者们对艰苦奋斗的基本内涵概括已经比较全面，多从物质和精神两方面来表述，将艰苦奋斗精神层面的内涵集中概括为在实践中表现出来的不畏艰难、自强不息、坚韧不拔的状态和奋斗意志。

二是艰苦奋斗精神的时代内涵研究。学者们普遍认为，艰苦奋斗精神是一个社会历史范畴，在不同的时代里，在不同的民族中，它都有自己具体的内涵。艰苦奋斗精神的内涵与时俱进，始终与时代的特征和要求保持一致。学者们对当今艰苦奋斗精神的时代内涵的阐释各有不同。谢鑫认为，艰苦奋斗精神是为实现既定的目标和理想而"表现出的勇于克服艰难困苦、顽强奋斗、百折不挠、自强不息、贫贱不移、富贵不淫的精神，包含着积极进取的生活态度、坚韧不拔的意志品质、勇于挑战的行为方式和甘于奉献的人生境界"③。米如群认为，艰苦奋斗精神乃中外先进文化共有的精髓，将其内涵解构为"合理而现实的目标驱动、资源效用最大化追求、竭心尽力地奋斗毅力"三个核心构成要

---

① 邢增鎏．"以艰苦奋斗为荣，以骄奢淫逸为耻"：谈新时期的艰苦奋斗 ［J］．前沿，2007（7）：94．
② 成志伟，武在平．在艰苦奋斗中求富强 ［M］．青岛：青岛出版社，1990：2．
③ 谢鑫．艰苦奋斗精神的哲学解读 ［J］．湖南文理学院学报（社会科学版），2008（3）：19．

件。① 李海明从党的艰苦奋斗思想角度阐述，认为新时期的艰苦奋斗就是在实际工作中"脚踏实地、埋头苦干，讲实效、办实事，坚决反对形式主义和官僚主义"，按照规律办事②。王焰新从四个方面阐述时代内涵，认为艰苦奋斗精神是"一种志存高远、克己奉公的人生境界；奋发向上的精神风貌；简约朴素、吃苦耐劳的生活态度；是一种坚韧不拔的工作作风"③。

三是弘扬艰苦奋斗精神的必要性和意义研究。有些学者对当前弘扬艰苦奋斗精神的必要性、作用和价值进行了阐释，说明今天为什么我们还需要弘扬艰苦奋斗精神，以及艰苦奋斗精神对社会的作用。闫成俭认为，在新世纪新阶段，发扬艰苦奋斗精神是全面建设小康社会的需要，保持党同人民群众的血肉联系，保证我国经济社会长远发展的动力④。黄兰镇提出艰苦奋斗是我国国情的要求，是解决面临的困难和任务，建设社会主义精神文明的必然要求⑤。谷佳媚指出艰苦奋斗不仅是一个国家、一个民族兴旺发达的根本所在，而且也是实现个人价值的重要条件⑥。

一些学者从继承传统优秀文化与党的建设角度，研究弘扬艰苦奋斗精神的必要性，认为艰苦奋斗是中华民族的传统美德，是党的优良传统，是党几代领导集体的政治价值认同。李晨指出"提倡艰苦奋斗、

① 米如群. 关于艰苦奋斗精神内涵的文化释读 [J]. 学海，2006（6）：16.
② 李海明. 科学把握艰苦奋斗的时代要求 [J]. 求是，2003（11）：17.
③ 王焰新. 艰苦奋斗精神的时代内涵及弘扬途径 [J]. 中国地质大学学报（社会科学版），2002（1）：27－28.
④ 闫成俭. 论坚持艰苦奋斗精神的价值意义 [J]. 安徽工业大学学报（社会科学版），2005（3）：17－18.
⑤ 黄兰镇. 论新时期艰苦奋斗精神的培养 [J]. 湘潮（下半月），2009（4）：72.
⑥ 谷佳媚. 论艰苦奋斗精神对构建和谐社会的时代价值 [J]. 当代社科视野，2008（9）：23－27.

勤俭节约是党的进步标志"，是党永葆先进性和实现宏伟事业的需要①。周为民阐述了艰苦奋斗对今天党的发展建设的重要意义，认为它是我们党保持和人民群众血肉联系的重要纽带，反腐倡廉的重要思想武器②。还有少数学者从分析对艰苦奋斗精神的认识误区分析阐述继续弘扬艰苦奋斗精神的必要性。如窦玉田分析当前的认识误区有："过时论""物质生活节俭论"、作风问题、"小事无害论""吃亏论"。通过分析误区产生的原因，阐述继续弘扬艰苦奋斗精神的必要性③。

四是培养艰苦奋斗精神的途径研究。对于如何培育和发扬人们的艰苦奋斗精神，学者们也提出了多种途径。谢安国认为，需要在全社会营造艰苦奋斗光荣的氛围，在人民中进行长期艰苦奋斗教育，强化领导干部的带头作用，用法规制度做保障。对于整个社会的艰苦奋斗精神培养，很多学者都提出，通过营造良好的社会环境，依靠舆论引导和道德规范，制度约束和法律约束，将艰苦奋斗精神传承和弘扬下去，并使之落实到人们的实际行动中④。康达华、黄铁苗针对党员的艰苦奋斗教育提出，"需要深刻认识勤劳节俭、艰苦奋斗精神的重要性；正确理解勤劳节俭、艰苦奋斗的内涵"；加强制度建设；加强思想道德教育；加快改革党政干部考评选任体系；加强监督机制建设⑤。王克群、孙杏林提出通过宗旨教育、国情教育、形势教育和加强理论学习来开展经常性的

---

① 李晨. 艰苦奋斗、勤俭节约是共产党人的精神品格［J］. 求实，2006（10）：12 - 13.

② 周为民. 艰苦奋斗与马克思主义科学理论［N］. 解放军报，2003 - 10 - 06.

③ 窦玉田. 弘扬艰苦奋斗精神需要解决的几个认识误区［N］. 营口日报，2007 - 02 - 15（2）.

④ 谢安国. 艰苦奋斗是全面建设小康社会的精神力量［J］. 中共山西省委党校学报，2012（4）：27 - 29.

⑤ 康达华，黄铁苗. 论继续发扬勤劳节俭、艰苦奋斗精神［J］. 毛泽东邓小平理论研究，2012（11）：34 - 36.

党员艰苦奋斗教育①。叶笃初、王作成在主编的书中，特别针对领导干部如何以身作则地弘扬艰苦奋斗精神提出途径，认为要树立正确的权力观，保持谦虚谨慎的作风，弘扬艰苦朴素、勤俭爱国的精神和加强自我修养②。侯玉环提出以精神引领、实践锻炼和满足学生利益诉求来培育奋斗精神③。

这些措施也为在全社会坚持弘扬艰苦奋斗精神提供了有益的借鉴。

（二）关于大学生艰苦奋斗精神教育的研究

在对艰苦奋斗精神和艰苦奋斗精神教育进行宏观研究的基础上，一些学者将研究视角转移到需要重点开展教育的一部分群体——大学生，分别从大学生艰苦奋斗精神教育的内涵、教育意义、教育现状、教育方法和途径等具体问题开展研究。

一是关于大学生艰苦奋斗精神内涵研究。对于大学生艰苦奋斗精神时代内涵的研究，目前尚不够深入，但对艰苦奋斗精神的基本内容的归纳相对统一，很多学者都是从大学生的学习、生活、工作、思想意志等几个方面做了归纳。对于大学生艰苦奋斗精神的基本含义问题，曾雅丽认为，艰苦奋斗是指"人们在艰苦的环境下仍须保持一种积极进取、敢于拼搏的奋斗精神"④。有的学者对大学生艰苦奋斗精神的时代内涵进行了概括。苏守波认为，"解放思想、实事求是是核心和精髓，吃苦

---

① 王克群，孙杏林.艰苦奋斗的优良传统是民族振兴的强大精神力量［J］.发展论坛，2002（1）：23 – 24.

② 叶笃初，王作成.党员干部艰苦奋斗作风读本［M］.北京：红旗出版社，2003：218 – 227.

③ 侯玉环.论新时代青年学生奋斗精神培育研究［J］.思想理论教育导刊，2019（6）：53 – 57.

④ 曾雅丽.新时期加强大学生艰苦奋斗精神教育的思考［J］.学校党建与思想教育（上半月），2008（6）：75.

耐劳、顽强拼搏是最基本的要求；脚踏实地、刻苦钻研、勤勉敬业是又一重要内容；艰苦朴素、勤俭节约是实质所在；自强不息、知难而进是集中体现；励精图治、积极探索、勇于创新是价值取向"①。苏海虹提出了勇于创新、同心同德、顾全大局，励精图治、无私奉献等时代品质②。

二是关于大学生艰苦奋斗精神教育的概念研究。这是一个学者们研究较少且不够深入的问题。陈永红指出，对大学生进行艰苦奋斗教育，"从根本上说是要帮助他们树立正确的世界观、人生观和价值观，教育他们志存高远、顽强拼搏、奋发有为，这是艰苦奋斗教育的应有之义"③。于欣欣、孟欣在主编的书中认为，对学生进行艰苦奋斗教育是"通过一系列的教育，让大学生树立适应时代要求的艰苦奋斗的观念"④。目前，大学生艰苦奋斗教育的概念，学术界尚未形成统一的意见，已有的研究观点只是从艰苦奋斗教育以及大学生艰苦奋斗教育的目的或者性质方面对其内涵进行了阐释，还有待更加具体的表述。

三是关于大学生艰苦奋斗精神教育意义和价值研究。对此问题的研究，向人们阐释了研究和开展大学生艰苦奋斗精神教育活动的意义和作用，还能够促进教育者积极开展教育活动，受教育者乐于接受教育活动。从已有的研究成果看，学者们对教育意义的分析较多。陈志超指出，新形势下，"加强大学生艰苦奋斗精神的教育是适应我国基本国

① 苏守波．当代大学生还需不需要"艰苦奋斗"［J］．中国青年研究，2002（2）：78－79．
② 苏海虹．对策：新时期大学生艰苦奋斗教育［J］．中国青年研究，1998（4）：56．
③ 陈永红．加强大学生艰苦奋斗教育的几点认识［J］．思想理论教育导刊，2003（10）：66．
④ 于欣欣，孟欣．高校大学生思想政治教育［M］．哈尔滨：哈尔滨地图出版社，2006：149－161．

情，培养中国特色社会主义事业合格建设者和可靠接班人"，让大学生明辨荣辱是非，摆脱精神"贫困"的需要①。周秀红认为，加强艰苦奋斗教育是大学生成才和创业，发展中国特色社会主义事业的需要。王向志、周作武论述了艰苦奋斗教育对当代大学生健康成长的作用，指出艰苦奋斗精神对一个青年能否成为对国家和民族、对党和人民有用的人才至关重要；对大学生进行艰苦奋斗教育是大学生建立正确世界观、人生观、价值观，成为社会主义建设者和接班人、立志成才的要求②。朱其训还指出，"艰苦奋斗是人与自然和谐相处的必由之路，艰苦奋斗教育是高校党建工作的重要任务"，也是要对大学生开展艰苦奋斗教育的原因③。张丽萍、张云霞把培育和弘扬大学生的艰苦奋斗精神视为"高等教育的一项历史使命，是大学生塑造健全人格，成长为专门人才的重要途径"④。综上，学者们普遍认同，开展艰苦奋斗精神教育对大学生成长成才，成为社会主义合格建设者和可靠接班人具有重要作用。

四是关于大学生艰苦奋斗精神现状研究。学者们开展的调查研究中，都反映出当代大学生艰苦奋斗精神淡薄的现状，并总结了当前大学生艰苦奋斗精神弱化的主要表现。王璐等人总结的主要表现有："生活上铺张浪费，缺乏节俭意识；学习上投机取巧，缺乏刻苦钻研的科学精神；择业上拈轻怕重，追求薪水和环境'双赢'。"⑤ 王向志、周作武总

---

① 陈志超. 高校应大力加强大学生艰苦奋斗精神的教育［J］. 思想理论教育导刊，2011（6）：107 - 108.

② 王向志，周作武. 当代大学生艰苦奋斗思想的现状与对策［J］. 山东省青年管理干部学院学报，2005（6）：40 - 42.

③ 朱其训. 论大学生的艰苦奋斗教育［J］. 江苏高教，2003（4）：61 - 62.

④ 张丽萍，张云霞. 浅谈艰苦奋斗精神对大学生成才的意义［J］. 学校党建与思想教育，2006（2）：71 - 72.

⑤ 王璐，王新爱，任福全. 当代大学生艰苦奋斗精神教育探析［J］. 中国环境管理干部学院学报，2008（2）：102.

结出的表现有：生活上，高消费，重享乐，追求时髦，互相攀比；学习上，惧怕困难，缺乏刻苦钻研和拼搏精神；精神上，意志薄弱，贪图安逸，缺乏吃苦奉献精神，过分强调个人利益①。学者们从大学生的思想、学习、生活、工作及择业等方面进行总结，基本覆盖了大学生能接触到的主要方面，已经较为详细地分析了大学生艰苦奋斗精神淡化的现实状况。

五是关于大学生艰苦奋斗精神教育存在问题的成因分析。现有研究中，学者们主要把大学生艰苦奋斗精神淡薄原因归结为大学生自身认识不足，学校教育、家庭教育、社会教育不到位等。如旷勇、刘启文认为，造成部分大学生艰苦奋斗思想淡薄的原因，有大学生自身的不足、家长的影响、封建残余思想的影响和社会环境的作用②。有学者认为，生活消费观念的变化、父母忽视对孩子的艰苦奋斗教育、学校教育程度不够是导致问题出现的主要原因③。还有的学者提出西方不良文化的负面作用和社会腐败现象的影响也是造成当前大学生艰苦奋斗精神淡薄的原因之一。

六是关于大学生艰苦奋斗精神教育路径研究。若要大学生艰苦奋斗精神教育能够行之有效开展，取得成效，找到有针对性且操作性强的教育措施和路径是至关重要的。搞好路径和对策研究是改变当代大学生对艰苦奋斗精神淡漠现状的关键。学者们关于这个问题研究最多，成果也最为丰富。

---

① 王向志，周作武．当代大学生艰苦奋斗思想的现状与对策［J］．山东省青年管理干部学院学报，2005（6）：41-42．
② 旷勇，刘启文．加强当代大学生艰苦奋斗教育的思考［J］．学校党建与思想教育，2005（3）：77-78．
③ 陈永红．加强大学生艰苦奋斗教育的几点认识［J］．思想理论教育导刊，2003（10）：67．

开展大学生艰苦奋斗精神教育，要引导大学生准确把握艰苦奋斗精神。王祖星认为，应对大学生进行"党史教育、典型人物创业史教育和反面人物的警示教育，通过进行摒弃各种错误观念的教育培养大学生艰苦奋斗精神"①。有学者提出："要加强基本国情教育，准确理解新时期艰苦奋斗精神的科学内涵；加强科学的世界观、人生观、价值观教育，正确把握艰苦奋斗理论与实践相结合的关系。"② 周秀红也认为重要途径之一就是"加强理论引导，矫正错误倾向"。有的学者认为，艰苦奋斗教育的重点应是进行"奋斗精神"的教育，有的学者专门从建设节约型社会需要厉行节俭来论述大学生艰苦奋斗精神教育。

对于教育途径与方法研究，学者们的有些观点已基本一致，比较有代表性的如陈志超提出高校应当把大学生艰苦奋斗精神的教育作为思想政治教育工作的一个重要内容，采取"明确一个主渠道、搭建两个平台、形成三种合力"的新举措③。即思想政治理论课，校园文化和社会实践平台，家庭、社会的配合协调，更需要大学生发挥主体性作用，形成三种合力。还有学者从其他方面探索培养途径。王璐等提出举措：在内容上，要注重时代内涵；在工作中，要注重经常性思想教育；注重与学生的沟通和现实问题；在实践中，加强自我约束。"要用智慧来培养，习惯则用习惯来熏陶。"④ 王焰新提出的培养大学生艰苦奋斗精神

---

① 王祖星. 构建和谐社会必须加强大学生艰苦奋斗精神的教育 [J]. 教育与职业，2008（12）：165 – 166.

② 苏海虹. 对策：新时期大学生艰苦奋斗教育 [J]. 中国青年研究，1998（4）：56 – 57.

③ 陈志超. 高校应大力加强大学生艰苦奋斗精神的教育 [J]. 思想理论教育导刊，2011（6）：108 – 109.

④ 王璐，王新爱，任福全. 当代大学生艰苦奋斗精神教育探析 [J]. 中国环境管理干部学院学报，2008（2）：101 – 104.

的有效教育方式有：开展励志教育、融入专业教学、大力加强体育工作①。

综上所述，长期以来，学者们对艰苦奋斗精神教育问题的研究已取得一定成果，尤其是对艰苦奋斗精神内涵分析比较全面，而且学者们主要从党员领导干部的艰苦奋斗精神教育、社会成员的艰苦奋斗精神教育、大学生的艰苦奋斗精神教育方面进行研究，取得了一定成果。但同时也存在需要研究解决的问题。一是对艰苦奋斗精神教育研究还缺乏整体性，还处于分散杂多的状况。对党员、社会成员和大学生的艰苦奋斗精神教育研究成果，没有得到综合运用，让各方面教育的优势不能实现相互利用和借鉴，使优秀传统文化和党的思想理论中的艰苦奋斗思想，以及对党员、社会成员教育的实践经验，没能运用到大学生的艰苦奋斗精神教育活动中。二是研究缺乏系统视域，不够深入。目前的研究内容还存在分散、碎片化的问题，缺乏从全局、整体的视角系统研究大学生艰苦奋斗精神教育问题。学者们对大学生艰苦奋斗精神教育问题的研究多集中在精神的时代内涵、教育意义、大学生艰苦奋斗精神状况、教育途径几个方面，但对教育活动中存在的问题以及问题产生的原因研究不够充分。而且已有研究多数侧重于实践，侧重理论的系统研究却比较少，对艰苦奋斗精神的思想基础和教育经验等理论性问题研究缺失，使当前的教育工作缺乏必要的理论支撑。目前，还少有专门研究大学生艰苦奋斗精神教育方面的学术著作，只有3篇硕士论文，是专门对该问题进行研究的。所以对该问题的研究，无论是研究数量还是研究深度尚有待加强。三是研究的创新力有待提高。不少学者对大学生艰苦奋斗教育

---

① 王焰新. 艰苦奋斗精神的时代内涵及弘扬途径 [J]. 中国地质大学学报（社会科学版），2002（1）：28－29.

的有效措施进行了探讨，但研究中思想创新力度不足，没能提出创新的教育理念指导教育实践，使现有研究成果中缺少符合当代大学生特点和需求的措施，缺乏操作性强的教育方法和途径，没有提出综合运用思想政治教育资源，把艰苦奋斗精神教育融入思想政治教育全过程的措施。进入新时代，面对新一代的大学生，需要教育研究者以创新思维探索出更多引导大学生自觉弘扬艰苦奋斗精神的有效教育路径。

三、研究思路与方法

（一）研究思路

为了提升新时代大学生艰苦奋斗精神教育的实效，以改变大学生艰苦奋斗精神弱化的现状，本书在以往研究成果的基础上，更加注重教育活动中涉及的基础理论研究与挖掘，并从过去的实践中总结宝贵经验，结合时代发展与需要转变教育理念，为大学生艰苦奋斗精神教育提供理论和经验的支撑，为教育实践提供新的思路。

首先，对本书中研究问题的基本概念解读。从分析和把握艰苦奋斗精神、艰苦奋斗精神教育、大学生艰苦奋斗精神的概念、时代内涵的阐述入手，解析新时代仍然坚持大学生艰苦奋斗精神教育的意义，为深入研究大学生艰苦奋斗精神教育问题做好准备。其次，深入挖掘大学生艰苦奋斗精神教育的理论资源和发展历程。在文化传统和思想理论宝库中，提炼艰苦奋斗和艰苦奋斗教育思想，阐述艰苦奋斗精神思想的历史沿革，为艰苦奋斗精神教育提供深厚的理论积淀，有利于大学生深刻理解艰苦奋斗精神的实质。通过追溯我国高校培养大学生艰苦奋斗精神的发展历程，从过去的教育实践中找到好的经验做法，运用到今天的教育活动中。再次，立足于现实，对大学生艰苦奋斗精神教育的现状进行实证分析，发现教育面临的困境，分析产生问题的原因，使艰苦奋斗精神教育的改进措施有的放矢。最后，从系统视域出发，以创新的思维，总结大学生艰苦奋斗精神教育的发展历程，依据发展的现实状况，提出新时期教育思路。解决在大学生艰苦奋斗精神教育中知行脱节的问题，扭转大学生艰苦奋斗精神淡化现状，为培养大学生自觉弘扬和践行艰苦奋斗精神，学会运用这一精神解决难题、战胜困难，提供有效途径。

（二）研究方法

文献研究法。这是人文社会科学研究中最基本且被广泛应用的研究方法。利用这种方法，对近年来关于艰苦奋斗精神、大学生艰苦奋斗精神、艰苦奋斗精神教育的理论书籍、学术期刊、相关文件、网上查询到的其他相关资料等进行广泛大量搜集查阅，并分析、总结和评价相关文献资料，梳理了关于艰苦奋斗精神、艰苦奋斗精神教育、大学生艰苦奋斗精神教育研究的思路，为后面开展研究奠定基础。

经验总结法。我国在对青年人开展艰苦奋斗精神教育长期的实践中，形成了关于青年艰苦奋斗教育思想，并积累了宝贵的实践经验。运用经验总结法，在我国开展大学生艰苦奋斗精神教育的发展历程中，总结归纳我国高校开展教育实践获得的经验与教训。对于失败做法，要找到出现问题的原因，在今后的大学生艰苦奋斗精神教育中一定要避免；对于有益经验，教育者要认真总结、吸收精华的思想，把好的理念和做法传承下去。

比较研究法。在研究中，把握我国、西方发达国家、东南亚国家和地区长期以来对学生开展节约奋斗精神的教育研究和实践发展，总结国外在教育实践中的有益方法，为高校引导大学生把艰苦奋斗精神外化为行为习惯提供借鉴。

调查研究法。通过在多所高校广泛开展问卷调查，对大学生、教师进行访谈，获取大学生艰苦奋斗精神教育现状的第一手资料，了解教育活动中存在的主要问题；综合其他学者和机构对大学生艰苦奋斗精神状况的调查结果，了解大学生艰苦奋斗精神的现状。以此来综合分析大学生艰苦奋斗精神教育出现的问题和主要原因，为改进现有的教育理念、方式方法等提供参考。

四、创新之处

本书力求通过深入、系统的研究，为高校开展好大学生艰苦奋斗精神教育提供思想理论支撑，为提升教育效果提供有可操作性和能产生实际效果的教育方案。具体的创新之处体现在以下三个方面。一是在研究中国共产党的艰苦奋斗教育思想中，深入阐释艰苦奋斗与党的群众路线的关系，提出艰苦奋斗是密切党群关系的法宝的观点，并从多个方面进行论述。加深了对党的艰苦奋斗思想的研究，也给高校的教育工作提供深厚的思想理论基础。二是阐述在中国特色社会主义进入新时代，中华民族迎来从站起来、富起来到强起来的伟大飞跃，奋力实现中华民族伟大复兴的背景下，艰苦奋斗精神绝对不能丢弃。同时赋予大学生艰苦奋斗精神新的时代内涵：以优良的学风促进知识结构的提升，从精神风貌上坚定战胜一切的勇气，用劳动观念坚定平实而伟大的前进道路，保持警醒自觉而不入歧途，以"小我成就大我"高尚的情操推动中华民族的伟大复兴。三是对我国高校艰苦奋斗精神教育进行历史考察，通过对教育实践历程的脉络梳理，获得过去教育实践中的宝贵经验：大学生艰苦奋斗精神教育必须坚持马克思主义科学理论指导的正确方向；坚持立德树人中心任务；坚持不断改革创新原则，坚持以制度建设为保障。这些经验都是新时代高校对学生开展艰苦奋斗精神教育的重要参考和借鉴，过去教育实践中的那些被实践证明了的优良教育理念、教育方法都值得今天继续应用到教育活动中。

第一章

大学生艰苦奋斗精神教育的概念梳理

开展思想理论研究，首先就需要对主要概念给予界定，才有利于准确把握所研究问题，从而进行更深入的理论和实践研究，可以说这是科学研究的逻辑起点。研究大学生艰苦奋斗精神教育问题，也需要从基本概念着手，对艰苦奋斗精神、艰苦奋斗精神教育和大学生艰苦奋斗精神教育等相关概念做深刻分析、界定和梳理，这是进行大学生艰苦奋斗精神教育问题研究的基本前提。

第一节　艰苦奋斗精神

一、艰苦奋斗精神的基本含义

从字面含义来理解，"艰苦"即艰难困苦，主要指困难多，条件差，物质匮乏，环境窘迫等。"奋斗"是指为达到既定的目标而努力去行动、实践。在人们的实践过程中，艰苦和奋斗紧密相连，相伴相生。

首先，因为有艰苦才需要奋斗。一般情况下，人们在实现自己的目标过程中，不可避免地会遇到各种艰难的条件和不可知的困难，而且条件艰苦、问题丛生都是在实现目标的过程中客观存在，又很难避免的。因此，要达到目标，就必须解决、克服、跨越各种问题，付出艰辛的劳动。其次，只有不畏艰苦，才能矢志奋斗。只有不惧怕实现目标道路上的艰难困苦，始终保持着必胜的积极心态，人们才能有足够坚强的意志，迎难而上，以不达目的誓不罢休的毅力将奋斗进行到底。最后，只有克服艰难困苦，才能使奋斗获得成功。人们只有通过百折不挠的努力实践，甚至不惜牺牲生命，战胜遇到的一系列困难，才能最终达到既定目标或实现理想，让付出和努力得到回报。在艰苦奋斗的实践中所反映出的思想、品质、意志、追求、作风和态度等，就是艰苦奋斗的精神。

因此说，艰苦奋斗精神是指人们在认识世界和改造世界的过程中，为实现艰巨目标和理想而在实践中展现出的勤劳节俭、吃苦耐劳、不畏艰苦、顽强拼搏、锐意进取、艰苦创业、甘于奉献的意志品质和积极态度。在五千年的历史长河中，华夏子孙与大自然顽强抗争，中华民族在中国共产党的带领下救亡图存，中国人民克服万难建立和发展社会主义新中国，一个个伟大胜利取得的历程中都始终蕴含和贯穿着激发人们斗志与让人奋发拼搏的精神力量，这就是艰苦奋斗精神。

（一）艰苦奋斗精神的基本内涵

尽管历经久远，时代变迁，但激励中国人克服艰难、不懈进取的艰苦奋斗精神却被一代代中国人传承下来，历久弥新，逐步形成中国人的艰苦奋斗精神的内核，这是艰苦奋斗精神最基本的内涵。

1. 勤劳节俭的优良品德

勤劳节俭是中华民族的传统美德和宝贵的精神财富，是民族精神的重要内容。不怕吃苦、勤奋劳动、尊重劳动、朴素节俭是勤劳节俭品德的具体表现。在中华民族的发展过程中，中国人正是凭借着勤劳节俭的优良品德，不断发展壮大，创造了五千年的中华文明，使中国屹立于世界的东方。

勤劳节俭的品德早在古代劳动人民与大自然的抗争中就逐步形成。马克思主义唯物史观告诉我们：劳动创造了世界。人通过劳动认识世界和改造世界，并创造出了人类全部的物质财富。中国古代劳动人民在生产力水平低下时，依靠辛勤劳动、吃苦耐劳、不畏劳苦的精神与大自然做斗争。中国最早的传说如女娲补天、精卫填海、大禹治水、后羿射日等都是中华民族的祖先们在极其艰苦的条件下，不畏艰险与自然抗争的写照。我国自古就是个以农耕为经济基础的农业国，生产力较低，人们创造的物质财富有限，这就更需要人们勤奋劳动获取足够的物质财富以满足自身需求和继续发展。为此，古代劳动人民通过一代一代人的辛勤劳作，以自己的智慧，在华夏大地繁衍生息，创造了延续五千多年的悠久文明，并让中华民族在世界民族大家庭中占有一席之地。都江堰、京杭大运河、万里长城、圆明园等中国历史上伟大的工程，无不显示出中国人的勤劳与智慧。勤劳与节俭总是紧密相连的，因为中国古代劳动人民深知物质需求的满足要靠艰辛劳动才能取得，就更懂得尊重劳动、朴素节俭的重要意义。只有知道劳动的艰辛和巨大作用，才能真正尊重劳动；只有真正尊重劳动，才能珍惜物质财富，做到节俭。不但中国古代的劳动人民把勤劳节俭的品德体现在生产劳动中，历代学者还提出勤能避祸、俭能养德的观念，把勤劳节俭视为立身行事的原则，使勤劳节俭成为民族精神得到传承。

中国共产党在领导艰苦卓绝的革命过程中，进一步传承和弘扬了勤劳节俭的品德。在革命战争年代，我军实力相对较弱，又长期受敌人封锁，导致物资极其匮乏、军需严重不足，革命条件异常艰苦。党领导革命军民，正是发扬中华民族的勤劳节俭精神，通过自己的勤奋劳动，开展大生产活动，实现了自力更生，并且生活中提倡艰苦朴素、节衣缩食、杜绝浪费，克服了革命过程中的不利条件，为中国革命的最终胜利奠定重要的基础。尤其是党的领导同志，同军民一起劳动、过节俭生活，起到了带头和示范作用，使勤劳节俭的美德在革命战争年代得到进一步传承，并且成为中国共产党的优良作风和传家宝。社会主义建设时期，中国人民也是依靠发扬勤劳节俭的精神，在人力、物力、财力不足的情况下，发挥最大的劳动热情，自力更生、艰苦创业，在一穷二白的基础上建设起社会主义新中国。在中国特色社会主义新时代，我们仍然坚持厉行节俭、反对浪费的优良品德，为实现现代化强国和民族复兴的目标而奋斗。

从古至今，中华民族不但将勤劳节俭的品德融为本民族的精神，同时还依靠这种精神创造和积累了民族发展所必需的物质基础，开创出中华民族伟大的发展之路。

2. 不畏"艰苦"的坚韧意志

不畏"艰苦"的坚韧意志，即不怕吃苦、能吃苦、肯吃苦的意志品质，这也是艰苦奋斗精神的不变内核。这里的"苦"指的是，人们在实现既定目标和远大理想的道路上遇到的各种困难、挫折和矛盾。不畏"艰苦"的坚韧意志即当面临困难、挫折和矛盾时，人们表现出不惧怕困难和挫折，肯于解决矛盾和问题，迎难而上，百折不挠的意志和决心。

艰苦奋斗精神中所包含的不畏"艰苦"的坚韧意志是人们面对艰

难困苦时的积极态度，是人生历练的重要成果，是帮助人们战胜困难，最终达到目标和理想的精神支撑。人们要实现理想或达到某项目标，困难、问题和矛盾的存在不可避免。面对各种困难、问题和矛盾，只有不害怕，勇于正视，以积极的心态来对待它们，即使在逆境中也能冷静地分析问题，找到困难和问题的症结，遵循客观规律加以解决，才能克服前进道路中的重重考验走向成功。人们在应对各种艰难困苦时，也是在磨砺个人不畏艰难的意志。同时，艰难困苦也能激发人们战胜困难的斗志和决心，锤炼人们百折不挠，不达目的誓不罢休的进取意志。人们具有不畏艰难困苦、锐意进取的艰苦奋斗精神，也就有了能实现人生理想和其他目标的可靠精神保障。

中国人自古就认识到：在勤劳奋斗的路上，只有历经磨难，才能磨砺人的意志，以锲而不舍的毅力积极应对考验，方能获得成功。古人云"艰难困苦，玉汝于成""自古英雄多磨难，从来纨绔少伟男""宝剑锋从磨砺出，梅花香自苦寒来"，都是对不畏艰险意志的诠释。在革命和战争年代，中国共产党人在环境特别艰苦、战斗频繁、敌人统治黑暗的艰苦岁月里，仍然以坚韧、顽强的毅力，千方百计克服重重困难，勇往直前，带领中国人民取得革命胜利。社会主义建设时期，中国共产党在经济文化落后的不利条件下，打破敌对国家的全面封锁，带领全国人民摆脱贫困，建设社会主义新中国。在改革开放时期，党又在复杂的国际形势和国内情况下，不畏艰难，开辟新路，以使国家日益强盛，人民生活日益富足。这些事实都足以说明，不畏艰难险阻的坚韧意志是中国共产党克服前进中各种困难的精神支撑。

不畏"艰苦"的坚韧意志是引导人们永远向上的积极心态，是激励人们在面对任何艰难困苦时，毫不畏惧、愈挫愈勇的精神保障。

3. 矢志奋斗的拼搏精神

矢志奋斗的拼搏精神是艰苦奋斗精神关键所在。"矢"原意是射出的箭，有一往直前、不可阻挡之意思。"志"是意志、志向。矢志奋斗就是立下坚持奋斗的志向和决心始终不变。矢志奋斗的拼搏精神是在遇到磨难和考验时，能够激励人们不懈努力实践，积极实现人生目标和价值的精神力量，具体表现为知难而进、锐意进取、顽强拼搏、奋发有为的精神。这种精神有效鼓舞和引领人们勇于克服万难，通过顽强地努力工作，不断缩小理想与现实的距离，实现最终目标。矢志奋斗的拼搏精神是人们在把目标和理想变为现实的实践过程中，让人能够战胜各种艰难困苦，最终实现目标和理想的精神驱动力。

人们在走向成功、实现理想的道路上，从来都不会是一帆风顺，都要在实践中历经不懈努力、顽强拼搏才能获得成功。越王勾践卧薪尝胆使国家强盛；司马迁身受宫刑还能写成《史记》；李时珍能够尝遍百草写就《本草纲目》；张衡潜心研究天文创立了"浑天说"和制作了浑天仪；徐霞客走访祖国很多的山山水水，实地考察才写出《徐霞客游记》。方志敏、杨靖宇、赵一曼、刘胡兰等无数革命烈士为实现革命胜利而奋斗到生命最后一刻。钱学森、邓稼先、华罗庚、焦裕禄、王进喜等克服困难，艰苦创业，为建设社会主义服务。可见，从古至今，正是矢志奋斗的拼搏精神，搭起了使目标和理想从最初的构想达到现实彼岸的桥梁。正是艰苦奋斗精神让人们获得了走向成功的精神力量。也正是一直以来人们奋斗拼搏的实践，使矢志奋斗的拼搏精神得到传承。

4. 甘于奉献的崇高境界

甘于奉献的精神是艰苦奋斗精神的题中应有之义，集中体现了艰苦奋斗精神所蕴含的崇高人生境界。"艰苦奋斗精神所昭示的人生境界就是甘于清贫，无私奉献。"① 历史和现实都已经证明，只有具备艰苦奋斗精神的民族，才能够战胜各种艰难险阻，不断发展振兴；只有具备艰苦奋斗精神的国家，才能够克服各种复杂挑战，不断强大发达；只有具备艰苦奋斗精神的个人，才能够不计个人得失，不断为国家和民族而奋斗。

在人们为国家和民族的发展努力奋斗中，甘于奉献的崇高精神得到充分体现。为了实现国家富强、民族振兴，一方面，人们要将个人理想与国家、民族的共同理想保持统一。人们脚踏实地地埋头苦干、辛勤工作来实现个人理想，通过努力奋斗实现自己人生价值的同时也是在为国家、民族的发展做出自己的贡献。在遇到个人利益与国家、民族利益冲突时，需要肯于牺牲个人利益，个人利益服从于国家、民族利益。另一方面，一些人直接以实现国家和民族理想为自己奋斗目标，靠着艰苦奋斗的意志，勇于战胜各种困难和挑战，奋力前行，不计个人得失地忘我工作，以实现国家和民族的理想为己任而奋斗终生。人们能够为国家和民族大义，自觉牺牲个人利益，自愿忘我奋斗的精神就是甘于奉献的崇高境界。

艰苦奋斗精神作为中国共产党实现国家富强、民族振兴的精神力量，无论是在革命战争年代，还是在社会主义革命、建设和发展时期，都始终激励无数的共产党员和中国人民历经苦难、顽强奋斗、无私奉献，铸就了民族独立自强、国家日益强大的巨大成绩。如"井冈山精神""长征精神""抗战精神""延安精神"等精神都包含了中国人民自愿为革命胜利而甘愿牺牲、奋勇斗争的坚强意志；"大庆精神""两

---

① 谢鑫. 艰苦奋斗精神的哲学解读［J］. 湖南文理学院学报（社会科学版），2008（3）：19.

弹一星精神""载人航天精神""抗洪精神""奥运精神"等精神都体现了中国人民自觉为社会主义建设而顽强拼搏、奋发图强的坚定决心。艰苦奋斗精神激励人们克服困难，为实现国家民族利益不怕牺牲、奋斗不息，正是甘于奉献的崇高境界的体现。

(二) 艰苦奋斗精神的时代内涵

长久以来，正是艰苦奋斗精神使得中华民族虽历经沧桑仍能焕发生机，这个国家能虽经磨难却愈挫愈勇。经过不断地丰富与凝练，艰苦奋斗精神得到传承，并成为中华民族的传统美德，是中国共产党的优良作风和政治本色，也是中国人民实现民族复兴的重要法宝和精神力量。同时，艰苦奋斗精神能够得到继承和发扬，还因为这是始终代表社会发展与进步方向的、与时俱进的优秀精神品质。由于时代和条件变化，艰苦奋斗精神被赋予了新的时代内涵。

1. 厉行节约的素养

随着经济全球化深入发展，科学技术日新月异，改革开放后中国经济取得了举世瞩目的发展成就，人们的物质生活和精神生活水平得到了大幅提高，物质需要和精神需求得到了较大程度的满足。可随之而来的是社会中各方面的浪费铺张现象日益严重，不当的消费理念严重影响着人们的消费行为和习惯。今天，虽然中国人民开始富裕起来，物质生活日益富足，但艰苦奋斗精神不能丢。艰苦奋斗精神仍然延续勤劳节俭的精神品质，具体表现为厉行节约、合理消费的素养。这不仅是个人应该具有的道德素养，也是整个社会应该提倡的精神风貌。党的十八大报告中明确提出：大力推进生态文明建设，努力建设美丽中国，实现中华民族永续发展。当前，我国要建设节约型社会，推进生态文明建设，以实现经济社会可持续发展，就要坚持节约资源的基本国策，要做到经济社会发展与资源环境相适应，绝不能为了满足当代人的发展而牺牲子孙后代的发展空间。这是关系到人民幸福和民族未来的大事，需要在全社会提倡和树立厉行节约、合理消费的理念。

厉行节约是在满足人们正常合理的物质需求前提下的节约，提高资源的使用效率，发挥能源的最大效能，杜绝浪费。在全社会提倡厉行节约就是要把勤劳节俭的中华传统美德延续下去，落到社会生活的实处。现在广大人民群众的物质生活水平有了很大改善，但从党政机关的各种公款消费，粗放型经济增长方式下的社会生产，到普通百姓生活的衣食住行，社会生活的方方面面铺张浪费现象十分严重，让人痛心。这种不必要的物质消耗，只能加剧经济社会发展与能源、资源短缺，环境恶化的矛盾，对国家的长久发展是没有益处的。

提倡合理消费，跟过去由于物质匮乏而不得不抑制人们的消费是不同的。合理消费的思想观念是指满足人们提高生活品质的合理需求下的理性消费，杜绝奢侈消费，倡导绿色消费，促进生态文明建设。生活条件好了，人们在消费方面不仅是满足自身的合理需求，"好面子""讲排场"，也成了一些人的消费理念。注重外表包装的高档礼品，婚丧嫁娶中大摆酒席，楼堂馆所的奢华装修，盲目追求名牌等"面子消费"、奢侈消费越来越普遍，这种不合理消费观念，带起了社会的奢靡之风、享乐之风，导致一些人只想贪图享受而不思进取，也容易诱发腐败问题。

当今社会需要树立节约光荣、浪费可耻的思想观念，合理消费、绿色消费、健康消费的理念，使人人具有厉行节约、合理消费的素养成为社会风尚。将艰苦奋斗精神植根于人们的观念之中，才有助于形成自觉的行为习惯，使厉行节约、合理消费的良好社会风气蔚然成风。

2. 务实敬业的作风

当今社会中，人们坚持勤恳务实、爱岗敬业的作风与不畏艰苦、甘于奉献的艰苦奋斗精神内核是一脉相承的。

勤恳务实的作风，就是人们不畏惧前进中的任何风险，不被奋斗过程中遇到的任何干扰所惑，任劳任怨、专心致志地在自己岗位上勤奋踏实工作的态度。当下，科学技术日新月异，社会发展变化很快，新事物不断涌现，人们的生活节奏、习惯和思维方式也随着多变起来，让人容易心浮气躁。人们在为实现个人目标理想和国家民族发展振兴努力工作时，要能做到克服艰苦，心无旁骛地务实工作。这是需要强大定力的，这就是勤奋务实、埋头苦干的作风。有这样的精神支撑，才能让人们不怕吃苦吃亏，不贪恋繁华，不做表面功夫，不急功近利，不急于求成，自觉踏实做好自己的工作，为国家和民族的发展尽自己的一份力量。爱岗敬业的作风就是能够埋头苦干、精益求精、敬业奉献的态度。我国正从"中国制造"努力转向"中国智造"，需提品质、创品牌，这离不开具有专注执着、踏实严谨、精益求精的工匠精神的大量高素质劳动者的支撑。爱岗敬业的艰苦奋斗作风，能够帮助人们克服工作中出现急功近利、急于求成、好高骛远等问题，甘于在自己看似平凡的工作岗位上不断学习提升自身的工作技能，工作中追求精益求精，敢于创造和突破，一步一个脚印，向更高的标准努力，向更好的自己迈进，成为大国工匠，在平凡的工作岗位上体现巨大价值。

国家正处于决胜全面建成小康社会，进而全面建设社会主义现代化强国的时代。面对大变革大调整的世界大势，实现当前的发展任务和长远奋斗目标，是一项艰巨的工程，前进的道路上必然少不了各种风险和严峻考验，这就要依靠全国各族人民以勤恳务实、爱岗奉献的作风，投身于建设中国特色社会主义现代化强国的实践，勠力同心，共同奋斗。

3. 开拓创新的勇气

在当代，面对复杂多变的国际形势和国内情况，要推进中国经济社会快速发展，让中国特色社会主义事业充满生机和活力，实现"两个一百年"奋斗目标、实现中华民族伟大复兴的中国梦，改革开放和创新创业是根本的驱动力和关键所在。艰苦奋斗精神是改革开放和创新创业的精神力量。这种精神力量不仅表现为矢志奋斗的拼搏精神，还包含了开拓进取、敢于创新的勇气，即锐意进取、攻坚克难、大胆探索、勇于创新的精神品质。

改革开放是当代中国最鲜明的特色，是党和国家事业发展进步的活力之源，是我国经济社会发展迎接各种挑战和机遇的重要法宝。改革开放是一项前无古人的艰巨繁重的崭新事业，我们没有现成的经验可以遵循，只能摸着石头过河。这决定了改革开放道路上布满荆棘，尤其当前改革开放已经进入攻坚期，涉的利益关系更加复杂，定会充满重重阻碍。要啃下这些硬骨头，全面深化改革开放，需要的不仅是智慧和方法，更需要为破除各种阻碍大胆尝试的勇气，坚持攻克难关，不达目的誓不罢休的坚韧意志。改革开放还是一个系统工程，涉及经济、政治、文化、社会、生态文明等各个领域的协调发展，需要调动和聚集社会中一切积极力量的参与，依靠奋斗有为、不懈拼搏的精神力量，战胜改革开放道路上的艰难险阻，把改革开放推向前进。可见，改革开放需要艰苦奋斗精神。

当今时代，创新已经是综合国力竞争中的关键因素。面对日趋激烈的国际竞争态势，为更好提升国际竞争力，我国必须实施创新驱动发展战略，建设成为创新型国家。这就要全国人民具有创新意识，以敢为天下先的勇气，凭借敢于应对各种可能出现的风险和挑战，打破陈规，大胆创业，勇于创新的精神，推进国家的创新发展。古人云："大智兴邦，不过集众思"，用艰苦奋斗精神激发起中国广大劳动者都参与创业创新中，掀起"大众创业、万众创新"的热潮，将会大幅度提升中国国际竞争力。

二、艰苦奋斗精神的主要特征

艰苦奋斗精神历经中国几千年的发展而传承下来，绝不是中国发展过程中的一时之需，也不是一时之计，而是始终激励中国共产党、中国人民、中华民族不断奋勇前行的精神支撑和精神动力。艰苦奋斗精神之所以能代代相传，是由艰苦奋斗精神的鲜明特征所决定的。

（一）具有实践性

马克思主义指出，精神是与物质相对的范畴。精神的根源是物质，是客观世界在人脑中的反映，是人们在社会实践中产生的各种社会意识。一般而言，精神多为众多社会意识中具有价值、先进性和积极推动作用的那些社会思想，因此，精神不仅是对客观世界的反映，而且还通过人们的社会实践活动改造客观世界。精神支配着人们的一切活动和行为，并且在社会实践中对人们改造世界的活动产生巨大的影响。

艰苦奋斗精神就产生于人们征服自然，不断创造满足自身需求的物质财富，完成政权更迭、改朝换代，实现民族振兴，实现个人理想或具体目标等实践过程中。在追求目标的实践中，人们不可避免地要解决遇到的难题，翻越前进道路上的障碍。人们在战胜问题和障碍的实践中，就会产生能够帮助人们达到目标的社会思想，就有了艰苦奋斗精神。艰苦奋斗精神是人们在认识世界和改造世界的实践中，形成的引导和激励人们克服各种艰难险阻、矛盾风险，最终达到目标的积极的意志品质。它是让人们克服万难实现目标，把理想变成现实的重要思想保证。不具备艰苦奋斗精神的人，在达到目标和理想的道路上，就难以跨过重重荆棘，到达终点。

综上所述，艰苦奋斗精神产生于人类社会的发展实践过程中，同时，人类社会的实践中也始终贯穿着能够引领人们走向成功的精神力量，这就是艰苦奋斗精神。这充分体现了艰苦奋斗精神的实践性特征。

（二）具有继承性

艰苦奋斗精神经过几千年的积淀、延续，形成了其不变的精神内核：勤劳节俭的优良品德、不畏艰苦的坚韧意志、矢志奋斗的拼搏精神、甘于奉献的崇高境界，并已经成为中国人能够战胜一切艰难困苦、自强不息的精神力量。

中华民族不仅把勤劳节俭的品质作为安身立命的重要品德，还把它视为个人修身、有一番作为的重要美德，并把这种精神一代代延续下去。劳动人民在与自然斗争、征服自然的过程中，以不畏艰苦的坚韧意志，克服种种磨难，建成了很多重要工程，保证了人们正常的生产生活，使百姓生活日益富足，国力逐渐强大。中国人民在抵御各类外敌入侵和反抗腐败政权推动社会进步的过程中，凭借不畏强敌、不怕牺牲、甘愿忍受各种艰苦，誓必把敌人赶出家园，将腐朽政权推翻的坚毅品质，保持了民族的独立和国家的进步。在进行中国特色社会主义建设的伟大事业中，面临更为复杂的国内外形势，遇到的危机和挑战不断，中国人民以顽强拼搏、自强不息、矢志奋斗的精神为驱动力，创造了一个又一个的巨大成就。

在中华民族创造物质财富，铸就灿烂文明，使国家日益强大，在世界民族之林占有一席之地的历程中，艰苦奋斗精神发挥了重要作用。整个中华民族的发展史，就是一部中华民族艰苦奋斗精神的传承和弘扬历程，艰苦奋斗精神是鼓舞和激励人们奋勇前行的永恒精神力量。

（三）具有变迁性

艰苦奋斗精神能够始终传承，历久弥新，在于艰苦奋斗精神是个历史的范畴，会随着时代变化而变迁。随着所处的历史条件和环境不同，艰苦奋斗精神在保持其精神内核不变的同时，其具体的内容和形式是与时俱进的，在不同的时期有不同的具体表现。

在不同的时期，人们遇到的"艰苦"情况和程度不同，艰苦奋斗精神突出体现的具体内容也会有所不同。古代的"艰苦"主要是由低下的社会生产力和恶劣的政治、社会以及自然环境所造成的物质匮乏，生活贫困，生存不易。艰苦奋斗精神侧重于表现古代劳动人民吃苦耐劳、勤劳节俭、自强不息的品质。在革命战争时期，中国共产党领导中国人民革命的"艰苦"主要是在敌强我弱，各种战略物资紧缺的情况下进行斗争，革命军民随时可能牺牲。此时，艰苦奋斗精神集中表现为坚韧抗争、视死如归，井冈山精神、延安精神、长征精神都完美地诠释了为革命事业奋斗不息和甘于奉献的意志。社会主义建设初期的"艰苦"是连年战争后国家的民生凋敝、百废待兴，为了摆脱国家的贫穷落后面貌，巩固社会主义新兴政权，党带领全国人民共同勤俭建国、自力更生、艰苦创业。艰苦奋斗精神主要体现在艰苦朴素、顽强拼搏、苦干实干、乐于奉献的品质，雷锋精神、大庆精神、焦裕禄精神都是典型代表。改革开放后，在和平和发展成为世界主题，经济全球化、科学技术迅猛发展、信息化时代到来的背景下，为了能在世界发展大潮中急流勇进，为了抵御意识形态上的渗透，为了不走封闭僵化的老路，不走改旗易帜的邪路，艰苦奋斗精神主要体现为登高望远、居安思危，勇于变革、勇于创新，永不僵化、永不停滞。在中国特色社会主义进入新时代的今天，在国内生产总值稳居世界第二，社会各个层面发展欣欣向荣的小康社会决胜期，在即将开启全面建设社会主义现代化国家新征程的情况下，"艰苦"则表现为发展不均衡不充分，发展质量和效益还不高，创新能力不够强，实体经济水平有待提高，生态环境保护任重道远等方面。艰苦奋斗精神则侧重于坚定理想信念、维护人民利益、战胜一切挑战和困难，为实现现代化和中华民族伟大复兴的奋斗目标。正是艰苦奋斗精神随时代变迁的特征，让这种精神在各个历史时期都充分发挥精神支撑和精神动力的作用，成为中国和中华民族能够一直奋发有为的宝贵精神财富。

三、艰苦奋斗精神的社会价值

艰苦奋斗精神是中华民族能够发展壮大的重要精神支撑，也是当今中国发展进步的不竭动力。在中国特色社会主义建设中，艰苦奋斗精神仍然具有重要的社会价值。

（一）激励中国共产党完成历史使命的动力源泉

中国共产党继承了艰苦奋斗精神这一民族优良传统，并在领导中国革命、社会主义革命和建设过程中把艰苦奋斗精神发扬光大，使其成为中国共产党能够兴旺发达的精神驱动力。

中国共产党凭借艰苦奋斗精神，不畏各种艰难困苦，经受各种风险考验，由弱变强，带领人民进行了不屈不挠的艰苦抗争，最终获得了民族独立和解放。艰苦奋斗精神成了美国记者埃德加·斯诺笔下的"东方魔力"，这伟大的革命力量和党的作风，也成为中国共产党区别于其他政党的显著标志。中国共产党成为执政党后，带领和团结各族人民，任劳任怨，勤俭建国，艰苦创业，打破敌人封锁，改变中国贫穷落后的面貌，使社会主义事业取得一个又一个举世瞩目的成就。艰苦奋斗精神成为中国共产党人的政治本色。在新时期，中国共产党肩负着把我国建设成为富强民主文明和谐的社会主义现代化国家，实现祖国统一和实现中华民族伟大复兴的历史使命。这是一项具有艰巨性、复杂性、长期性的历史任务，需要全体党员始终践行党的宗旨，充分发挥全党的智慧和力量，励精图治，不懈奋斗；还需要全体党员始终保持与群众的紧密联系，发挥党的凝聚力，激励全国各族人民为完成党的历史使命一起奋斗。

党是工人阶级和中华民族先锋队的性质，决定了党的宗旨是全心全意为人民服务，就是要求党员干部始终不渝地为实现人民的根本利益服务。"只有坚持艰苦奋斗，才能更好地履行全心全意为人民服务的宗旨。"① 党员干部具备了艰苦奋斗精神，才能不贪图享乐、排除干扰和抵制诱惑，以人民群众的利益为出发点和归宿，为实现广大人民群众的利益而任劳任怨、埋头实干、开拓进取，甘于奉献，忘我奋斗。党的历史使命正是人民群众的根本利益所在。完成党的历史使命，单单靠全体党员的力量是远远不够的，需要党带领和团结全体中国人民一起努力奋斗。艰苦奋斗精神是党和人民群众保持血肉联系的精神纽带。艰苦奋斗精神让党员领导干部懂得尊重劳动、厉行节约的重要性；杜绝不良思想

---

① 胡锦涛. 坚持发扬艰苦奋斗的优良作风 努力实现全面建设小康社会的宏伟目标 [N]. 人民日报，2003 - 01 - 03（1）.

侵蚀，自觉防止腐败问题，保持执政党的先进性；与人民群众同甘共苦，切实维护和实现人民群众的利益，从而得到人民群众的信任和拥护。有了党与人民群众的紧密联系，党就有了强大的凝聚力，可以聚集全国人民之力共同奋斗。

（二）推动中国经济社会发展进步的精神支撑

在今天和未来，中国经济社会发展，需要依靠"大众创业、万众创新"这个新引擎。要靠技术创新、体制机制创新、管理创新、模式创新，要靠大众积极主动参与创业，发挥每个劳动者的创造才能和热情，来推动经济的进一步发展。大众创业、万众创新是创造性的实践过程，这个过程会存在不可预知的风险和挑战，需要创业创新的参与者具有不畏磨难的勇气、知难而进的意志和开拓创新的决心。艰苦奋斗精神是发动大众创业、万众创新这个经济社会发展引擎的重要保障。建设成为社会主义现代化强国是我国经济社会发展的目标。当前，深刻变化的国际局势、我国长期处于社会主义初级阶段的基本国情，以及在科学技术领域与发达国家的较大差距，决定了我国要实现全面建成小康社会，还有很多问题要解决，很多工作要做。建设现代化强国是一个长期的艰苦奋斗过程，中国人民在这条道路上，要经受住各种困难和风险考验，就离不开艰苦奋斗精神的支撑。艰苦奋斗精神能够激励人们遇到困难和风险时，以顽强拼搏、奋发有为的毅力和意志，战胜困难，应对风险和挑战，实现现代化目标。

实现经济社会可持续发展，还需要处理好生产生活消费与资源环境之间的关系，也离不开艰苦奋斗精神做支撑。我国人口多、资源和环境承载能力有限，随着经济社会快速发展，环境恶化形势严峻，这客观要求我们树立和增强节俭意识，以减少浪费，促进合理消费，提高资源利用率，保护和改善环境，搞好生态文明建设，实现经济社会可持续发展。

（三）实现中华民族生生不息的重要保证

中华民族秉承艰苦奋斗精神，用自己辛勤的劳动铸就了源远流长、博大精深的中华文明，但到了近代我们却落后了，经历了那段让每个中国人都为之痛心的屈辱历史。中华民族实现民族伟大复兴的中国梦也由此开始。为实现救亡图存、民族复兴，中华儿女经过不屈不挠的各种尝试与斗争，最终在中国共产党的领导下，实现了民族独立，翻身做主人，建立了社会主义新中国。经过 70 多年的建设和改革，今天我们已经比以往任何时候都更接近实现民族复兴的伟大目标。

实现国家富强、民族振兴、人民幸福的中国梦，是中华民族的共同利益，是 14 亿中国人民的共同梦想，是由每个中国人的梦想共同铸就而成。当前，世界形势风云变幻，处于大变革大调整大变化中，我国处在社会转型期、改革攻坚期，我们距离实现"中国梦"还有较大差距。实现中国梦是一项光荣而艰巨的事业，任重而道远。这需要艰苦奋斗的精神力量，激励各族人民众志成城，以顽强的意志努力奋斗。所以，要实现"中国梦"必须凝聚起全国各族人民的力量，发扬每个中国人的艰苦奋斗精神，为民族振兴的共同理想，团结一心，砥砺奋斗，推动中国梦的实现。由此可见，不论是实现每个人的中国梦形成实现中国梦的强大合力，还是坚定不移走中国特色社会主义道路，实现民族复兴，都离不开艰苦奋斗精神做保障。

综上所述，艰苦奋斗精神是党能够继往开来，完成历史使命的不竭动力；是继续推进社会发展进步，让国家在 21 世纪大有作为的精神支撑；是让民族充满活动与生机，实现中国梦的精神保证。艰苦奋斗精神不论在过去、在今天还是在将来，对国家和民族发展都具有巨大的价值，是每一个中国人都应该始终坚持和传承的宝贵精神财富。

第二节　艰苦奋斗精神教育

一、艰苦奋斗精神教育的释义

艰苦奋斗精神教育是一项具体的教育活动，对于艰苦奋斗精神教育的科学分析，需要从教育的概念入手。

教育作为培养人的社会现象，早已有之。因此古今中外都有对教育概念的理解和论述，并且对教育的定义各有侧重。综合各方面的认识，可以从广义和狭义两个方面来定义教育的概念。从广义来说，教育是人类有意识、有目的地影响人的身心发展，并培养人向预期目标发展的社会实践活动。狭义的教育通常指学校教育。学校教育是指在学校由教师有意识、有目的、有组织地影响学生的身心发展，并培养学生向预期目标发展的社会实践活动。教育对人们的影响是多方面的，既包括对人们的知识、技术水平等智力方面的影响，也包括对人们精神、思想方面的影响。

思想政治教育是"一定的阶级、政党、社会群体遵循人们思想品德形成发展规律，用一定的思想观念、政治观点、道德规范，对其成员施加有目的、有计划、有组织的影响，使他们形成符合一定社会、一定阶级所需要的思想品德的社会实践活动"①。可见，思想政治教育就是对人的思想品德方面施加影响的社会实践活动。

艰苦奋斗精神既是中华民族的传统美德，也是中国共产党战胜各种困难，不断取得胜利的优良作风和政治本色。党和国家始终强调艰苦奋斗精神的重要性，重视艰苦奋斗精神教育工作，艰苦奋斗精神教育成为思想政治教育的组成部分。参照教育、思想政治教育的概念，艰苦奋斗精神教育的概念可以定义为：教育者遵循人的思想发展规律，通过一定的内容、方法、途径对受教育者有计划、有组织地施加影响，使受教育者形成艰苦奋斗的思想品质的社会实践活动。为准确理解艰苦奋斗精神教育的概念，可以从以下几个方面进行把握。

（一）艰苦奋斗精神教育是思想政治教育的一项重要内容

在党领导革命、社会主义建设和改革开放的各个时期，艰苦奋斗精神都发挥了重要作用，使得党始终重视培养党员干部和人民群众的艰苦奋斗精神。革命战争时期，中国共产党人以艰苦奋斗精神，不怕牺牲，克服物质匮乏、战斗危险、革命艰辛的困难，推翻三座大山，领导人民取得革命胜利。为了树立和鼓舞革命志士形成艰苦奋斗精神，党的领导人在讲话中多次指出艰苦奋斗精神的重要性，提出革命者要具备艰苦奋斗精神的要求，并且以身作则，给全体党员和革命军民做榜样。在党开办的各类学校中，艰苦奋斗精神都是学校思想政治教育的主要内容之一。社会主义建设和改革开放时期，中国共产党和全国各族人民以艰苦奋斗精神，艰苦创业、励精图治、勇于创新，与群众同甘共苦，克服中华人民共和国成立初期一穷二白的困境，打破敌人的全面封锁，探索出

---

① 张耀灿，郑永廷，吴潜涛，等. 现代思想政治教育学［M］. 北京：人民出版社，2006：51.

适合中国国情的中国特色社会主义道路，实现国家和民族的日益强盛。党的历代领导人也都始终重视艰苦奋斗精神在国家发展建设中的重要性，并结合时代的新变化，对党员、领导干部、群众、青年学生都明确提出了树立艰苦奋斗精神教育要求，针对不同群体制订了培养方案。中国共产党始终把艰苦奋斗精神教育作为思想政治教育的一项重要内容，作为坚持对全体社会成员长期开展的一项教育活动，特别是对党员和青年学生的艰苦奋斗精神的培养常抓不懈，使艰苦奋斗精神成为党凝心聚力的精神纽带，也是党不断发展壮大的精神武器。

（二）明确对教育者和受教育者的认识

教育者是直接对受教育者产生影响的个人或组织，是教育活动的主体。在思想政治教育活动中，教育者是政治、道德思想的传播者，教育者研究、遵循受教育者的思想道德接受和形成规律，组织开展各种形式的教育实践。教育者是整个思想政治教育活动的主导，发挥教育、研究、管理等作用。艰苦奋斗精神教育是一项面向全体社会成员的思想教育工作，在教育活动中，教育者主要是从事思想政治教育工作的教学人员和组织。教育者包括负责思想政治工作的各级党委、宣传部门，承担思想政治工作任务的党政干部、各类团体组织，学校和思想政治教育研究机构等，以及在这些组织中从事思想政治教育教学和研究的工作人员。这些教育者在艰苦奋斗精神教育实践中发挥领导作用。

受教育者是教育活动中学习、接受影响的人。受教育者是教育实践活动的客体，也是思想政治教育的研究对象。因为艰苦奋斗精神是中华民族精神的体现，是中国共产党人要永葆的政治本色，是激励人民群众为梦想奋斗的精神力量，因此，艰苦奋斗精神不论是对党、国家和民族的发展，还是对个人的目标和理想实现，都是不可或缺的精神力量。艰苦奋斗精神教育的受教育对象是全体社会成员。

（三）准确把握艰苦奋斗精神教育的目标

教育目标是教育实践所要达到的预期结果。思想政治教育的目标是指"教育者在一定时期内，进行各项思想政治工作，在受教育者思想品德、心理素质、人格及行为实践等方面所要达到的预想结果"①。艰苦奋斗精神教育作为思想政治教育的一项重要内容，其教育的基本目标为：一方面，教育者遵循其思想品德形成发展规律，通过多种教育途径、方法，使受教育者把艰苦奋斗精神内化于心，能准确理解艰苦奋斗精神并成为自己的思想品质；另一方面，教育者还要引导受教育者将艰苦奋斗精神外化于行，用艰苦奋斗精神指导自己的行动，在行动中践行艰苦奋斗精神。只有达到艰苦奋斗精神教育的目标，艰苦奋斗精神教育的实践活动才能富有成效。

二、艰苦奋斗精神教育的特点

历经数千年演进与传承，艰苦奋斗精神已成为中华儿女所具有的精神特质，它对党、国家和民族的发展意义深远，这宝贵的精神需要代代相传，需要开展好对全民的艰苦奋斗精神教育。良好的教育首先要把握好教育的特点。艰苦奋斗精神教育的特点体现在它是培养全民树立积极价值观的教育实践活动。

（一）影响思想意识的教育活动

艰苦奋斗精神教育是培养人们具有艰苦奋斗精神的教育实践活动。

---

① 陈秉公. 思想政治教育学原理［M］. 沈阳：辽宁人民出版社，2001：247.

首先，艰苦奋斗精神是人的意志品质，所以，艰苦奋斗精神教育是属于对人的思想品质的影响。其次，艰苦奋斗精神教育的主要内容，即艰苦奋斗精神来自社会实践活动。艰苦奋斗精神产生于民族发展进步的实践历程中，丰富于中国新民主主义革命和社会主义建设、改革进程中。再次，培养人们具有艰苦奋斗的精神，是为了满足个人实现自身发展对精神支柱的需求，也是为社会发展提供凝聚力和精神动力的需要。归结起来，艰苦奋斗精神教育的主要目的是满足个人和社会发展需要。因此，艰苦奋斗精神教育不但要培养人们具有艰苦奋斗精神的意识，还有要能帮助人们用艰苦奋斗精神指导自己的实践，只有这样艰苦奋斗精神教育的目的才能实现。最后，艰苦奋斗精神教育要取得成效，离不开人们在自己人生和社会发展的伟大实践中去磨砺自己，在实践中经历过艰难困苦的磨炼，才更利于艰苦奋斗精神扎根于人们的头脑，落实到人们的自觉行动。可见，社会实践是艰苦奋斗精神教育取得实效的重要途径。

（二）培养积极价值观的教育过程

价值观是人们判断周围人和事物的地位、意义和作用时所持有的根本观点。价值观是人们评判是非、好坏的标准，并依据这个标准做出选择，指引自己的行动。价值观教育就是要通过对社会成员的思想教育，使个人认可、接受社会的主流价值观，并以此作为自己实际的价值判断标准，让个人的价值观与社会的主流价值观相一致。任何社会都有自己的主流价值观，它体现着这个社会的精神追求，是评判是非曲直的价值标准。一个社会、一个国家有统一的价值观，思想才能统一，行为才会归一，因此任何社会都致力于主流价值观的宣传教育，价值观教育具有长期性、普遍性。一般而言，主流的价值观都会以真假、善恶、美丑、好坏等作为基本内容，使人们明确在社会中"什么是真、善、美，什么是假、恶、丑，引导人们追求真善美，摒弃假恶丑"①。社会主义荣辱观以荣与耻的对比展示，将值得社会成员认可的主流价值观集中表达出来，是我国社会价值观的鲜明导向，是人们遵循的基本价值取向和指导人们的行为准则。"以艰苦奋斗为荣"正是社会主义荣辱观的主要内容之一，它明确了要大力弘扬艰苦奋斗精神。当前，社会主义核心价值观更是用24个字把社会主义核心价值体系加以提炼，成为全社会共同的价值追求。习近平总书记在庆祝"五一"国际劳动节大会上的讲话中指出：包括艰苦奋斗、勇于创新、甘于奉献在内的劳模精神，"生动诠释了社会主义核心价值观"②，社会主义核心价值观中也蕴含着艰苦奋斗精神。开展艰苦奋斗精神教育是对社会成员进行的积极价值观教育。

艰苦奋斗精神所包含的价值追求可以引领人民树立积极向上，与社会主义核心价值观相统一的价值观。厉行节约的品质能够帮助人民群众理性地认识需求和选择合理的消费，避免人们过度追求物质享受，造成浪费，导致自己的需求超越了自己的实际获得能力和社会发展阶段，从而降低自己的幸福感和获得感；坚韧不拔、奋发有为的意志能够帮助人们在生活、事业中克服困难，以积极的心态坚强应对；为理想而奋斗的道德激励人们的社会责任感和使命感，踏实敬业，为实现国家富强、民族复兴的共同理想而砥砺奋进。

（三）培育意志品质的教育实践

艰苦奋斗精神教育是对人们意志品质的培养，可以帮助人们塑造坚

---

① 寇东亮. 公民荣辱观教育：基于德性论的分析［M］. 北京：人民出版社，2011：34.

② 习近平. 在庆祝"五一"国际劳动节暨表彰全国劳动模范和先进工作者大会上的讲话［J］. 中国职工教育，2015（5）：7.

忍执着的精神意志、积极高尚的人生品格、坚定远大的人生志向。人们的意志品质会影响人的言行，高尚的意志品质要靠良好的意志品质教育和社会环境来引导。经济全球化的背景下，处于转型期的社会存在着价值追求多样、人们价值观念多元的错综复杂局面。多元的价值观念冲击着人们的思想，影响着人们的价值追求和行为，让一些人感觉无所适从，迷失自我。其中，拜金主义、享乐主义、追求物质享受、及时行乐等观念趁机腐蚀人们的心灵，消磨人们的意志，使人们只重物质生活追求，而缺乏对理想、事业、高尚人格和人生价值等精神方面的追求。人们对精神方面的追求是更高尚的需求，正是人对理想、意志品质等高级的需求才能不断推动人类文明的进步。人的更高级的需求即人们对高尚情感、远大理想的精神追求，要靠对人们的意志品质教育和自我教育才能实现。艰苦奋斗精神教育可以帮助人们树立高尚的道德品质和实现崇高的精神追求，抵制低级需求的束缚，提升人们的需求层次。艰苦奋斗精神教育，可以让人们加深对艰苦奋斗精神的认知，增强为成就事业、理想目标而奋斗的认同感，从而以艰苦奋斗的作风为准则进行自我约束和自我管理。人们以崇尚节俭的行为习惯涵养良好品格，改变奢侈浪费的行为；以克服困难和挫折的行动来磨砺坚忍不拔的意志，培养健全人格；以为理想目标而坚定地艰苦创业来树立远大人生志向和追求，破除贪图安逸享乐、不思进取的错误人生观。艰苦奋斗精神教育是能够教导人们形成良好的意志品质，引领人们提升需求层次的教育活动，是为社会培养具有健全人格、高尚追求的社会成员的途径。

第三节 大学生艰苦奋斗精神教育

一、大学生艰苦奋斗精神教育概念界定

大学生是民族的希望、国家的未来，是中国特色社会主义事业的建设者和接班人，是实现中华民族伟大复兴的中国梦的人才支撑。大学生要继承社会主义事业，继续完成民族复兴的奋斗目标，必须具有艰苦奋斗的精神。由于大学生是一个特殊群体，有其自身的特征，大学生艰苦奋斗精神教育的概念和具体内容也有别于对全体社会成员的艰苦奋斗精神教育。

大学生艰苦奋斗精神教育是高校从事思想政治教育人员和思想政治工作人员，遵循大学生思想发展规律，有组织、有计划地采用一定的内容、方法、途径，培养大学生具备艰苦奋斗思想品质，并能将精神转化为实际行动的教育实践活动。

大学生艰苦奋斗精神教育是高校思想政治教育的重要组成部分。高校艰苦奋斗精神教育的教育者，也是教育主体，包括高校的党团组织、辅导员、思想政治理论课教师等主要负责大学生思想政治工作的组织和教师。艰苦奋斗精神教育的受教育者，即教育客体，是在校大学生。艰苦奋斗精神教育要实现的主要目标是，帮助大学生认识和树立艰苦奋斗精神的意志品质，引导大学生自觉用艰苦奋斗精神指导自己的行动，做出艰苦奋斗的行为，做到知行合一。艰苦奋斗精神教育是高校培养大学

生具有积极价值观的教育实践活动，促进大学生的全面发展是其根本目标。

二、大学生艰苦奋斗精神教育时代内涵

党的十九大报告指出，中国特色社会主义进入了新时代，中国经济总量超过 80 万亿，位居世界第二位，人民生活水平大幅度提高，百姓获得感不断增强，中国实现从站起来、富起来到强起来的巨大飞跃，并且正逐步重回世界的舞台中央，发出属于自己的声音，强调世界贡献、世界意义和世界引领。在这样一个新时代，大学生作为接受高等教育、具有社会新技术和前沿思想的特殊群体，随着工作实践的开展和深入，必然会参与社会建设，引领社会进步。由此可见，他们的总体表现会影响中国未来走向。而艰苦奋斗精神作为"取胜不败的法宝"是绝对不能丢弃的，并且要在新时代针对大学生这个特殊群体，开展符合时代要求的艰苦奋斗精神教育，具体内涵包括：以优良的学风促进知识结构的提升，从精神风貌上坚定战胜一切的勇气，用劳动观念坚定平实而伟大的前进道路，保持警醒自觉，保持前进方向不入歧途，以高尚的情操推动中国梦的最终实现。

（一）刻苦钻研、孜孜以求的优良学风

新时代的大学生面临飞速发展变化的国情和世情，面临着日新月异的社会状况，要在大势中急流勇进，要一展自己的抱负和理想，需要有与之相适应的知识构架，需要优秀的学习方法，更需要优良的学风。第一，刻苦学习，把握方向，深钻细挖的正确态度。新时代是一个知识爆炸的时代，快速更迭的科技成就让人目不暇接，如何能在求学期间更好

地积蓄知识这种属于未来的力量，是每一个有志的大学生必须面临的课题。新科技的不断换代更新，使社会分工越来越细致，这决定了学习主体务必选准学习方向。现代社会的发展进步速度，需要学习这种主观行为不仅仅有时间的长度，还要有内容的深度，更需要与时代相契合，要求学习主体不断深钻细挖，不能不动脑筋，更不能照搬照抄，要有自己的想法和见解，这是一个漫长的过程，压力极其巨大，没有艰苦奋斗精神的支撑是做不到的。第二，把学习作为一生的习惯，持之以恒。很多大学生认为，学习是在校期间的事情，参加工作之后以沟通、协调和机械性、重复性劳动为主，不需要进一步的学习和深造。事实证明，持这种想法的大学生在工作之后，如果不及时调整，要么容易被社会淘汰，要么缺少晋升空间。造成这种问题的原因是，他们关于学习的认识步入了思想误区。在工作岗位上发现自身与职业能力要求的差距，从而有针对性地学习，这同在校学习同样重要，或者说更为重要。第三，把不断创新、勇攀各领域高峰作为学习的阶段性目标。事物发展需要经历从量的积累到质的变化的过程，而质的变化在学习层面来说，就是知识积累和行为实践到达一定程度之后，发生的创新性变化。大学生在学习和工作中，不应该以某一项工作或者研究的创新性变化作为人生的最终目标，而应该以其为阶段性的努力方向。"不积跬步，无以至千里"，不论是人生目标的实现，还是中国梦的实现，都是以一个又一个阶段性目标的达成为积累的。学习的过程是枯燥、孤独而漫长的，甚至一些具有时代意义的重大发现和创新，在一段时间内，会不被大众所接受，而会面临更大的窘境，这就需要艰苦奋斗精神来保持继续前进的动力，帮助大学生克服负面因素，最终达到目标。

（二）百折不挠、攻坚克难的精神风貌

纵观大学生的成长史，从幼儿园到小学直至高中，都有专业的教师对大学生的学习生活、成长方向、心理状态进行培养，这个时期，要么以孩子的自身安全和健康成长为重，要么以学习成绩为第一要务，这个时期的受教育主体实际上是被很好地保护起来了，即便偶尔遇到挫折和困难也会在家长和相关教师的呵护下度过。但是，大学生活是一段分水岭，意味着大学生要逐步走向自理、自力和自强，要向逐步尝试社会生活迈进，随着大学毕业的逐步临近，高校为大学生包裹的"护罩"越来越小，终于在大学生毕业，步入社会那一刻彻底消失。这时候，大学生需要面对来自过去、现在和未来的三方压力。第一，来自过去的压力主要是知识储备不足，与社会所需的职业能力有差距；第二，来自现在的压力，是眼下需要解决的就业择业问题，因为现在社会可以为应届大学生提供的岗位与庞大的大学毕业生数量之间是不成正比的，这种情况下，很多大学生是不能在毕业之后就获得称心的工作机会；第三，来自未来的压力，是要对即将或者已经从事的职业进行远景评估，看看与自身对于未来的规划目标是否一致。可以说，包括大学生在内的所有参与社会生活的人都面临着这三种压力，这种情况下，很多人的心理出现了问题。同快节奏的社会对应的往往是巨大的压力，由之引发了诸如"抑郁"等心理状态和倾向。新时代绝大多数的大学生也同样要承受这三种压力，都需要高节奏快频率的社会生活，这个时候的大学生艰苦奋斗精神就体现于其在高校就读期间有准备的心理建设和参加社会生活之后有针对性的抗压训练带来的心理强化。外化出来的就是百折不挠、攻坚克难的精神风貌，不惧困难险阻的心理状态，越挫越勇、百折不挠的坚韧态度，毫不动摇、继续努力的强大气魄。

（三）勤劳敬业、精益求精的劳动观念

新时代的大学生重任在肩，要在全面建设小康社会决胜阶段有所建树，要在全面建设社会主义现代化国家新征程中多做贡献，就要树立科学的劳动观和正确的从业理念。第一，有勤勉不辍、务实肯干、脚踏实地的从业态度。职业是人类活动中劳动分工的产物，反映的是劳动者与劳动资源之间的结合，实际上也包括劳动者之间关系的内容，劳动产品反映的是不同职业间的劳动交换关系。所以职业是人安身立命的根本，也是人获得幸福生活，进而向人生目标奋力拼搏的物质基础。新时代大学生在从业之后，要想取得自身晋升的机会，获得更大的成就，勤勉不辍的奋斗和务实肯干的精神是基本路径。新时代国家的政策更多地考虑到百姓的"获得感"，为包括大学生在内的广大劳动者提供了更多的通过劳动获得幸福生活的机会，但这绝不是靠等待、不劳而获、唾手可得的，是需要用踏踏实实的工作和不断的努力奋斗获得的。空谈误国，实干兴邦，于国家如此，于个人更是如此，只有脚踏实地一步一个脚印地去努力拼搏奋斗，才能成为人生的赢家。第二，爱岗敬业，精益求精，传承工匠精神。干一行爱一行，这是在职业生涯中获得进步的基础，如果对于所从事的工作不感兴趣，甚至有抵触情绪，是不能取得好成绩的。新时代对于大学生这个经受过高等教育的特殊群体在从业上有更高的要求，在学生不仅要主观上要做到敬业，还要精益求精，传承工匠精神，做到极致。新时代大学生艰苦奋斗精神反映的是一种精神状态，那么艰苦奋斗绝不仅仅是一种概念，而是一种实实在在的行为过程，新时代大学生只有通过这一过程才能最大限度实现自身的价值。

（四）生于忧患、死于安乐的警醒自觉

首先，杜绝"小富即安""不思进取"的消极观念。很多人在眼前利益得到满足之后，就会产生"停一停""其实这样也挺好"的想法，具体表现为意志消沉，不思进取。在当今时代背景下，每天都在悄然发生着变化，别说意志消沉、不思进取而停滞不前，就连进步的速度放缓，都会被人远远地抛在后面。那时，之前奋斗而来的成果也会消失殆尽，再想重新奋斗的时候，因为差距过大而需要重新适应、学习，甚至今生就止步于此了。其次，摆脱"啃老不劳""自甘堕落"的思想误区。不得不说，就当今社会现实来看，拜金主义等不良风气的冲击之下，很多大学生想要得到的与通过劳动能获得的，有很大的差距，这种情况下，一些大学生在毕业之后就成了"啃老不劳"的蛀虫，另外一些人就"自甘堕落"做一些违背社会道德甚至触犯法律底线的事，这样的人必然自食恶果。正常情况下，父母不能陪伴我们一生，依靠违法而挣快钱的人必然会最终受法律的制裁。再次，看破"诱惑深坑""名利炸弹"的利益陷阱。从中国的传统来看，评定一个人成功与否，首先看的是德行，具体点说就是看自身道德修养，也就是常说的坚持本心，不为所惑，其实就是克服自身局限的奋斗过程。新时代的大学生要从事各行各业，人生的路上难免受到这样那样的诱惑，大学生要发扬艰苦奋斗精神，不为所动，更不为所惑。最后，远离"奢靡之风""享乐主义"。在社会物质生活极为丰富的今天，人们常常会有是否还要艰苦奋斗的疑惑。的确，现在一些奢侈性的消费，一次两次的享乐对于较高收入的人来说，并不是什么太大的负担，还有人认为"存在即是合理"，也即既然有这样的消费项目，就是市场有需求，既然有需求，就可以消费。但是，"由俭入奢易，由奢入俭难"，在体会了奢侈消费和享受之后，很多人选择了迷醉于其中，条件不允许就想各种办法，突破各种底线，对于大学生来说，"裸贷""裸聊""裸陪""裸播"的出现，是这一思想的体现。简单地说，安逸的生活，过多的诱惑，会使前进路上的人们意志消沉甚至丧失，会造成停滞不前甚至倒退，新时代的大学生务必秉持艰苦奋斗精神，不断振奋精神、克服私欲，看破诱惑，远离奢靡，在前进的道路上以昂扬的姿态不断进取。

（五）胸怀天下、以小我成就大我的高尚情操

大学生作为中国特色社会主义新时代主要的建设者，在小康社会的决胜期和社会主义现代化建设新征程中，更要奋发有为。要时刻以中华民族的伟大复兴和国家富强为己任，树立远大理想。2020 年大约有3700 万名在校大学生，874 万名大学应届毕业生。相对于这个数量，每一名大学生的成就和作为或许微不足道，只能被称为"小我"，但是如果每一名在校、应届毕业生加上往届的毕业生，每一个"小我"都能够明确自身责任，在学习和实践中为中华民族的伟大复兴和国家富强的"大我"勠力同心，共同奋进，那么我们距中国梦的实现就又迈进一大步。在这个过程中，作为"小我"的大学生个体，放下极端利己主义的思想，保持高尚情操，以小我成就大我，处处体现着新时代大学生艰苦奋斗精神的内涵。反过来，这绝不是牺牲"小我"来成就"大我"，因为国家的富强和民族的振兴也会为大学生带来更多更好的工作岗位，提供更优渥的生存和生活条件，让大学生能够有更多的机会实现自己的价值。然而包括"小我成就大我"和"大我反哺小我"二者统一过程的实现，都不是在消极等待中得到的，而是发挥主观能动性，以艰苦奋斗精神在不断学习和实践过程中获得的。

三、大学生艰苦奋斗精神教育现实意义

中国特色社会主义已经进入新时代，改革开放 40 年的发展取得巨大成就，给社会各个领域都带来很大变化，我国社会的主要矛盾已经变

为人民日益增长的美好生活需要和不平衡不充分的发展之间的矛盾。国内生产总值突破80万亿元，人均收入大幅度提升，基础设施条件提高，众多科技成果广泛应用，大批民生工程落到实处，文化事业、文化产业繁荣发展，生态文明建设有效推进，等等，这些方面的发展成就，使人民的物质条件和精神需求都得到很大提升与满足。追求美好生活是全社会的共同心愿和目标。毋庸置疑，人们都认可艰苦奋斗精神在中华文明的发展，在中国的革命、建设和改革中发挥的重要作用。但由于艰苦奋斗精神是在中国古代物资极度匮乏、生产力水平十分低下的条件下孕育而生的，是在党领导革命以来革命任务异常艰巨、社会主义建设经济基础薄弱、发展艰难的条件下得到大力弘扬的，因此，很多人认为艰苦奋斗就是"吃糠咽菜""拼命干"、节衣缩食、省吃俭用、"缝缝补补又三年"的穷苦日子，甚至无异于禁欲主义。对艰苦奋斗精神的狭隘错误理解导致很多人认为，今天物质条件好了，社会提倡追求更美好的生活，再谈艰苦奋斗就是反对人们提高生活质量，抑制人们对物质精神更高的追求，与社会发展趋势相违背，没有必要让下一代人艰苦奋斗。虽然社会生活条件大幅度改善，人们物质和精神方面获得更多满足，但并不意味着艰苦奋斗精神已经过时。相反，需要一代代中国人继续弘扬和践行艰苦奋斗精神。在艰苦奋斗精神被错误理解和忽视的今天，加强大学生艰苦奋斗精神的培养具有重要的现实意义。在新时代，继续开展大学生艰苦奋斗精神教育，绝不是号召大学生重过衣食不足的生活、放弃享受改革开放的成果，而是通过教育引领新时代大学生决不能因舒适安逸而不思进取，决不能因眼前成绩而停滞不前，决不能因困难挫折而退缩放弃，以此强化艰苦奋斗意识。

（一）大学生创造美好生活和出彩人生的内在需要

新时代大学生思想活跃、充满活力，对未来有各自的人生规划和个人理想；大学生积极进取，为应对进入社会后的激烈竞争，自觉增长才干，努力成才；大学生充满热情，希望实现自己的人生价值，获得社会的认可。时势造英雄，进入中国特色社会主义新时代，国家经济的蓬勃发展给年轻人提供了发展机遇和施展才华的广阔舞台，让心怀梦想的大学生能获得人生出彩的机会，创造自身向往的美好生活。

美好幸福的生活是奋斗出来的。人类文明发展的历史已经向我们证明：人类的进步发展离不开艰苦奋斗，因为人类获得每一次的真理性认识，每一阶段物质生活的改善，都是艰苦奋斗的过程。发扬了艰苦奋斗精神，社会就进步；反之就停滞不前。幸福生活不会摆在大学生的面前，不会自动实现，今天大学生要获得更好的学习成绩、更好的工作机会、更好的生活条件等对幸福生活的追求，离不开勤奋努力、踏实奋斗。李大钊曾说过："凡事都要脚踏实地去做，不驰于空想，不骛于虚声，而惟以求真的态度作踏实的工夫。"大学生在创造美好幸福生活的道路上，要摒弃各种诱惑和不切实际的幻想，脚踏实地地学习工作，实实在在地努力奋斗，不能有半点虚假。人生出彩是心怀梦想而奋斗得来的。只要胸怀理想、百折不挠、锐意进取，坚定不移地向着自己的目标理想不断迈进，就可以做出骄人成绩，书写自己人生的华彩乐章。苏轼在《晁错论》中总结前人成功经验后指出："古之立大事者，不惟有超世之才，亦必有坚忍不拔之志。"大学生要实现自己的人生规划、个人理想和人生价值，需要有足够的知识才能，还要有坚定的意志和不懈的奋斗。那些不经历曲折艰难、不超越各种障碍、不经过努力奋斗就能一帆风顺得到成功和实现理想的想法，只能是空想。艰苦奋斗精神教育是培养大学生勤奋品质、踏实奋进、百折不挠、志存高远、坚定奋斗意志的教育实践活动，能够帮助大学生树立追求美好生活和创造出彩人生的精神支柱。

新时代大学生从小在物质条件优越的环境下长大，多数为独生子女，受到长辈更多的宠爱和全方位的良好照顾，这同时又易于使他们缺乏阅历，适应环境、自我管理、辨别是非和处理问题的能力不强。出现诸多影响大学生健康成长的问题：在多元价值观冲击下，贪图享乐、不思进取，有的学生甚至以一切可以靠父母的心态度日；遇到学习压力、就业竞争、情感挫折时灰心丧气，不会自我调节导致心理健康问题。这些都将影响大学生的成长成才。有了艰苦奋斗精神的支撑，大学生在求学的道路上，就能忍受学习的枯燥，忍受实践求证的辛劳，忍受探索创新的艰苦。有了艰苦奋斗精神的支撑，大学生就有足够的勇气和韧性去应对学习、工作和生活中的压力、竞争、挫折和难题，不灰心不放弃，保持积极心态和昂扬斗志。有了艰苦奋斗精神的支撑，大学生才能在各种磨砺中以坚强的意志和决心，抵御诱惑，战胜困难，坚定地向目标理想前行。

（二）社会倡导和弘扬积极价值观的迫切要求

习近平总书记指出："青年的价值取向决定了未来整个社会的价值取向，而青年又处在价值观形成和确立的时期，抓好这一时期的价值观养成十分重要。"① 大学时期是大学生价值观走向成熟的关键时期，艰苦奋斗精神是积极向上的价值观，培养大学生的艰苦奋斗精神，正是引导大学生形成正确价值观的需要。多元价值观背景下，不同价值观在碰撞、渗透和冲突中并存，大学生的价值观由过去单一价值取向朝着多元价值取向转变。由于大学生自身思想观念不稳定不成熟，社会阅历和实

---

① 习近平. 青年要自觉践行社会主义核心价值观［N］. 人民日报，2014 - 05 - 05（2）.

践都很有限，又乐于接受新事物新思想，他们的价值观很容易受到各种价值观念的影响，出现迷茫困惑，使大学生的思想产生一些问题。在网络成为人们日常生活组成部分的时代，网络给大学生带来的影响也是双面的。网络在给大学生提供广阔的接触外界、了解浩瀚知识、激发创新思维的同时，也在向大学生传播消极、不良甚至虚假的信息，让大学生的价值观受到冲击，思想出现混乱。大学生都是"90后"，他们生活成长在生活比较富足的时代，多数又是独生子女，从小就是家里的"小皇帝""小公主"，集家人的万千宠爱于一身，过着无忧无虑的生活。在这些现实条件的作用下，大学生容易受到社会中浪费之风、享乐主义、拜金主义、奢靡之风、消费主义等不良价值取向的影响。在大学生中出现重物质倾向，贪图享乐，相互攀比，炫耀消费，甚至出现奢侈性消费等不良现象，腐蚀大学生的勤学和奋斗意志，造成他们价值观扭曲，影响其身心健康发展。

因此，有必要加强大学生正确价值观教育，引导他们走出价值困境。大学生的价值观还未成熟稳定，容易受到外界的影响，这样的特点使大学生易于接受艰苦奋斗精神的积极引导，形成正确的消费观、奋斗观，在心中树立起积极向上的价值观。同时，大学生承载着党和国家、民族的希望和期盼，他们的价值观如何，将影响整个社会的价值观念，关系到党和国家的事业，民族的复兴大业。因此，开展大学生艰苦奋斗精神教育，引导大学生树立艰苦奋斗精神的积极价值观念，有助于有效抵制腐朽价值观对大学生的困扰，有助于大学生树立主流社会价值观，有助于引导大学生成为社会积极的主流价值观的倡导者和践行模范。

（三）夺取新时代中国特色社会主义伟大胜利和实现中华民族伟大复兴，培养接续力量的客观要求

把大学生培养成夺取新时代中国特色社会主义伟大胜利和实现中华民族伟大复兴的合格建设者和可靠接班人，是高校思想政治教育工作的一项重要任务和目标。当前，我们进入"决胜全面建成小康社会，进而全面建设社会主义现代化强国的新时代"，"是全体中华儿女勠力同心、奋力实现中华民族伟大复兴中国梦的时代"①。实现中华民族伟大复兴的中国梦，是党的历史使命，是每个中国人的共同理想和奋斗目标，是新时代大学生所要承担的历史任务。这是一项伟大而艰巨的事业，要使这项伟大艰巨的事业取得成功，需要一批批大学生的积极参与、拼搏奋斗和甘愿付出。今天中国发展能取得举世瞩目的成就，靠的是前辈们发扬艰苦奋斗的精神，努力奋斗得来的。现在，我们比历史上任何时期都更接近实现中华民族伟大复兴的目标，也有信心和能力实现这个目标。大学生作为接力这个目标的接班人，需要继承和发扬老一辈艰苦奋斗的革命传统，为实现中华民族伟大复兴的目标而加倍努力，为之不懈奋斗。要实现人类解放、人的全面发展，实现共产主义，更需要一代代青年人坚定不移地艰苦奋斗。

在经济全球化、信息化影响深远的大背景下，国际形势日趋复杂、瞬息万变，国际竞争日益激烈，给中国经济发展带来更多变数和挑战；多元文化在对原有主流文化和传统文化造成冲击的同时，也给人们带来一些负面影响，这降低了民族凝聚力，客观上影响社会主义核心价值体系的确立；社会主义市场经济发展，促进经济发展，平等、竞争、效率

---

① 习近平. 决胜全面建成小康社会 夺取新时代中国特色社会主义伟大胜利［N］. 人民日报，2017－10－28（1）.

等观念深入人心的同时，也使拜金主义、享乐主义、奢侈浪费之风盛行，破坏了良好的社会风气；虽然国家发展取得巨大成绩，但社会主义初级阶段基本国情没有改变，在很多方面我们与发达国家和世界先进水平仍有较大差距。因此，需要大学生们继往开来，承担起实现国家富强、民族复兴的奋斗目标的艰巨任务。完成这一艰巨任务，大学生离不开艰苦奋斗精神的支撑，以脚踏实地的不懈奋斗，迎接各种挑战，排除各种风险。所以，有必要通过艰苦奋斗精神教育，让青年人树立实现中国梦的明确奋斗目标，来引导大学生始终保持艰苦奋斗的作风和昂扬向上的奋斗姿态，使大学生能自觉为国家和民族的发展，刻苦学习、踏实工作、勇于创造、甘于奉献，成为为党和人民的伟大事业矢志奋斗的人才。

第二章

大学生艰苦奋斗精神教育的思想资源

业已形成的教育思想理论，对有效开展教育活动具有积极作用。一直以来，人类在艰苦奋斗的实践中所形成的关于艰苦奋斗精神的思想和理论，为高校培养新时代大学生艰苦奋斗精神提供了宝贵的思想资源。特别是中国传统文化中传承的艰苦奋斗思想、马克思主义理论中对艰苦奋斗精神的阐释、中国共产党人形成的艰苦奋斗教育观念，以及国外节约理念、奋斗精神、劳动观等教育理念，都为我国开展大学生艰苦奋斗精神教育提供了坚实的理论基础，有助于大学生艰苦奋斗精神教育取得良好效果。

第一节　中国优秀传统文化中的艰苦奋斗思想

习近平总书记曾指出："优秀传统文化是一个国家、一个民族传承和发展的根本，如果丢掉了，就割断了精神命脉。""只有坚持从历史走向未来，从延续民族文化血脉中开拓前进，我们才能做好今天的事业。"① 广大劳动人民在创造历史悠久、光辉灿烂的中华文明过程中，凝结出了崇尚勤劳、克俭黜奢、坚韧刻苦的艰苦奋斗精神，成为中国劳动人民始终坚持和激励自己建设美好家园的精神动力。在中华民族的奋斗历史和文化典籍中，充分展现了人民群众艰苦创业的风采和中华民族的灵魂、血脉、风骨。中国优秀传统文化中所蕴含的丰富深厚的艰苦奋斗思想，是中国人领会传承艰苦奋斗精神的思想渊源，让我们可以从中吸取精华，成为开展新时代大学生艰苦奋斗精神教育的思想基础。

一、崇勤美德

自古中华民族就推崇以勤为美德的价值标准。勤，即勤劳、勤政、勤奋、勤学，能吃苦耐劳之意。中国人世世代代凭借自身的勤劳、勤奋、勤学精神，通过生产生活的艰苦实践，为实现百姓富足、国家强盛、民族兴旺不断奋斗，书写出一部中华民族不断发展壮大的千年历史长卷。勤劳、勤奋、勤学的美德，对百姓生活、国家兴旺和个人修身悟道都有很重要的意义。

（一）民生在勤

古代劳动人民很早就认识到"民生在勤，勤则不匮"（《左传·宣公十二年》）。勤奋劳动是实现温饱、创造财富的源泉，只有辛勤劳动，才不会缺乏物质财富。古人推崇勤奋、自食其力，并反对不劳而获。"士无事而食，不可也。"（《孟子·滕文公下》）一个人不能不劳而食。

---

① 习近平. 在纪念孔子诞辰 2565 周年国际学术研讨会暨国际儒学联合会第五届会员大会开幕会上的讲话［N］. 人民日报，2014 - 09 - 25（2）.

这表明孟子认为不劳动者不得食的思想。墨子也有同样的主张。墨子认为不劳而获是不道德的行为，应受到大众指责。"人惰而侈则贫，力而俭则富。"（《管子·形势解》）懒惰而奢侈的人就会贫困，只有勤劳而节俭的人才能富裕。因为勤劳是人们满足物质需求的条件，也是人们克服贫困过上富足生活的途径，为此古人以勤劳为美德，以懒惰为耻。《尚书·盘庚上》中引导百姓说："若农服田，力穑乃亦有秋。……惰农自安，不昏作劳，不服田亩，越其罔有黍稷。"就是告诫百姓只有勤于劳作才能有收获，懒惰不勤于农事，就会挨饿。鼓励士、农、工、商等各行各业的人都要肯辛苦劳作，崇勤戒懒。辛勤劳动自古就是中国劳动人民的本色，正是这一美德，才创造出中国千年的辉煌，成为中华民族不断前行取得一个又一个成就的重要条件。

（二）兴国以勤

历朝历代的实践证明，国家兴盛离不开为政者勤于政事。无论是君王还是臣子，只有勤勉于政务、尽职尽责、勤恳敬业地为国家、为百姓做事，才能治理好国家，国家才能兴盛。"历览前贤国与家，成由勤俭破由奢。"（李商隐《咏史》）李商隐在诗中的慨叹，道破了影响国家兴亡的这一重要规律。

古代思想家很早就提出治理和发展国家要勤奋、勤政的思想。《尚书·大禹谟》中指出"克勤于邦，克俭于家"。主张在国家事务上要勤恳尽责，在家庭方面要勤俭持家，这样国与家才都能富足。尧、舜、禹正是在事业和生活中克勤克俭，所以赢得了百姓的拥戴，成为人们心目中的圣贤。历史上值得称道的帝王也都因勤于政治，勤奋治理国家，才出现了国家的兴盛。

国家的兴盛，除了依靠勤勉于政事的君王，还要依靠勤勉踏实、为百姓做事的官员。官员承担着管理国家各项事务，执行国家各项政策的重要职责，他们能否恪尽职守、勤勤恳恳地为国家百姓做事，直接关系到国家机器能否正常运转，国家能否兴盛长久。因此，历代君王为了实现国家昌盛繁荣，除了自己勤于政务，还告诫臣子一定要勤政。周成王讨伐淮夷，班师后告诫臣下："戒尔卿士，功崇惟志，业广惟勤，惟克果断，乃罔后艰。位不期骄，禄不期侈。恭俭惟德，无载尔伪。"（《尚书·周官》）只有果敢决断，才不会有艰难。建功立业要靠志艰勤勉，身居高位不要骄傲奢侈，必须恪守恭敬勤俭的道德。周成王还要求臣子"惟日孜孜，无敢逸豫"（《尚书·君陈》）。每日都应孜孜不倦努力工作，不贪图安逸享乐。经过历代官员的实践，宋人吕本中在《官箴》中总结"当官之法，唯有三事：曰清、曰慎、曰勤"。清、慎、勤，被誉为为官第一箴言，人们通常认为，如果为官之人能做到清廉、谨慎、勤勉，就能安身立命，有所作为。历史上为后人称颂的名臣如诸葛亮、魏征、范仲淹、王安石等不胜枚举，他们都以"鞠躬尽瘁，死而后已"的勤政精神为国为民操劳，建立不朽功勋。从古人的思想中可以看出，中华民族历来就有这样的政德思想：推崇为政者勤于政事，造福于民的治国思想。这不但让国家不断兴旺发达，也使勤奋的思想深入每个中华儿女的血脉中。

（三）治学于勤

古人的崇勤思想还体现在推崇勤奋学习、立志建业。这在很多思想家关于劝学、立志、修身的论述中都有所阐释。勤奋治学的思想贯穿于中国的思想文化中，激励一代代有志之士，奋发读书，积累才学，修身养德，建功立业。

勤奋是一个人能够博学、修道得道、成才立业的基本条件和重要基础，没有付出艰苦的努力，没有勤奋的学习、修炼自己，是不会真正掌握广博的知识，提高自己的道德修为，达到成才立业的目标的。孔子认为："君子博学于文，约之以礼，亦可以弗畔矣夫！"（《论语·雍也》）要成为德行高尚、信念坚定之人，必须先有广博的知识。要获得任何好的德行，都要以努力学习为前提。因为"玉不琢，不成器，人不学，不知道"（《礼记·学记》）。"腹有诗书气自华"，一个人要成才离不开学习知识，读书学习不仅可以长知识，还可以提升人的人文素养和精神境界。这些思想都论述了学习的重要性。在中国传统文化中，勤学思想具体表现在以下几个方面。

一是刻苦学习。刻苦学习是增长知识和才能的前提条件。张衡在《应闲》一文中说道："人生在勤，不索何获？"告诫人们只有勤奋努力，才会有收获的道理。他更是以自己的实践证明了这个道理。他勤奋求索，在天文学、地震学、数学、地理、机械技术、文学等领域都有很多成就，成为中国历史上少有的全才。

二是乐于治学。古人认为治学需要以好学之心和正确的学习态度为前提，才有助于提高学习的效果，取得更大成绩。荀子认为："君子之学，以美其身，小人之学，以为禽犊。"（《荀子·劝学》）为修炼提升自己的品德和学识而求学，是君子所为；为了取悦他人、装点门面而求学，是小人之为。学习是为提升自己的修为而学，不可做表面功夫。他认为治学之人还要有刻苦、持之以恒的态度，这样才会有明辨是非的智慧，取得显著的成就。正确积极的治学态度，是人们能够以治学为乐的前提，为己而学，才能有提高学识和道德水平的主动性和自觉性；有潜心治学的态度，才能提高学习的效果。

三是善思重行。古代学者们提倡将学与思结合，将所学付诸实践。

这样更有助于增进学识，学以致用，完善自己的人格，以达到修身的目的。孔子很重视学与思的结合，他认为："学而不思则罔，思而不学则殆。"（《论语·为政》）只是学习而不思考，就会惘然无知；只是思考而不学习，只会感觉疑惑，而无所得。只有把学习和思考问题结合起来，才能有真正的收获。学习知识，更重要的目的是应用于实践，这种思想在重视塑造个体道德修养的儒家思想中尤为突出。

四是不贪图安逸。自古人们就认识到学习、修身、立业是艰苦的过程，要有吃苦耐劳的品质，不能贪图安逸，只争朝夕地钻研学问，脚踏实地地提升自身的修为，方能有所成就。儒家思想中非常强调吃苦的重要性，反对追求懒惰安逸。孔子说："士而怀居，不足以为士矣。"（《论语·宪问》）就是说有志之士如果只是留恋家中的安逸生活，就不配做士了。荀子认为人应该"劳苦之事则争先，饶乐之事则能让"（《荀子·修身》）。君子应该争先去做劳累辛苦的事，而致富娱乐的事就让别人去做。在古代思想文化中一直都有这样的共识：时间宝贵，有志者应该抓紧大好时光来学习、磨砺自己，以早日建功立业，而不能把时间浪费在嬉戏游乐上，最后一无所成，悲伤后悔。

我国古代的思想文化蕴含深厚的崇勤美德。这种勤劳、勤奋的美德鼓励普通百姓辛勤劳作，自给自足，激励有识之士勤于学习、完善自身、建功立业；勉励为政者勤于政事，为实现国家的不断强盛尽心尽力，造福百姓。

二、克俭风尚

克俭风尚，即崇尚节俭、厉行节约、反对奢侈浪费的思想。这一思想从夏商周时期开始出现，经过历朝历代的继承与变迁，内涵丰富、备受推崇、深入人心，是中华民族引以为傲的民族精神之一。古人认为："俭，德之共也；侈，恶之大也。"（《左传·庄公二十四年》）节俭是一种大的德行，奢侈是一种大的罪恶。这句自上古就流传下来的名言，表达了中华民族自古就提倡崇尚节俭、反对奢侈的美德，这一思想历来受到为政者、思想家的重视，是其治国、修身所奉行的重要原则。更由于崇俭黜奢的美德形成时间早，被各派思想家推崇，对当时社会良好风气和后世风俗的形成都有重要影响和意义。

（一）崇尚俭德

崇尚节俭，反对奢侈浪费，是中华民族很早就提倡的美德。在春秋时期，百家争鸣的时代，推崇节俭的思想就已经成为各家学派的共识，对崇俭黜奢价值观念的形成，把节俭视为民族美德，影响深远。这里的俭，有节俭，节制欲望，约束自己言行之义。

孔子一生遵循和倡导周礼，他主张以遵从"礼"为标准的"宁俭勿奢"的节俭观，反对批评越"礼"的奢侈行为。孔子曰："奢则不孙，俭则固。与其不孙也，宁固。"（《论语·述而》）就是说，奢侈会使人张扬不谦虚，节俭使人固陋寒碜，但孔子认为宁可固陋，也比不谦逊好。此句体现了孔子反对骄奢淫逸，崇尚节俭的主张。墨子同样推崇节俭的美德。墨子认为"夫妇节而天地和，风雨节而五谷孰，衣服节而肌肤和"（《墨子·辞过》），充分肯定"节"的作用。他针对当时社会的弊端，将"俭节"视为全社会的共同道德要求，提出了"节用""节葬"的思想。"节用"即节约财用，不铺张浪费。墨子认为，社会上办任何事达到目的即可，不能给社会和民众带来利益的花费都该制止。一切衣食住行都能做到"节用"，就能达到"用财不费，民德不劳，其兴利多矣"（《墨子·节用上》）的良好效果。墨子针对社会中"厚葬久葬"的风气提出"节葬"思想。"节葬"即从简办丧事，他认为"厚葬久葬"都是劳民伤财的不明智之举，最终都是百姓受苦，影响社会发展。

（二）以俭治国

大多数古代思想家都主张以俭治国。节俭治国之道，主要指通过统治者的节用不奢来减少物力消耗，制定能维持国家从上到下奉行节俭的政策，以积累国家财富，达到富国的目的。这在生产力水平还相对较低的古代，有助于国家有效积累财物，以扩大再生产，从而创造出更多的物质财富，来逐步提升国家的实力和百姓的生活水平。在以俭治国思想影响下，生产力水平的不断提高、国家实力的集聚增长，使整个民族不断发展壮大。

早在《尚书·太甲上》中就提到"慎乃俭德，惟怀永图"。这是商朝大臣伊尹在成汤的嫡长孙太甲继位后的劝诫之语，强调实施俭德对王业长久的重要性。孔子提出"节用爱人"节俭治理的观点。子曰："道千乘之国，敬事而信，节用而爱人，使民以时。"（《论语·学而》）领导一个大国，就要认真做事而让人信服，节省财力，役使百姓要不误农时。孟子在为政思想中强调君主要节用"不夺人"。孟子曰："贤君必恭俭礼下，取于民有制。"（《孟子·滕文公上》）他认为贤明的君主应该认真为政，节约财力，礼贤下士，实行轻赋税，不要过度敛取民财。荀子提出君主节用富国的治国思想。认为君主奢侈无度，必会消耗大量国家财力，而国家的财富都来源于百姓的劳动创造。君主对百姓取之无度的做法，最终会危及国家的稳定。"足国之道，节用裕民，而善臧其余。节用以礼，裕民以政。"（《荀子·富国》）在中国历史上，一些贤明的君王皇帝，也都在生活中做到节俭，杜绝奢靡，成为臣子的表率。作为臣子应有节俭之德，正如司马迁所说："治国之道，富民为始，富民之要，在于节俭。"（《史记·平津侯主父列传》）使整个国家形成节俭的美德，是治理国家的重要原则。

（三）节俭持家

在古代，由于物资相对匮乏，节俭持家思想有助于引导百姓通过节约物质消费、减少在享乐上的花费，来积累财物，以实现生活富足。节俭持家观念的延续，也让中华民族形成了节制、俭朴的消费观，成为指导人们生活消费的优良传统。

古人充分认识到奢侈浪费的后果，"奢侈之费，甚于天灾"（《晋书·傅咸传》），其后果不逊于天灾，主张推行节俭的风气。荀子认为：有些人即使有一定积蓄还要节俭，是因为"节用御欲，收敛蓄藏以继之也。是于己长虑顾后，几不甚善矣哉！"人们节约费用、抑制欲望、收聚财物、贮藏粮食以便继续维持以后的生活，这种为了自己的长远打算顾及今后生活的做法很好。反之就是见识浅薄的做法，会让自己陷于困境。葛洪在《抱朴子·极言》中说："有尽之物，不能给无已之耗；江河之流，不能盈无底之器也。"告诫人们财富是有限的，经不起无休无止的耗损，因此，必须厉行节俭，珍惜财物。司马光也告诫人们："取之有度，用之有节，则常足。"（《资治通鉴·唐纪》）对物质消费，有计划有节制，才会保持富足。清朝人陈梦蕾对节俭的作用总结道："俭则足用，俭则寡求，俭则可以成家，俭则可以立身。"（《古今图书集成·范家典》）节俭是百姓能够满足基本需求、去除贪欲、成家立业的重要品德。

（四）俭能养德

我国传统思想文化中认为，节俭是君子避祸获福的重要品德，也是有助于提高个人道德修养的修身之法。

《周易》推崇俭德，认为俭德可以免除祸事。在其六十四卦中，有一卦论述节俭。曰："天地不交，否。君子以俭德辟难，不可荣以禄。"（《周易·否卦·象》）告诫人们，当天地不相交合，君子应以奉行节俭、不追求荣华富贵得以避免厄运。管子也认为节俭可能带来福祉，骄奢可能带来祸患。他主张君子应约束自己，遵守礼法，节约恭敬，即使不会获得福祉，也不至于灾祸临头。

古代思想中还认为俭德可以使人寡欲，有效约束自己，因此节俭之德有助于实现自己的修身目标。诸葛亮指出："夫君子之行，静以修身，俭以养德。非淡泊无以明志，非宁静无以致远。"（《诸葛亮集·诫子书》）培养高尚品德，要依靠内心宁静、精力集中来修养身心，依靠节俭朴素的作风来培养品德。能够克制自己各种欲望的人，才能真正修身养性。司马光一生以节俭为美德，并按此来要求、约束自己和子孙，他生活中节约简朴，为官又十分清廉。他认为"俭约，所以彰其美也"（《资治通鉴·梁纪》）。节俭可以让人变得高尚美好。节俭可以让人减少欲望，君子贪欲少，就可以不受外物支配，走正直的道路。

三、刻苦精神

老子曰："合抱之木，生于毫末；九层之台，起于垒土；千里之行，始于足下。"（《道德经·第六十四章》）要成就大事，就要从小处做起，脚踏实地坚持下去，才能获得成功。荀子主张学习和做事都要有坚持不懈和积极进取的态度。他认为人应当锲而不舍地学习知识来完善自己，使自己成为道德高尚的人。他在《劝学》中写道，"君子曰：学不可以已"，以此来告诉人们学习是没有止境的，需要有锲而不舍、持之以恒的刻苦精神。他还说："锲而不舍，金石可镂。"劝诫人们只要有恒心、有毅力、锲而不舍地埋头苦干，那么学习和事业也一定能有所成。朱熹也指出："学者自强不息，则积少成多。"（《四书章句集注·论语集注》）"闻道有蚤莫，行道有难易，然能自强不息，则其至一也。"（《四书章句集注·中庸章句》）表达了他强调做学问的人应持之以恒、不懈奋斗的观点。

中华民族五千年的历史就是一部艰苦奋斗的历史，上古先民没有尖牙利齿，没有飞翼鱼鳍，却以生存为执念，与天地斗，与猛兽斗，以劳动开启智慧之光，使族群得以延续；面临天灾人祸时，总有顺应时代的英雄人物站出来，以"先天下之忧而忧，后天下之乐而乐"的济世情怀，怀着无畏精神，克服重重障碍阻力，奋勇斗争，驱散兵祸战乱，使中华民族以及中华文明虽历经五千年而生生不息、绵延不绝。直至现代，中国共产党带领各族人民披荆斩棘，经过极为复杂艰难的抗日战争、解放战争，推翻了三座大山，让中国人民站起来，让中华民族屹立不倒。这绝非偶然凑巧，是中华民族五千年的文化积淀和精神传承，给后人留下了艰苦奋斗的精神财富，让人们能够心怀希望，无惧艰险，百折不挠，逆流而上，终达目标。在改革开放40年后的今天，在物质远远丰富于以往的今天，在社会民主文明的今天，艰苦奋斗精神更不能丢弃。时至今日，虽然物质丰富，但是由于我国人口基数大，人均占有量相对不足，贫富差距较大；虽然经济繁荣，但是西部和东北地区发展相对较慢，与东部相比，仍有较大差距；虽然社会安定稳定，但是外敌环伺，意识形态的渗透、军事及经济的干扰侵袭，从未停歇；虽然百姓生活得到极大改善，但是仍有一部分贫困人口亟待脱贫，已经脱贫的人口也面临着因灾、因病返贫的风险，扶贫攻坚任务依然任重道远。在小康社会决胜阶段，在开启社会主义现代化建设新征程的今天，这些都是摆在前进道路上的困难，都需要中国人，需要中华民族在中国共产党的带领下，坚定信仰，同呼吸、共命运、心连心，以永不懈怠的精神状态和一往无前的奋斗姿态，继续朝着实现中华民族伟大复兴的宏伟目标奋勇前进。

第二节　马克思主义经典作家的艰苦奋斗思想

基于学界对马克思主义经典作家的界定没有统一标准，本书以马克思、恩格斯、列宁三位马克思主义经典作家的思想理论进行深入研究。马克思、恩格斯、列宁等马克思主义经典作家，在继承和借鉴前人的哲学、社会主义思想等人类优秀文明成果基础上创立了经典的马克思主义理论，这是关于无产阶级和人类解放的科学理论体系，成为指导无产阶级获得政权和解放的科学的世界观和方法论。中国共产党把马克思主义作为自己的指导思想和行动指南，指引中国的革命、建设、改革，不断取得成功和胜利。经典马克思主义理论是中国共产党成立以来始终坚持的指导思想和中国人民必须坚持的指导思想，在中国影响深远。马克思主义经典作家关于社会节约、为共产主义奋斗、劳动要与教育相结合等思想，极大丰富和发展了艰苦奋斗精神的内涵，为艰苦奋斗精神的发展与传承提出重要原则和方法。

一、马克思、恩格斯的艰苦奋斗思想

（一）节约理论

马克思对节约思想有深刻精辟的阐释，其中的主要思想可以指引我们树立节约资源以促进发展的理念，实现艰苦奋斗精神的与时俱进，具有重要的指导意义和理论价值。

马克思指出，生产过程中可以通过节约物化劳动时间的方式实现节约，这蕴含了节约物质资源的思想。其中节约物化劳动，主要是节约在生产过程中消耗的生产资料。马克思虽然没有直接提出"资源节约"的概念，但他提出对"不变资本"和"生产条件"的节约，也就是节约原材料、能源、资源等生产资料，这样的生产资料被马克思认为是自然资源①。这一思想对我们在经济社会发展中提倡厉行节约、反对浪费、实现可持续发展具有重要的指导作用，也为丰富艰苦奋斗精神的时代内涵提供了理论依据。马克思主义认为"自然界同劳动一样也是使用价值的源泉"，"其实，劳动和自然界在一起它才是一切财富的源泉，自然界为劳动提供材料，劳动把材料转变为财富"②。自然资源可以是大自然赐予人类的宝贵财富。因此马克思明确指出反对社会中的享乐主义盛行。这些都提醒我们，人类的存在和发展离不开自然资源，而自然资源又是有限的，人类要避免生态危机，在生产中就必须节约自然资源，合理利用自然资源，实现人与自然和谐发展。我国的社会主义建

---

① 秦书生，王宽. 马克思资源节约思想及其在中国的发展［J］. 东北大学学报（社会科学版），2014（4）：419.
② 马克思，恩格斯. 马克思恩格斯选集：第 4 卷［M］. 北京：人民出版社，1995：298，373.

设，更要合理使用自然资源，努力改变目前资源利用率较低的现状。生活中，人们应拒绝铺张浪费，继续保持节俭的传统，抛弃只顾自己享乐而毫无顾忌地浪费和过度消耗资源的自私行为，树立人和自然和谐共生的理念，用实际行动来真正地珍惜和爱护自然。

（二）教育与生产劳动相结合的思想

教育与生产劳动相结合，是马克思主义关于教育理论的基本原则之一。马克思主义认为，在资本主义条件下，工人阶级对下一代人采取智育、体育和综合技术教育与有报酬的生产劳动相结合的教育方法，能够把他们的水平提高到超越贵族和资产阶级的程度，让工人阶级的后代能得到智育、体育、技术教育等多方面发展。马克思还分析了欧文关于教育与生产劳动相结合思想的认识和实践，指明教育与生产劳动相结合思想在未来社会中的重要性，他认为未来教育要对一定年龄的青少年开展生产劳动同智育和体育相结合的教育，这是造就全面发展的人的唯一方法。教育和生产劳动相互促进，二者结合，可以使教学水平符合科学技术的发展要求，用高水平的教学才能培养出掌握科学技术的劳动者，使生产劳动能力符合现代科学技术发展要求，从而提高社会生产力。

马克思提出的教育与生产劳动相结合思想，对我国开展大学生的艰苦奋斗精神教育影响深远。中华人民共和国成立初期我国就通过组织大学生从事生产劳动、学校办企业、勤工俭学、办职业教育等多种途径来培养他们的艰苦奋斗精神，成绩显著。当前，物质生活水平大幅度提高的情况下，对大学生开展劳动实践教育活动，对于让他们体会劳动的辛苦，树立尊重劳动、热爱劳动、珍惜劳动成果的观念，让大学生把所学应用于实际生活，提升自己的知识技能水平都有重要作用。

（三）关于奋斗的思想

马克思、恩格斯作为无产阶级革命指导思想的创立者、无产阶级革命领袖，他们一生的工作和实践都是在为实现共产主义和人类的彻底解放而艰苦奋斗。在他们的思想理论和革命实践中都体现着他们关于奋斗的思想。马克思、恩格斯认为，无产阶级为之奋斗的目标是建立共产主义社会，实现人的全面发展，不懈奋斗是实现目标的条件。恩格斯早就指出共产主义者的目的是造就一个让每一个社会成员都能完全自由地发展和发挥他的全部才能的社会。在《共产党宣言》中，马克思、恩格斯更明确告诉人们："代替那存在着阶级和阶级对立的资产阶级社会的将是这样一个联合体，在那里，每个人的自由发展是一切人的自由发展的条件。"① 依靠全世界的无产阶级联合奋斗，可以实现全人类的解放，最终实现无产阶级革命的目标。个人的奋斗应该和无产阶级的奋斗目标是一致的，个人只有选择了崇高的职业即为人类的发展而工作，甚至为人类不惜牺牲生命，才能真正获得幸福。

马克思的一生就是为共产主义而艰苦奋斗的历程，他是为共产主义事业终生奋斗的典范，也是我们弘扬艰苦奋斗精神的生动榜样。马克思指出，科学理论的创新是一个艰苦奋斗的过程。这是一个充满荆棘、艰辛的过程。他把"科学的入口"比作"地狱的入口"，并以自己探索科学理论的实践证明，在科技创新的道路上，犹豫和怯懦都只会导致失败，只有具备坚定意志、不屈不挠、勇于不懈攀登科学高峰的人，才能摘得最终的果实。为创立科学的共产主义理论，马克思和恩格斯一起通过深入理论研究和参与实践活动，付出极大的劳动，倾尽毕生心血，同

---

① 马克思，恩格斯. 马克思恩格斯选集：第 1 卷［M］. 北京：人民出版社，1972：273.

时还要忍受生活极度贫困、身体有疾、他人的诽谤污蔑，以及家人的患病和离世等种种巨大打击。在领导无产阶级革命时，即使遇到挫折、失败，马克思始终不放弃，始终坚定共产主义信念，对共产主义事业获得胜利充满信心。马克思终其一生为实现共产主义而不懈奋斗，不计个人得失和名利，为自己坚信的事业做出最大牺牲。可以见得，马克思用自己一生的革命实践，为人们深刻诠释了艰苦奋斗精神。

二、列宁的艰苦奋斗思想

革命导师列宁在继承马克思主义的基础上结合领导俄国无产阶级革命和社会主义建设实践，提出了指导经济文化落后的国家如何建立社会主义社会的一系列思想理论，同时也成为我国革命和建设的重要指导思想。列宁关于无产阶级的奋斗思想、培养伟大事业奋斗者的论述、为共产主义事业奋斗一生的示范作用，都为我们传承艰苦奋斗精神奠定了宝贵思想基础。

（一）为共产主义奋斗的思想

列宁关于无产阶级的奋斗观，主要体现在由他首次提出的共产主义道德的思想。列宁在深入研究马克思主义理论基础上，全面论述了共产主义道德，其中也包含他关于无产阶级奋斗思想的认识。列宁指出：共产主义道德是为无产阶级的最终目标——实现共产主义而服务的，"为巩固和完成共产主义事业而斗争，这就是共产主义道德的基础"①。无产阶级奋斗的目标就是实现共产主义。为实现这一目标，无产阶级政党

---

① 列宁. 列宁选集：第4卷［M］. 北京：人民出版社，1995：292.

要帮助教育劳动群众克服旧社会的旧习惯、旧风气，要把青年人培养成为能吃苦、意志坚定的劳动者。他还特别重视培养青年人为共产主义奋斗。他认为建设共产主义社会的任务要由青年来承担。应该把培养、教育和训练现代青年的工作，看作培养共产主义接班人的事业。青年人应该把自己培养成为共产主义者。实现共产主义伟大事业，就要培育教育好青年人。

首先，列宁强调勤奋学习的重要性。他认为，学习是培养青年人成为共产主义者的重要途径。一个文盲的国家是不能建成社会主义的，全体青年的共同任务就是学习。"每个青年必须懂得，只有受了现代教育，他才能建立共产主义社会"①，如果青年人不接受现代教育，共产主义只能是一种愿望而已。同时强调，青年人学习现代知识之外，还需刻苦学习共产主义理论，学习共产主义是所有青年走向共产主义社会的必由之路。其次，列宁指出无产阶级应该具备奉献精神。他认为无产阶级都该有不计报酬为社会服务的精神，青年团应该成为建设社会主义，最终实现共产主义的带头人。列宁认为，那些依照为公共利益劳动的自觉利益要求而进行的劳动，是健康的身体需要。他充分肯定，莫斯科—喀山铁路工人发起和组织的"共产主义星期六义务劳动"，指出这是无产阶级个人自觉为社会做贡献的义务劳动，高度评价工人们不计报酬的奉献精神，是共产主义劳动的态度。鼓励青年人也要有为社会的奉献精神，把自己的工作和精力全部贡献给公共事业和共产主义事业。

（二）培养共产主义者的方式方法

关于如何培养社会主义发展所需的劳动者，把青年人培养成为共产

---

① 列宁. 列宁全集：第39卷 [M] . 北京：人民出版社，1986：293.

主义者，肩负起实现共产主义的任务，列宁提出了教育思想和方法。其中，教育与生产劳动相结合的思想、榜样的作用，为艰苦奋斗精神教育提供了重要指导。

1. 注重教育与生产劳动相结合

列宁在批判民粹主义者的思想时，表达了自己对教育与生产劳动相结合的思想的认识。他明确反对青年人学习共产主义时理论与生产实践脱节，指出书本和生活实践完全脱节，是资本主义社会留下的最大祸害之一，如果离开工作，离开斗争，所学到的关于共产主义的书本知识是一文不值的。他指出："没有年轻一代的教育和生产劳动的结合，未来社会的理想是不能想象的，无论是脱离生产劳动的教学和教育，或是没有同时进行教学和教育的生产劳动，都不能达到现代技术水平和科学知识现状所要求的高度。"[①] 列宁主张对青少年的培养要坚持教育和社会生产劳动紧密结合，让未满16岁的男女儿童义务熟悉各主要生产部门，通过普通教育从理论上了解各主要生产部门，通过综合技术教育从实践上熟悉各主要生产部门。共产主义青年团在培养青年人成为共产主义者时，也要使大家从小就自觉地在劳动中受教育。通过劳动使青年人树立正确劳动观，更好地掌握知识。

2. 重视发挥榜样的作用

列宁认为榜样的力量是无穷的，在社会主义建设中，卓越的示范可以起到积极、广泛的示范作用，号召党员起带头作用，教育党员成为共产主义劳动的模范，给非党员的工人起示范作用，也鼓励青年人做千百万共产主义社会建设者的带头人。发挥榜样的作用，带动全体劳动群众共同建设社会主义事业。榜样示范为党开展艰苦奋斗教育提供了有效方

---

① 列宁. 列宁全集：第 2 卷 [M]. 北京：人民出版社，1984：461 - 463.

法，得到广泛实践，成效显著，是一项教育经验。

第三节　中国共产党人的艰苦奋斗教育思想

中国共产党成立至今已走过近百年的发展历程，党从建立开始就走上一条挽救国家危亡，担当领导民族复兴大任的道路。中国共产党带领全中国人民经历了革命、建设、改革的漫长发展岁月，发展历程波澜壮阔，经历种种磨难与挑战，才取得了一个又一个的伟大胜利和巨大成就。可以说，中国共产党的发展史就是一部党艰苦奋斗的实践史。这部厚重的奋斗史向我们证明：党过去的成绩取得靠的是艰苦奋斗，现在完成新时期发展任务和目标战略要靠艰苦奋斗，将来实现共产主义的最终目标也离不开艰苦奋斗。

党的历代领导核心都始终弘扬艰苦奋斗的精神和坚持艰苦奋斗精神教育。在继承中华民族传统的艰苦奋斗美德，马克思主义关于艰苦奋斗的思想基础上，与中国共产党自身革命、建设和改革发展实践相结合，不断丰富和发展艰苦奋斗精神的深刻内涵、表现形式。党的艰苦奋斗精神教育也伴随时代的发展和条件的变化，不断与时俱进，得以发扬光大，形成了丰富的共产党人艰苦奋斗教育思想。

一、以保持党的政治本色为旨归

党的艰苦奋斗教育以全体党员始终自觉保持艰苦奋斗的政治本色为教育主旨。

（一）党的性质和宗旨决定了中国共产党人艰苦奋斗的本色

新中国成立之初毛泽东就明确指出："艰苦奋斗是我们的政治本色。"① 把艰苦奋斗从党的优良传统上升为党自觉坚持的内在本质和特征，成为区别于其他政党的根本标志。

一方面，中国共产党是中国工人阶级的先锋队，是中国人民和中华民族的先锋队。依据党的性质，党要自觉以马克思主义为根本指导思想，以消灭剥削阶级和剥削制度，解放全人类，最终实现共产主义为自己的最高奋斗目标。马克思主义政党的这个崇高理想是一项涉及全人类的伟大革命事业，事业的艰巨程度不言而喻，需要无产阶级政党联合全世界的无产阶级经过长期不懈的奋斗才能实现，需要党员始终坚持发扬艰苦奋斗精神。另一方面，共产党人艰苦奋斗的本色，是实践党的根本宗旨的应有之义。秉持马克思主义关于人民群众是历史的主体的原则，共产党人以为了人民为价值取向，艰苦奋斗的根本目的是实现人民的根本利益，促进人的全面发展。人民对美好生活的向往，就是共产党人艰苦奋斗的价值追求。中国共产党人也是无产阶级的一员，本身没有私利可图，不计较个人利益得失，甘于奉献，能够自觉把实现和满足人民群众的利益作为自己工作的最终目标。对于党员和干部来说，艰苦奋斗的本质就是服务人民。因此，共产党人的奋斗不是为了一己荣华富贵的个人奋斗；而是以集体主义思想为核心的先公后私、大公无私、服务于人民的集体奋斗。艰苦奋斗是中国共产党人应有的政治品格和内在本质，党把艰苦奋斗贯穿于革命、建设、改革各个时期，赢得了人民群众的支持与拥护，也使党的事业兴盛发达，"不论我们党取得什么样的成就，

_____

① 毛泽东. 毛泽东文集：第 7 卷［M］. 北京：人民出版社，1999：162.

都必须长期艰苦奋斗，始终坚持马克思主义政党的本色和宗旨"①。

（二）永葆中国共产党人艰苦奋斗的政治本色

艰苦奋斗是全体党员一贯的精神风范，是我们党的传家宝，是对党的形象和党的面貌的反映。党的艰苦奋斗教育集中体现在继承和弘扬勤俭节约、反对浪费的优良作风，始终坚持廉洁自律、尚俭戒奢、抵御腐败，进而使党员能够自觉保持党的艰苦奋斗的政治本色。

党的艰苦奋斗教育中，要求党员保持勤俭节约、反对浪费等优良作风，使党员能够自觉保持党的政治本色，为党的事业发展提供了思想保障。革命战争年代，毛泽东就明确指出："共产党也有他的作风，就是：艰苦奋斗！这是每一个共产党员，每一个革命家的作风。"② 人民群众认识和了解一个政党的最直接方法和途径就是看政党的作风，因此，政党作风的好坏直接关系到人民群众对这个政党的态度。习近平在谈到党的作风时指出，改进工作作风，最根本的是党要坚守艰苦奋斗精神，因为这关系着党和人民事业的兴衰成败。毛泽东号召全党要"节省每一个铜板为着战争和革命事业"③，组织开展大生产运动，以生产增加物质；实行精兵简政等措施，从节约中提高物质使用效率。同时，毛泽东、朱德、周恩来等领导人与战士同甘共苦，共同劳动，成为全党艰苦奋斗、勤劳节俭的表率。这种作风使党克服了根据地物质极其缺乏的不利条件，打破了敌人的封锁。发展和平时期，全党贯彻落实厉行节约、反对浪费的方针，提倡勤俭建国，有效节约资源，杜绝各种浪费，

---

① 胡锦涛. 坚持发扬艰苦奋斗的优良作风 努力实现全面建设小康社会的宏伟目标 ［N］. 人民日报，2003 - 01 - 03（1）.

② 中共中央文献研究室. 毛泽东著作专题摘编：下 ［M］. 北京：中央文献出版社，2003：2132 - 2133.

③ 毛泽东. 毛泽东选集：第1卷 ［M］. 北京：人民出版社，1991：129.

克服资源环境对经济社会发展的制约，实现党的事业可持续发展。面对中华人民共和国成立之初千疮百孔、百废待兴的状况，毛泽东提出殷切希望，要求革命工作人员永远保持艰苦奋斗的作风，并指出"全面地持久地厉行节约"①，是解决国家贫穷又要开展各项大规模事业这一矛盾的方法。全党遵循勤俭办一切事业的方针，艰苦奋斗，积极带领群众开展国家建设。改革开放后，经济社会发展成就显著，物质条件有很大改善，但党的事业中不断涌现出的新问题仍然需要全党继续发扬艰苦奋斗的作风。邓小平明确指出：我们要建设高度文明的社会主义国家，不提倡历来就有的艰苦奋斗、勤俭节约传统是不可能实现的。还强调以后条件好起来也要继续保持艰苦奋斗传统，艰苦朴素的教育也要常抓不懈。随着经济的迅速发展，人民生活水平不断提高，特别是进入 21 世纪，国家有了长足进步，党的历代领导人仍然提醒全党艰苦奋斗、勤俭节约的好传统不能丢。党的十八大以来，习近平在全党提倡厉行节约、反对铺张浪费，出台"八项规定""六项禁令"等具体措施来狠刹党内出现的奢侈浪费现象，并要求领导干部率先垂范。党发扬艰苦奋斗作风，以党风带民风，带动了全社会树立起勤劳节俭、抵制奢侈浪费、奋斗进取的良好风尚。在党的历代领导核心的重视之下，艰苦奋斗、勤俭节约的优良作风一直保持下来。

党的艰苦奋斗教育中，关于反腐倡廉、尚俭戒奢的教育内容，使全体党员自觉保持政治本色，是党廉洁从政的有力思想武器。马克思指出：马克思主义政党与任何腐败现象都是根本不相容的。正如习近平在十八届中央纪委三次全会上所指出的，"腐败问题对我们党的伤害最大"。党员能否廉洁自律，党的领导干部能否廉洁从政，党能否坚决有

---

① 毛泽东. 毛泽东文集：第 7 卷［M］. 北京：人民出版社，1999：239.

效开展反腐败斗争，都关系到党的事业的兴衰成败。党员不能廉洁自律、党内腐败现象滋生蔓延，就会损毁党在人民心中的形象，失去民心；党员特别是领导干部贪图奢靡享乐生活，不思进取，以权谋私也会带坏整个社会的风气。因此，中国共产党始终把加强廉政建设和反腐败斗争作为从严治党的重中之重。党充分重视和发挥艰苦奋斗对树立党员的节约意识和抵制腐败的作用，教育党员继续弘扬艰苦奋斗的作风，把它作为遏制腐败，激励党员廉洁自律的思想武器。奢侈浪费是腐败问题产生和蔓延的温床。早在革命时期，党就严厉打击浪费和腐败的不良作风。毛泽东多次指出："贪污和浪费是极大的犯罪。"[1] 要求公务人员作风廉洁，并且带头示范。党的七届二中全会上，毛泽东向全党发出务必继续地保持艰苦奋斗作风的要求。以此告诫全党面对胜利不能淡忘或放弃艰苦奋斗的作风，防止党内出现居功自傲、贪图享乐、不思进取等问题。改革开放时期，随着经济发展，人民生活逐渐改善，生活条件越来越好，可一些党员的吃苦意识、奋斗意识也随之减弱，"四风"问题日益突出，有些党的领导干部出现严重腐败问题。原因之一就是艰苦奋斗的优良作风被一部分党员、干部淡忘了。"如果不坚决纠正不良风气，任其发展下去，就会像一座无形的墙把党和人民群众隔开，党就会失去根基、失去血脉、失去力量。"[2] 只有保持艰苦奋斗的传统，才能抵抗腐败现象的滋生和蔓延。党的几代领导核心都强调坚持艰苦奋斗对遏制腐败的重要性，在新修订的《关于新形势下党内政治生活的若干准则》中，对全体党员特别是各级领导干部都要继续发扬艰苦奋斗作风做出明确规定。永远保持艰苦奋斗作风是党自身建设经验的科学概括和总结，

---

① 毛泽东. 毛泽东选集：第1卷 [M]. 北京：人民出版社，1991：134.

② 习近平. 习近平谈治国理政 [M]. 北京：外文出版社，2014：387.

只有全党同志继续保持艰苦奋斗的作风，才能抵住各种诱惑不迷失自我，保证党不变质；才能明确党的奋斗宗旨是为了人民，始终关心人民群众的福祉和需求，获得人民群众的支持与拥护；才能不忘初心，为实现人民的共同理想和党的崇高理想奋斗不止。

二、以密切党群干群关系为核心

中国共产党通过在艰难的革命事业中表现出来的艰苦奋斗的本色和作风，赢得了民心，与广大群众凝结成紧密的关系。艰苦奋斗是党保持同人民群众血肉联系的重要法宝，也是党的根本宗旨的体现。在新民主主义革命时期，毛泽东就把艰苦奋斗视为我们党同人民群众血肉联系的一个重要法宝。他指出党员干部只有抓住坚持和发扬艰苦奋斗精神这一根本，才能保持同人民群众的紧密联系。

首先，艰苦奋斗体现了党为了群众的价值理念。中国共产党人的艰苦奋斗，严格区别于为了争取剥削阶级少数人自身利益的"个人奋斗"，它是基于对社会发展客观规律的科学认识，是为了最广大劳动人民的根本利益和长远利益而自觉奉献的崇高精神境界，是为了共产主义的美好未来而进行的艰苦卓绝的英勇斗争，充分体现了为人民群众服务的价值理念。这是因为，一方面艰苦奋斗蕴含着为了人民群众的价值追求。艰苦奋斗的内涵既包括不畏艰险、奋发有为的奋斗精神，也包括情操高尚、节俭朴实的生活作风，是正确的人生态度和价值追求，充分体现了共产党人的价值观，这种价值观认为，无产阶级先锋战士生命的意义在于全心全意为人民服务；人民公仆生活的价值在于为了人民群众而艰苦奋斗、努力拼搏。共产党员特别是党员干部自觉带头发扬艰苦奋斗精神，正是更好地践行党的根本宗旨，以高质量的为人民服务的实际行动，真正维护好、实现好、发展好人民群众根本利益的根本保证。另一方面，艰苦奋斗蕴含着服务人民群众的价值规范。艰苦奋斗作为优良作风，体现了一个人的优秀品质；作为价值规范，更是共产党员一心为民的不懈追求。为了人民的幸福而艰苦创业、开拓进取、求真务实、无私奉献，充分发挥先锋模范作用和骨干带头作用，这是共产党人的责任、义务和行为规范。

其次，艰苦奋斗是凝聚群众的精神纽带。我们党是靠艰苦奋斗起家的，也是靠艰苦奋斗凝聚群众、激励群众的，艰苦奋斗是保持党同人民群众血肉联系的精神纽带。艰苦奋斗的真抓实干，回应了人民群众的殷切期望。实干是我们党的艰苦奋斗优良传统，是战胜困难、解决矛盾和问题的法宝，更是人民群众对我们的现实要求。党员、干部只要真正深入群众，听取民声，了解民情，解除民忧，围绕为人民办好事、办实事自觉地艰苦奋斗，以实干精神回报党和人民的信任，群众就会拥护我们。

同时，艰苦奋斗的自我约束，体现了党员、干部与人民群众同甘共苦的政治自觉。保持和发扬艰苦奋斗精神，需要在实践中不断加强自身修养。古语说："德从俭出，恶从奢始"；"克俭节用，弘道之源"；"崇侈恣情，乃败德之本"。党员干部只有常怀律己之心，常排非分之欲，常修简朴之德，常有敬民之感，时时警醒自己，处处把握自己，保持艰苦奋斗的政治本色，才能解决好群众拥护不拥护、满不满意、答应不答应的根本问题。发扬艰苦奋斗精神，要靠自我约束；严于自我约束，才能坚持艰苦奋斗。党员、干部与人民群众真正同甘共苦、共克时艰，才能做到全心全意为人民服务。

最后，艰苦奋斗是践行群众路线的精神动力。它作为马克思主义政党的显著特征，不仅是我们党不断发展壮大、克敌制胜的传家宝，而且是我们党战胜脱离群众不良作风的有力武器。共产党来自人民，植根于人民，必须同人民保持血肉联系，如果严重脱离群众，就必然导致自己失败。中国共产党的风雨历程一再证明，密切联系群众是党的最大优势，脱离群众是党的最大危险。发挥最大优势、战胜最大危险的有效办法之一，就是在全党坚持不懈地弘扬艰苦奋斗精神。艰苦奋斗体现了坚定的理想信念和坚强的革命意志，是抵御任何脱离群众不良思想和行为侵染的精神武器。革命战争年代，在危机四伏、艰苦卓绝的生死考验面前，坚定的共产主义理想信念赋予了共产党人艰苦斗争的革命精神，艰苦斗争精神铸成了革命者不怕牺牲、无私奉献的气节情操，从而赢得了人民群众，最终赢得了革命胜利。在社会主义建设时期，我们党继续保持艰苦奋斗的作风，拒腐防变，为防止党脱离群众做出了艰辛的探索。在改革开放新时期，几届中央领导集体都大力倡导艰苦奋斗，来改善党群干群关系。

三、以推进中国特色社会主义为目标

党的艰苦奋斗教育，为中国共产党在带领人民探索和开辟中国特色社会主义发展道路历程中提供强大精神动力，激励共产党人不惧困难、顽强奋斗、勇于开拓、锐意改革、善于创新，获得一个又一个发展成就，带领人民走出一条适合中国情况，符合人民利益的发展之路，让中国人离实现民族复兴的梦想越来越近。我们党取得的发展成就靠的是中国共产党人的艰苦奋斗。党的艰苦奋斗教育的目标就是，要以艰苦奋斗精神凝聚党心民心、激励全党和全国各族人民为推进中国特色社会主义和实现中华民族伟大复兴而共同奋斗。

第一，艰苦奋斗是党带领人民群众探索和开拓中国特色社会主义道路的强大行动力。全党弘扬艰苦奋斗精神，为开创中国特色社会主义事业不畏难题、吃苦在前、埋头苦干、艰苦创业、奋斗不息。中华人民共和国成立初期，国家满目疮痍，生产力水平低下，工业基础薄弱，毛泽东明确指出要使我国富强起来，需要全党同志本着自力更生、勤俭建国的方针，继续坚持几十年的艰苦奋斗。党员领导干部吃苦在前，顽强拼搏，带领全国人民以极大的热情投身于新中国的建设，各行各业都有了很大发展。这一时期，党带领人民艰苦奋斗，建立了门类比较齐全的工业体系，为中国实现富强奠定物质基础；获得社会主义建设道路初步探索的经验教训，为中国特色社会主义道路奠定实践基础。改革开放以后，国家发展取得翻天覆地的变化，但长期处于社会主义初级阶段的最大实际，决定了建设中国特色社会主义的长期性和艰巨性。加之面临国际形势复杂多变，国内外给我国社会主义建设带来的挑战不断，改革不断深化等困难因素，党的历代领导人都反复强调中国特色社会主义发展道路艰辛漫长，这需要我们的长期艰苦创业，即使将来国家富裕了，艰苦奋斗的精神也不能丢。并告诫全党同志不能因为取得了成绩就贪图享乐、不思进取，要永远保持中国共产党人的艰苦奋斗精神，激励自己不懈奋斗。

第二，艰苦奋斗是党继续推进中国特色社会主义事业和实现"中国梦"的强大驱动力。进入改革开放时期，党的艰苦奋斗精神集中表现为勇于开拓、锐意改革、善于创新的品质。党要团结带领人民进行伟大斗争、推进伟大事业、实现伟大梦想，需要勇于改革创新的艰苦奋斗精神。改革创新是冲破旧思想，变革旧事物，用新思维、新方法解决新问题，创造新事物的活动。在中国实行改革开放和建设中国特色社会主义，都没有可以照搬照抄的现成经验来遵循，党正是靠着敢闯敢干、拼搏进取、艰苦创业、改革创新的精神，打破旧有思维和制度的藩篱，"摸着石头过河"，才开辟了中国特色社会主义道路，不断推进中国的改革开放取得巨大成就，并能够带领人民朝着"两个百年"奋斗目标和实现"中国梦"前进。党带领人民通过对经济、政治、文化、社会和生态文明等全方面深入的改革摆脱了思想理论上的束缚与阻碍发展的制度枷锁，给社会主义发展带来勃勃生机。党成功探索出适合中国国情的社会主义发展之路，使我国综合国力大大增强，人民生活水平大大提升。习近平指出：改革开放是决定当代中国命运的关键一招，也是决定实现"两个一百年"奋斗目标、实现中华民族伟大复兴的关键一招。因此，改革永不能止步。但改革必然充满未知的艰辛和困难，是一项长期的、艰巨的、繁重的事业，因此，离不开一代又一代人接续奋斗。

"干革命，搞建设，都要有一批勇于思考、勇于探索、勇于创新的闯将。"① 中国共产党人就是善于创新、重视创新的闯将。党在继承马克思主义创新思想的基础上，把创新视为民族进步之魂、国家兴旺的动力、政党生机之源。通过不断推进各方面创新，为实现民族复兴找到根本动力。党的理论创新在于，把马克思主义中国化，形成中国特色社会主义理论体系作为党的指导思想，成为社会发展和变革的先导，为党的事业提供智力支持和思想保障。党的制度创新在于，不断提升党的自身建设水平和执政能力，为整个国家高效治理提供制度体系，有效解决了改革发展中遇到的新问题。党的科技方面的创新在于，推动了科学技术

---

① 邓小平. 邓小平文选：第 2 卷［M］. 北京：人民出版社，1994：143.

的长足进步，走出了中国特色的自主创新道路，为我国应对越来越严峻的科技竞争，实现国家更快发展提供力量。创新的关键在人才，党重视人才创新和培养，提出人才强国战略，完善人才培养体系，使得宝贵的人才资源在社会现代化建设中得到充分发挥，为"中国梦"的实现提供人才驱动力。党的十八大以来党更是把创新摆在国家发展全局的核心位置，把创新作为国家应对未来挑战和实现民族复兴的根本动力。实践充分证明，勇于改革创新，是党领导中国特色社会主义事业的强大驱动力。

第三，艰苦奋斗是党带领人民群众探索和开创中国特色社会主义事业的强大凝聚力。从中华人民共和国建立之初，要建设社会主义没有经验可循，照抄照搬苏联模式，到开始探索建设中国特色社会主义的道路，再到迎来中国特色社会主义的新时代。这一切的发展貌似自然、水到渠成，但其实是一个艰苦卓绝的奋斗过程，从中华人民共和国成立之初的民生凋敝、困难重重到"文化大革命"中的重大挫折，再到苏联解体后的阵阵余波，资本主义思想和意识形态的渗透侵袭，经济上的封锁压制，其中的任何一项都可能导致一个国家的灭亡，但是中国共产党克服了所有的困难，带领全国各族人民脚踏实地，坚持四项基本原则、坚持改革开放，完成了被认为似乎不可能的、让世界震惊的一个又一个壮举。这不仅是艰苦奋斗下所取得的中国骄傲，更为很多世界性难题提供了中国方案，为不想照抄照搬西方发展道路的国家提供了中国模式，是凝结中国智慧的世界之花；还为社会主义发展模式优于资本主义提供了实践证明。中国共产党团结全国各族人民接续奋斗，把我国由一个贫穷落后的国家变成不断走向繁荣富强的新中国，并为夺取中国特色社会主义伟大胜利实现中华民族伟大复兴的中国梦不懈奋斗。

四、以不忘初心继续前进为保证

党的艰苦奋斗教育为中国共产党在带领全国各族人民实现民族复兴和实现社会主义现代化建设的进程中，牢记宗旨，坚定道路，继往开来，砥砺前行提供思想保证。"中国共产党在马克思主义中国化的进程中，将马克思主义先进文化因子和中华优秀传统文化因子相结合，形成了极具中国特色的红色基因。"① 红色基因是对党的宝贵精神财富和优良传统的集中概括。中国共产党继承和弘扬中华民族艰苦奋斗的优秀品质，把艰苦奋斗作为党的优良传统，并在党近百年风雨历程中将艰苦奋斗精神发扬光大。党的艰苦奋斗教育为艰苦奋斗的红色基因代代相传提供保证。

习近平总书记指出："一切向前走，都不能忘记走过的路；走得再远、走到再光辉的未来，也不能忘记走过的过去，不能忘记为什么出发。面向未来，面对挑战，全党同志一定要不忘初心、继续前进。"② 党艰苦奋斗的传统在老一辈革命家艰苦卓绝的革命实践中开始形成。土地革命时期，党在贫穷落后的农村开展革命和根据地建设。面临的困难不计其数：自然环境严酷恶劣，各种战斗物资和生活物资都十分匮乏，又要不断与实力强大的敌人频繁战斗。在这极其艰苦的革命斗争中，中国共产党人表现出不怕吃苦、不畏艰险、不怕牺牲的大无畏精神，形成了党艰苦奋斗的精神。毛泽东总结这一时期的经验时指出，是党过去的

---

① 吴娜. 红色基因的文化学考察 ［J］. 人民论坛, 2015 （35）：182.
② 习近平. 在庆祝中国共产党成立 95 周年大会上的讲话 ［N］. 人民日报, 2016 - 07 - 02 （2）.

艰苦奋斗让挽救民族危亡成为可能。在抗日战争和解放战争时期，毛泽东倡导全党同志要发扬我们民族历来就有的艰苦奋斗的作风，并同党的其他领导人一起做艰苦奋斗的表率，把艰苦奋斗确立为党的传统和作风。这一时期，物质条件很差，毛泽东号召全党自力更生、艰苦奋斗，反对浪费、禁绝贪污，他同老一辈革命家都身体力行带头参加大生产运动，生活简朴，吃穿用度与普通红军战士保持一致。全党以愚公移山般的奋斗精神自己动手，克服各种困难，把延安打造成抗日救亡的热土，吸引了全国的有识之士积极投入抗日的热潮中，也为党的事业积蓄力量。党经历28年艰苦革命斗争即将迎来胜利之时，面对党的工作重心和地位的转变，为使全党能保持清醒头脑，经受住新的考验，毛泽东明确提出"两个务必"的要求。以此告诫全党革命胜利只是完成党的奋斗目标的第一步，后面的历程会更艰辛漫长，务必继续保持艰苦奋斗的作风，继续朝着共产主义而奋斗。

中华人民共和国成立以来，党继续保持艰苦奋斗的优良传统。中华人民共和国成立之初，国家满目疮痍，工业基础薄弱，能争取到的外援很少，毛泽东指出要进行社会主义建设，要使国家富强起来，需要长期的艰苦奋斗，遵循勤俭建国方针。并把艰苦奋斗提升到国家发展建设方针的高度。全党埋头苦干、励精图治，以极大的热情带领全国人民进行社会主义建设。党的十一届三中全会后，面对社会主义初级阶段的基本国情，邓小平指出要使国家富强、人民富裕，必须经历一个艰苦创业的过程，他要求全党"必须恢复和发扬党的艰苦朴素、密切联系群众的优良传统"①。党的十三大确立的党在社会主义初级阶段的基本路线中，把艰苦奋斗作为党实现奋斗目标的重要途径和手段。党的十三届四中全

---

① 邓小平. 邓小平文选：第 2 卷［M］. 北京：人民出版社，1994：217.

会后，面对国情、世情、党情的变化，在开拓中国特色社会主义事业中，江泽民明确指出：社会主义现代化建设，需要艰苦奋斗。还把艰苦奋斗作为党的建设的重要内容，他指出艰苦奋斗是党的光荣传统，是党员领导干部要永远保持的优良作风，是领导干部必备的基本政治素质。党的十六大以来，社会主义事业取得重大成就，但基本国情未变，面对的国际竞争压力日益增大，胡锦涛指出："即使将来我们的国家发达了，人民的生活富裕了，艰苦奋斗的精神也不能丢。"① 要求全体党员继续发扬艰苦奋斗的优良作风，带领全国各族人民开创中国特色社会主义新局面。党的十八大以来，面对新形势新变化，习近平要求全党继续弘扬艰苦奋斗的优良传统。以习近平同志为核心的党中央率先垂范、不忘初心，带领全体党员和全国各族人民，矢志不渝发扬艰苦奋斗精神，开创了中国特色社会主义新局面、开创了马克思主义理论新境界、开启了中华民族伟大复兴的新征程。

纵观党的历史，中国共产党人在诞生之初就逐步把艰苦奋斗精神融入骨髓。从某种程度上说，党的历史就是一部艰苦奋斗精神的传承史，这部历史体现出了红色基因的传承。今后仍然要做好党的艰苦奋斗教育工作，矢志不渝传承红色基因，为党在建设社会主义现代化国家和实现中华民族伟大复兴的新征程上，提供精神保障。

习近平总书记在庆祝中国共产党成立 95 周年大会上的讲话中指出："全党同志一定要不忘初心、继续前进，永远保持谦虚、谨慎、不骄、不躁的作风，永远保持艰苦奋斗的作风，勇于变革、勇于创新，永不僵化、永不停滞，继续在这场历史性考试中经受考验，努力向历史、向人

---

① 胡锦涛. 坚持发扬艰苦奋斗的优良作风 努力实现全面建设小康社会的宏伟目标 [N]. 人民日报, 2003 - 01 - 03 (1).

民交出新的更加优异的答卷!"① 号召全党同志继续保持艰苦奋斗的作风,这是完成使命的需要。中国共产党历经近百年的发展,始终坚持艰苦奋斗精神内核不变的同时,还为完成不同阶段的主要任务和适应不同时期的发展要求,在不同时期对艰苦奋斗精神各有突出和侧重,并使艰苦奋斗的思想得到不断丰富深化。艰苦奋斗精神已经凝结成为党奋勇前行的不竭动力和全体党员要始终坚守的强大精神力量。正是在艰苦奋斗精神的指引下党取得了今天的巨大成就,在未来,要实现"两个一百年"的奋斗目标和中华民族伟大复兴的中国梦,同样需要艰苦奋斗精神的强大支撑。

第四节　国外节俭奋斗理念的教育资源

人类一切的优秀文化,都是我国教育发展中可以学习借鉴的,其中也包括节俭奋斗的思想。在国外的思想观念中,很早就有关于节约节俭品质、进取奋斗精神、劳动意识理念的出现,并逐步为人们所推崇,成为一些国家、民族的核心价值和民族精神。人们用这些精神品质教育下一代,使之延续至今。其他国家的人们推崇节约节俭、开拓奋斗、热爱劳动等思想与我国自古提倡的艰苦奋斗精神是一致的,仔细研究并借鉴国外的积极思想、教育理念和教学经验,对加深我们对艰苦奋斗宝贵精神的理解,有效开展青年艰苦奋斗教育具有重要启示。

---

① 习近平. 在庆祝中国共产党成立 95 周年大会上的讲话［N］. 人民日报,2016 - 07 - 02（2）.

一、节约节俭理念与培养

节约的教育理念在很多国家自古有之，一些国家还将勤劳节约作为传统美德和民族精神。到了现代，将节俭理念与环保相结合，提出节约型社会的理念等，使勤劳节约的内涵不断丰富，成为很多国家都保持的道德教育内容。

（一）节约节俭思想

国外学者提出节约理念，提倡开展节约教育。古希腊哲学家德谟克利特就主张"节制使快乐增加并使享乐加强"①的观点。18 世纪以来，西方很多经济学家在经济生产领域中都重视节约，他们的节约思想推动了节约成为美德。法国重农学派代表人物杜尔哥非常推崇节俭。在自己的著作中提出节俭和奢侈对资本积累的作用相反的观点，认为勤俭节约可以增加资本数量，是资本积累的来源，而奢侈只会消耗资本，指出了节约在财富积累中的重要作用。英国经济学家亚当·斯密受杜尔哥思想的影响，对生产劳动进行分析，指出节俭的劳动者能够不断增加资本，从而使个人财富和社会财富得到增加。他还认为勤劳创造了可以节俭储蓄的更多资本，勤劳节俭共同推动财富的增长，是应该推崇的美德。而"奢侈都是公众的敌人，节俭都是社会的恩人"②，奢侈与节约相反，只会减少资本，使奢侈者陷入贫困。由此他也主张当时的政府要节俭，改变铺张浪费的恶习。亚当·斯密对节俭重要性的论述，增强了社会对节

---

① 北京大学哲学系. 古希腊罗马哲学 [M]. 北京：商务印书馆，1982：10.
② 亚当·斯密. 国民财富的性质和原因的研究 [M]. 郭大力，王亚南，译. 北京：商务印书馆，1974：236.

俭的重视，推动节俭成为个体的美德。法国古典政治经济学家西斯蒙第在著作《政治经济学新原理》中，提出富人、穷人、国家都应该将支出控制在收入的范围之内。富人的支出超过收入，就会消耗部分用于生产的利润，长久下去就会导致破产；穷人的花费超过收入，就需要用一部分积蓄或借贷来填补，长久会导致生活贫困；国家开支必须控制在国家收入范围内，如果开支超过收入，必然要损失用于扩大再生产的资本，缩减未来的生产，这将不利于国家的发展。西斯蒙第这种适度消费的主张，就是引导人们消费要有节制，避免浪费，注重节约。英国19世纪道德学家、社会改革家塞缪尔·斯迈尔斯在其著作《节俭：如何正确地使用金钱》中明确论述了自己的节俭思想，他认为节俭是一种高贵的品德，节俭是为了明天的更好生活而对今天的自我克制，节俭不是吝啬而是让金钱和物品各尽其用，通过节俭可以积攒更多的财富，以满足个人和家庭的需求，从而在未来让个人和家庭过上更幸福的生活。他还认为，节俭是一种社会责任。节俭的人是社会公众财富的保护者，节俭的人创造社会财富，同时又抑制个人消费，有效积累了社会财富，同时节俭的人尊重劳动、珍惜劳动成果，注重积累，对推动社会发展有重要作用。他鼓励和指导人们培育节俭美德，养成节俭习惯，并指出节俭的最终目的不是做只会积累财富的守财奴，而是要做有责任感和乐于奉献的人，用财富去帮助有需要的人①。塞缪尔·斯迈尔斯的节约思想，充分论述了节俭美德，对人们培养节俭美德有重要的启发。不同学派思想家对节俭的推崇，让西方人视节约节俭为个人美德，形成了注重节约的传统。但20世纪以后，消费主义开始逐步盛行，伴随着人类生

---

① 塞缪尔·斯迈尔斯. 节俭：如何正确地使用金钱［M］. 张历，译. 北京：中国长安出版社，2009：77.

产能力的极大提高，产品极大丰富，人们开始消耗大量资源，浪费现象严重。人们无节制的消费更是给大自然造成了巨大影响，出现了资源紧缺、环境污染、生态恶化等环境问题。人类开始审视自己的消费理念，重拾节俭传统，践行节约风尚。学者们开始主张抑制过度消费，倡导节约的理念，并把节约资源与环境保护联系在一起。阿瑟·刘易斯认为："一个人的消费少于他的同伴是突出的美德，消费少是高尚的生活方式。"① 艾伦·杜宁在《多少算够：消费社会与地球的未来》中认为：消费者社会物质欲望减少是拯救地球的重要措施。国家发展提出了建设资源节约型社会、发展循环经济等新理念。学校、家庭更加重视节约教育，形成了一些好的教育方法。受节俭思想的深刻影响，节约节俭成为很多国家的传统，并形成共识：富裕不意味着不需要节俭节约，更不意味着可以挥霍浪费。很多人把节约落实到平时细微的生活中，即使是身家上亿的富翁，也都有节俭的习惯。很多国家向节约型社会转变，并且通过有效的学校教育和家庭教育将节约的传统一代代保持下去。

（二）节约节俭教育

在学校教育中，很多国家在中小学阶段就设置培养目标，依据学生年龄特点规定具体的教育内容，写入教材，通过公民教育课程培养学生的节约意识，通过多样形式养成行为习惯。英国通过教学生珍惜物品、避免奢侈消费、学会理财等具体方式来培育孩子的节约习惯。美国、英国、澳大利亚实行教科书循环使用的措施。德国在教室里实行垃圾分类，以班级为单位开展节约竞赛，对节能和垃圾分类做得好的班级给予资金奖励，奖金由全班学生共同支配等。

---

① 阿瑟·刘易斯. 经济增长理论［M］. 周师铭，沈丙杰，沈伯根，译. 北京：商务印书馆，2001：21.

芬兰人受过去艰苦的生活环境和恶劣的生产条件的影响，在坚韧勇敢的奋斗精神激励下，形成了生活中勤劳节俭的传统美德，这种品质在日常生活中得到延续。到了现代，随着人类对环境保护的重视程度加深，芬兰人还把这种俭朴节约的品质融入环境保护之中，使芬兰变为一个节约型和环保型社会。对孩子的节约环保意识培养，家庭教育承担了重要的作用。在家庭生活中，正是通过垃圾分类投放、可回收废品定点投放、节约使用资源等日常点滴的环保行为，通过家庭成员间相互影响和监督，来对孩子进行环保意识培养，使其自觉承担保护环境的责任，并养成良好的行为习惯。可以说，芬兰家庭教育对下一代环保意识和能力的增强贡献巨大，成效也是世界公认的。芬兰的政策鼓励公民进行旧商品交易活动。很多地方都有二手商品交易市场，男女老幼都可以拿自己不需要的物品到二手商品交易市场出售。这种交易活动有效地传承了芬兰人勤俭节约的美德，也使物资得到了高效利用。芬兰还有些教会办的有固定场所的旧物交易市场。这里出售的物品都是公民自愿捐赠出来的，销售所得除了必要的开销外都用作慈善事业。这样的交易活动不但减少了财物浪费，引导人们增强节俭意识，也培养了人们关爱他人的奉献精神。这些普通民众经常参与的各种活动，在潜移默化中使芬兰勤俭节约的传统得以有效传承①。社会中的节约环保氛围，让节约教育成效显著。芬兰等西方国家寓教于开展主题活动和点滴日常生活，注重行为养成的做法对引导学生践行艰苦奋斗精神很有借鉴意义。

---

① 冯俊，龚群. 东西方公民道德研究［M］. 北京：中国人民大学出版社，2011：264－265.

二、奋斗精神与培养

勤于奋斗、勇于奋斗、百折不挠、开拓进取的品质是很多国家得以发展进步的重要精神力量，奋斗的精神也成为很多民族的核心精神的组成部分。当前，面对激烈竞争和各种挑战，很多国家都有意识地培养后代的拼搏奋斗精神。其他国家和民族奋斗精神的思想内容和教育实践，内涵丰富、历史悠久，也值得我们借鉴。

很多国家都推崇勤劳奋斗的精神品质，并且非常重视奋斗精神的教育，明确把奋斗精神作为学生德育的重要培养目标，使奋斗精神成为青年人的优良品质得以代代传承。芬兰就是个特别推崇奋斗精神的国家。这种精神是芬兰人的民族气质，被视作成为芬兰公民的根本前提和做人的基本美德。由于芬兰陆地面积有限的农业生产条件、长达半年的寒冷气候，芬兰人在过去恶劣艰苦的农业和渔业生产生活中，形成了备受芬兰人推崇的坚韧勇敢、百折不挠的奋斗精神，正是这种奋斗精神实现了国家的发展，创造了民族的文化①。通过学校、家庭和社会相结合的有效教育，这种奋斗精神一直保留至今，成为芬兰公民在工作和生活中持有的道德判断标准和行为准则。

在日本《学习指导要领》中明确规定德育内容：中学生要能"怀着希望和勇气，向着更高的目标，坚韧不拔、意志坚定地努力"。"相信人类能够克服弱点和缺点的毅力和崇高的精神，努力去发现人活在世

---

① 冯俊，龚群. 东西方公民道德研究［M］. 北京：中国人民大学出版社，2011：205－206.

界上的快乐。"① 在日本，国家把奋斗精神看作个人的重要品格进行教育。韩国教育机构制定的德育课程标准中，把培养学生的勇气、进取品质作为个人品德教育的内容。在新加坡，各年级的公民与道德教育课程的教材编写与课程具体内容，都要依据《公民与道德教育课程纲要》的内容为指导，其中也把奋斗精神作为学生品德培养的重要内容。其中规定：培养低年级的小学生要勤奋，面对挫折要有积极态度，要能不断进步迎接挑战；培养中学生具有勇气、创造力、不屈不挠的精神。

三、劳动奉献意识与培养

很多国家都重视下一代的劳动意识教育，认为勤劳是一个人的基本品质，劳动实践是年轻人掌握知识和熟练技能的有效途径，到了现代，则鼓励青年人参加劳动实践来服务社会，以培育后代的奉献精神。

西方的新教伦理思想，就为人们确立勤劳苦干的道德追求奠定了基础。新教为人们必须劳动提供了依据：新教把劳动看作远离罪恶和堕落的手段，劳动是衡量信徒虔诚与否的标准。"富人也不可不劳而食，因为，即使他们无须靠劳动挣得生活必需品，他们也必须同穷人一样服从上帝的圣训。上帝的神意已毫无例外地替每个人安排了一个职业，人必须各事其业，辛勤劳作。"② 新教伦理让人们把劳动视为向上帝尽职，让很多人为了信仰而劳动，促成西方人勤勉劳动的美德。还有学者主张对青年人进行劳动教育，通过劳动学习技能，以劳动实践培养勤劳品质。

---

① 檀传宝. 当代东西方德育发展要览［M］. 北京：人民教育出版社，2013：219 - 220.

② 马克思·韦伯. 新教伦理与资本主义精神［M］. 于晓，陈维纲，等译. 北京：生活·读书·新知三联书店，1987：125.

16世纪英国学者托马斯·莫尔在其所著的《乌托邦》中提到青年人学习手工业技能时，指出青年人一边在学校学习农业知识，一边去田间观察劳动，表达了通过劳动实践培育劳动技能的理念。卢梭提出将劳动教育作为培养"自由人"的基本要求。罗伯特·欧文提出了"教育与生产劳动相结合"的思想，进一步突出了劳动实践在教育中的重要性。19世纪俄国教育家乌申斯基充分认识到劳动在教育上的作用，认为劳动是使人全面发展的源泉，主张教育要激发青年人的劳动热情，要让学生尊重劳动、热爱劳动。马卡连柯、苏霍姆林斯基等，视劳动为教育的重要因素，主张教育与劳动不可分。教育与劳动相结合的原则对我国艰苦奋斗精神教育工作具有重要影响，成为我国艰苦奋斗精神培育所遵循的基本原则。

在这些思想观念的影响下，很多国家长期开展劳动教育，把劳动意识的培养与具体的劳动实践相结合，让孩子具有爱劳动的热情，掌握基本生活能力和进入社会所需的必要劳动技能，也懂得尊重劳动进而珍惜劳动成果，养成节约习惯。

在学校教育方面，一些国家在学校开设劳动课程，把知识传授和劳动实践相结合，注重体验性教育手段，有效提高学生实践能力，培养热爱劳动的情感，帮助学生更好适应未来的社会生活。

在东方，韩国和日本也很重视劳动教育。韩国一直保持着勤劳节约的传统道德。宪法规定国民有勤劳的义务，将爱惜财物、不浪费、勤劳作为个人生活领域的重要道德标准。国家颁布政令明确把勤劳、节制地生活作为道德教育内容，从小学到大学都开设国民伦理课，开展道德教育。同时，韩国通过把参加社会实践作为必修课，培养青年人的勤劳品质。日本对不同年龄阶段的学生开展不同层次的劳动教育，如小学重点是通过直接动手制作、体验性的活动，让学生从劳动中获得喜悦感；初中重视通过劳动的体验性学习，使学生在体验喜悦感的同时养成对待劳动的正确态度；高中则通过劳动的体验性学习，形成正确的劳动观和职业观念。学校开展清洁美化校园、参加生产劳动、志愿服务等体验性学习形式。通过这些教育手段，切实帮助学生掌握实用劳动技能，也培养正确的劳动观念，让学生从小懂得勤劳的重要性、劳动的意义及乐于为社会服务、参与公益的奉献精神。

西方的很多国家也重视劳动教育。例如，德国的学生在学校要参加体力劳动，如清扫教室、去工厂或农场实习。假期对中学生有规定的社会服务时间，要到养老院、社会福利机构等处做社会服务。通过这些劳动实践培育学生的劳动观、劳动情感和劳动习惯。在美国，鼓励青年人做义工，志愿参加社区服务，这是美国人从小就培育起来的习惯。这种不求回报的自愿劳动，让年轻人在实际的道德行为体验中，把自己所学技能和知识服务于社会，并且形成正确的劳动观念，提高对奉献精神的认知水平。学校和社会组织给学生提供很多学校、社会的志愿服务活动，如清洁社区、给有需要的人捐款捐物、开展废物回收等活动；部分大学还要求在校生参与社区服务活动。做义工出色的人会得到赞誉，如中学生把做义工的经历写入大学申请报告，在录取时容易受到青睐①。

家庭教育在培育孩子的劳动观念方面同样发挥了重要作用。德国法律规定，依据年龄特点孩子都要在家帮助父母完成相应的家务劳动，从洗碗、扫地、打扫花园，到家长带孩子参观工厂作为游玩项目等。以此培育孩子的劳动意识、尊重劳动的品德，使孩子懂得资源节约的理念。

① 冯俊，龚群.东西方公民道德研究［M］.北京：中国人民大学出版社，2011：106.

美国的家庭教育中也注重培育孩子的劳动能力，家长让孩子从小就自食其力，到外面参加劳动。美国中学生有句口号："要花钱自己挣!"日本有句名言："除了阳光和空气是大自然的赐予，其他一切都要通过劳动获得。"① 日本的教育学家也主张，孩子在家里做家务也是应尽的义务。父母灌输给孩子"不给别人添麻烦的"思想，让孩子从小就懂得独立。

四、国外教育资源的启示

从国外关于节约节俭理念、奋斗精神、劳动奉献意识的理念中，不难找到推动我国改进艰苦奋斗精神教育的借鉴之处。很多国家正是通过灵活多样的教育形式、实际技能和能力培训，以及多方的配合，并充分利用隐性教育手段，使教育实现了连续性和全面性，达到了很好的教育效果。这些富有成效的经验非常值得我国在今后的青年艰苦奋斗精神培养中加以学习和借鉴。

首先，当代很多国家都对青少年节约节俭理念、奋斗精神、劳动奉献意识的教育给予很高的重视，并注重行为习惯养成教育。有的国家制定了德育大纲或培养目标，有的国家制定了统一教材，有的活动拟订了统一的教育方案，虽然形式不同，但都把这些理念作为教育的重要内容，并且国家对教育活动和教育研究给予大力配合和支持，这为在学校，乃至全社会开展教育活动提供了便利和保障。

其次，在具体教育内容的设置上层次性突出。很多国家在具体教育目标和内容的制定上，都遵循由具体到抽象、循序渐进的规律。对这些

---

① 陈志坚，陆锋. 鼓励独立的国外家庭教育［J］. 当代世界，2006（6）：54.

精神品质的培养，从小抓起，并依据不同年龄阶段孩子的接受能力，来设置具体的教育内容和培养目标。因为这样的安排符合学生的认知规律，使学生由浅入深地了解这些精神品质，易于接受这些精神品质。这有利于学生对精神品质的深刻理解，能更好地使精神内化于心，成为学生终身自觉的精神追求。

再次，教育方式注重学生的实际体验。国外很多国家非常重视体验式教学方式，将课堂教学和课外实践教育并重，除了课堂教授学生知识理念，学校还通过很多实践教育活动，让学生既锻炼具体的实践技能，养成良好行为习惯，又加深对精神品质的理解，教育效果非常明显。例如在劳动奉献意识培养中，很多国家都应用体验式教育手段。西方国家基本都规定学生要参加学校或社区的劳动服务，让学生通过到实践基地学习、做家务劳动、在学校义务劳动、参加社区服务等多种具体方式，有机会应用所学，熟练技能，体会劳动和奉献的意义。

最后，家庭、社区与学校的配合，使教育效果保持延续性。很多国家在培养青少年节约节俭理念、奋斗精神、劳动奉献意识时，发挥三方各自优势，承担教育责任，且都非常注重学校、家庭和社区三方的互动，使青少年在主要的学习生活环境中接受全方位和持续性的良好教育。在学校教育的基础上，家庭教育通过日常生活培养孩子良好品德，让孩子养成良好习惯，家长还以自己的行为给孩子树立榜样，起到潜移默化的教育作用；社区则一方面给青少年提供实践锻炼的场所和机会，另一方面通过加强管理来防范青少年的行为变异。这三方都致力于青少年的品德教育，达到统一的教育目标，协同努力，就可以有效减少抵消作用，使意识培养和行为训练得到有效结合，保证青少年精神培养的连续性。

第三章

大学生艰苦奋斗精神教育的发展历程和基本经验

中国共产党历来重视艰苦奋斗优良作风的传承和弘扬，同时非常重视青年学生艰苦奋斗精神的培养。将大学生艰苦奋斗精神的教育作为高校思想政治教育的一项重要内容，积累了丰富的教育经验。因此，回顾我国大学生艰苦奋斗精神教育的历程，认真总结党成立以来大学生艰苦奋斗精神教育的宝贵经验，把优良的理念和方法应用于今天的教育实践中，对培养一批批为实现中华民族伟大复兴而矢志艰苦奋斗的大学生具有重要意义。

第一节　我国大学生艰苦奋斗精神教育的发展历程

大学生艰苦奋斗精神教育是伴随着中国共产党艰苦奋斗教育产生和发展而形成和提升的，是高校思想政治教育的重要组成部分，经历了不平凡的发展过程。

一、新民主主义革命时期大学生艰苦奋斗精神教育

革命战争时期，中国共产党带领人民经历了土地革命战争、抗日战争和解放战争的艰苦卓绝斗争，取得了新民主主义革命的胜利。这个过程中，中国共产党发展环境十分艰苦，因此党十分重视党员、军队和军政干部艰苦奋斗精神的培养，在根据地自己创办的高等院校中，开始把培养学员们的艰苦奋斗精神作为高校思想政治教育的一项基本内容。对青年人的艰苦奋斗教育工作在革命斗争中逐步确立，并且这一时期的教育实践取得了很好的效果，为中华人民共和国成立后我国高校更好地开展艰苦奋斗精神教育奠定了教育思想和实践的基础。

（一）艰苦奋斗精神教育的初步实践

在土地革命战争时期，革命条件非常艰苦，在中国共产党所办的高校中，办学条件也十分简陋，客观上促使了学校开始培养学员们艰苦奋斗精神的教育实践活动。中国共产党创办的苏维埃大学是苏区第一所综合性地方干部学校。当时办学条件很差，只有草房、石凳、木桌、竹床等一些简单的教学设施，在当时"节省每一个铜板为着战争和革命事业""节约每一粒谷子为了战争"的口号影响下，学员积极参加收集粮食、查田运动等政治工作，进行春耕生产，主动节省伙食等，以自己的行动来支持革命工作。虽然学习条件艰苦，却激发了学员们努力学习和早日报效国家的热情和信念。中国工农红军大学在思想政治教育方面，强调自力更生、艰苦奋斗，组织师生参加建校和生产劳动，自己办起了军人合作社、军人书店、畜牧场等，从事农副业生产，以解决办学条件不足的问题。学校随中央红军长征后，在流动环境中继续办大学，师生

们要边打仗行军，边教学学习。因此学校在教学中，更是力争把学员们培养成政治觉悟高，指挥管理能力强，具有艰苦奋斗不怕牺牲精神的红军指挥员。马克思共产主义大学注重学员劳动和节约教育，组织学员参加星期六义务劳动，学员利用业余时间自己动手开荒种菜，基本做到蔬菜自给自足，同时引导学员们在购买公债、节约粮食、支援前线等活动中做出贡献。艰苦的条件令学员们主动参加劳动实践，在实践中锻炼了自己艰苦奋斗的意志。

（二）艰苦奋斗作风成为教育方针的重要内容

抗日战争时期，革命形势严峻、条件艰苦，埃德加·斯诺在自己的文中记载了抗大（中国人民抗日军政大学）的艰苦环境："以窑洞为教室，石头砖块为桌椅，石灰泥土糊的墙为黑板，校舍完全不怕轰炸的这种'高等学府'，全世界恐怕就只有这么一家。"① 加之大批爱国青年参加革命，培养学生的艰苦奋斗精神仍是各高校思想政治教育的重要内容，其中陕甘宁边区的教育实践卓有成效。抗日军政大学承担着培养红军干部和教育知识青年的重任。毛泽东为抗大提出了教育方针，指出："坚定正确的政治方向，艰苦奋斗的工作作风，灵活机动的战略战术。"这三者，是造就一个抗日革命军人缺一不可的条件②。把艰苦奋斗作风视为一名合格革命军人必备的素养。依据毛泽东所提出的教育方针，抗大在教育原则中明确规定，要注重品德锻炼和道德教育，要求学员在学习、工作、生活中提出并践行艰苦奋斗、克己奉公、不怕牺牲的精神。在毛泽东亲自审阅通过的抗大校歌的歌词中还写道：艰苦奋斗是我们的

---

① 黄宏. 延安精神［M］. 北京：人民出版社，2005：236.
② 毛泽东. 毛泽东选集：第2卷［M］. 北京：人民出版社，1993：116.

传统①。继承、发扬党和革命军队艰苦奋斗、英勇牺牲的光荣革命传统，成为革命时期高校思想政治工作的主要内容。

（三）艰苦奋斗教育原则已逐步形成

党在抗战时期，通过探索教育与劳动结合的形式开展艰苦奋斗教育。在以培养政治理论工作干部为主的陕北公学，其教学内容之一就是强调劳动教育。"生产劳动课也是陕北公学教育计划的一个重要部分。新学员一入学，每人发一把镢头，在清凉山挖窑洞，解决住房问题。"②学校组织学员们参加大生产运动等劳动实践活动。通过劳动锻炼，既加深学员对劳动人民的了解和感情，又培养他们的吃苦精神和坚毅品格。鲁迅艺术学院是为党培养文艺干部和文艺工作者的学校。学校同样重视培养学员的艰苦奋斗精神。"为克服敌人经济封锁时，发挥艰苦奋斗、自力更生的精神，教学、劳动、创作于一体，师生们参加了开荒、种地、砍柴、烧炭、纺线"③等生产劳动。通过劳动实践，培养了学员们不怕困难、英勇奋斗、敢于牺牲的优秀精神品质。党创办的一所正规综合性大学——延安大学，它的教育方针中就指出，把教育与生产劳动相结合，以培养学生的劳动观点和劳动习惯，有效引导师生们积极参加各种生产劳动，在大生产运动中，实现了学校的半自给。学校不仅解决了师生的吃穿问题，而且还加强了学员们为革命艰苦奋斗的品质。受大生产运动的影响，除了陕甘宁边区，其他各抗日根据地的高校也都很重视学员的自力更生、艰苦奋斗优良作风教育。

---

① 谈松华. 大学思想政治教育简史 [M]. 上海：上海交通大学出版社，1989：16.
② 中国人民大学校史研究丛书编委会. 中国人民大学纪事（1937—2007，上卷）[M]. 北京：中国人民大学出版社，2007：5.
③ 吴潜涛，徐艳国. 建党90年来高校德育发展的历史轨迹 [M]. 北京：高等教育出版社，2012：57.

解放战争时期，革命环境依然艰苦，发扬艰苦奋斗的优良革命传统在各高校都是一项教育内容。尤其是毛泽东在党的七届二中全会上提出"两个务必"的要求后，艰苦奋斗精神的教育成了这一时期高校思想政治教育的一项主要内容，如东北军政大学把政治教育与社会实践活动相结合，积极参与土地改革运动，宣传参战、支援前线等活动。东北大学创立之初，为躲避战火几经转移，师生同甘共苦，不畏艰险，坚定跟党走的革命意志。学校定居之初，校舍破旧，师生就自己动手修缮。学校组织三次下乡，参加大生产运动，大学生们跟农户同吃同住，参加村里生产小组的劳动，利用休息时间帮助农民干家里的农活，与农民交流。教育活动证明，教学与革命实践相结合，能帮助学校克服旧思想、旧习气，培养师生成为能艰苦奋斗的共产主义者①。

整个新民主主义革命时期，根据革命战争的艰苦环境和革命胜利需要，党创办的高校开始把艰苦奋斗精神教育确立为学生思想政治教育的一项基本内容，并普遍通过具体劳动和社会实践活动的形式来培养学生的艰苦奋斗精神，取得了很好的效果。这一时期高校的思想政治教育工作，继承和发扬了党艰苦奋斗、自力更生的革命传统，为中华人民共和国成立后我国高校更好地开展艰苦奋斗精神教育奠定了教育思想和实践的基础。

二、社会主义改造和建设时期大学生艰苦奋斗精神教育

社会主义改造和建设时期，随着高校思想政治教育正式建立及初步

---

① 东北师范大学校史编委会.东北师范大学校史［M］.长春：东北师范大学出版社，2006：14.

探索，艰苦奋斗精神教育融入高校思想政治工作的全过程，成为重要组成部分，得到快速发展。新中国百废待兴，国家建设和发展面临诸多困难，党和国家需要并号召全体人民艰苦奋斗，共渡难关。为此，高校把为社会主义事业培养具有艰苦奋斗精神的又红又专的人才作为使命，并使艰苦奋斗精神教育规范化，探索出有效的教育方法，使大学生艰苦奋斗精神教育产生良好效果。

（一）依据国情和中心任务开展艰苦奋斗精神教育

中华人民共和国成立后，随着高校思想政治教育工作的探索和推进，艰苦奋斗精神教育融入高校思想政治工作的全过程，成为一项重要内容。依据国情和中心任务，大学生艰苦奋斗精神教育得到广泛开展。1949 年 9 月 29 日通过的《中国人民政治协商会议共同纲领》中指出："提倡爱祖国、爱人民、爱劳动、爱科学、爱护公共财物为中华人民共和国全体国民的公德。"[①]　"五爱"为新中国树立了全新的道德观。各高校积极开展教育实践活动，把爱劳动教育融入大学生的学习和生活中。如"五一"劳动节开展爱劳动的宣传教育；请劳动模范做报告；鼓励大学生到农村、工厂参加生产劳动等。这些教育活动转变了大学生的旧思想、旧习惯，培养了大学生尊重劳动、热爱劳动的思想，帮助大学生养成节约简朴的习惯。高校还结合党和国家的中心工作，开展艰苦奋斗精神教育。1950 年，高校组织大量师生参与土地改革运动，增强大学生的劳动观念。1951 年响应党和国家号召，各高校开展"三反"运动。结合反对高校存在的贪污、浪费和官僚主义的问题，对师生进行了一次有效的思想改造。运动中对不劳而获、铺张浪费、贪图享乐等腐

---

① 中共中央文献研究室. 建国以来重要文献选编：第 1 册［M］. 北京：中央文献出版社，1992：11.

朽思想进行了严厉批评，引导大学生树立劳动光荣的观念，培养勤劳勇敢、朴素节俭的品质。

1956 年底社会主义改造基本完成，我国建立起社会主义基本制度，进入全面建设社会主义新时期。新兴的社会主义国家面临贫穷落后的现状，在毛泽东主持编辑的《中国农村的社会主义高潮》一书的按语中指出，节约是社会主义经济的基本原则之一。中国是一个大国，但是现在还很穷，要使中国富起来，特别要提倡勤俭、注意节约。面对贫穷落后的现状，毛泽东提出勤俭建国的思想，明确指出："要提倡勤俭建国。要使全体青年们懂得，我们的国家现在还是一个很穷的国家，并且不可能在短时间内根本改变这种状态，全靠青年和全体人民在几十年时间内，团结奋斗，用自己的双手创造出一个富强的国家。"① 并告诫青年人：社会主义制度的建立只是一条实现理想的道路，而达到理想境界要靠辛勤劳动。青年人不该有进入社会主义就可以享受现成的幸福生活这种不实际的想法。党和国家领导人还多次提出要求：对学生进行"艰苦奋斗、勤俭建国、勤俭持家、勤俭办一切事情"的教育。1958 年 1 月 27 日，共青团中央《关于在学生中提倡勤工俭学的决定》中指出："实行勤工俭学，可以使学生在获得文化知识的同时，受到体力劳动的锻炼，掌握一定的生产技能，培养劳动习惯和艰苦朴素的作风，加强和劳动人民同甘共苦的思想感情。"② 勤工俭学活动如雨后春笋般在各地高校展开。形式多样的活动，使勤劳简朴、热爱劳动在大学生中蔚然成风。同年 3 月，高校响应党中央号召，开展反浪费反保守的"双反"运动。运动中，大学生们提出勤俭学习的倡议，掀起了参加生产劳动的

---

① 毛泽东．毛泽东文集：第 7 卷［M］．北京：人民出版社，1999：226．
② 龚海泉．高等学校思想政治教育史［M］．武汉：武汉出版社，1992：107．

热潮，师生到工厂、农村参加生产劳动，在劳动中磨炼自己的意志。配合教育战线上教育大革命的要求，高校坚持教育与生产劳动相结合的方针，大办工厂、农场，大批学生到农村、工厂参加生产劳动。在生产劳动中，广大学生的艰苦奋斗精神进一步得到强化。

1959—1961 年，我国国民经济处于严重困难时期，党和国家在调整国民经济的同时，号召全国人民艰苦奋斗，共渡难关。很多高校成立了"抓生活、保健康"的专门班子，在学校通过忆苦思甜教育活动，开展艰苦奋斗的革命传统教育。学校请老红军、老工人、老农民给大学生做回忆苦难历程的报告，让大学生了解过去生活的苦难。还开展读小说、看电影、参加革命纪念活动等多种教育形式，让大学生谈感受、写体会、办宣传板报、相互交流经验等，巩固和增进思想收获①。大学生通过参观革命遗址，走访革命前辈，缅怀先烈，回忆过去，提高了自身觉悟，以为国分忧为己任。大学生发扬艰苦奋斗精神省吃俭用、奋发学习，毕业时服从分配，敢于到艰苦的基层和边疆工作。特殊的国情，使艰苦奋斗精神教育成为当时高校思想政治教育工作的一项重要内容，且开展得有声有色，获得良好效果。

（二）艰苦奋斗教育向规范化发展

1961 年 9 月 15 日正式发布的《教育部直属高等学校暂行工作条例》（简称《高校六十条》），对高校教育工作做出规范，进一步修正了教育大革命的失误和偏差。"总则"中明确提出教育与生产劳动相结合的方针，要求"在高等学校中，必须贯彻执行勤俭办学的方针，发扬艰苦奋斗的传统，反对铺张浪费"。把"加强对青年进行艰苦奋斗建设

---

① 龚海泉 . 高等学校思想政治教育史［M］. 武汉：武汉出版社，1992：136.

社会主义的教育"作为高校思想政治工作的主要内容①。要让大学生懂得我们的国家还很贫穷，需要青年人和全体人民的团结奋斗，用自己的双手创造出一个富强的国家。因此要对大学生进行劳动教育，引导他们积极参加劳动锻炼，向工农群众学习，培养同劳动人民的思想感情。同时，在大学生中形成为祖国刻苦钻研、刻苦读书的风气。《高校六十条》作为当时指导高校教育的纲领性文件，对大学生艰苦奋斗精神教育做出明确规定，使其规范化、固定化，推进教育继续发展。

（三）艰苦奋斗教育的深化和提升

这一时期全国掀起学习先进模范的热潮，通过这些典型的榜样教育，推进了艰苦奋斗教育的深化与提升。1963 年 3 月，毛泽东等国家领导人号召全国人民"向雷锋同志学习"。大学生学习雷锋的活动也蓬勃发展起来。在全国大力宣传雷锋事迹的影响下，雷锋的坚韧不拔、勇于克服困难的意志和艰苦奋斗、克勤克俭的作风也深深扎根于大学生的头脑中。大学生刻苦学习专业知识，主动服从分配，支援山区建设；在生活中把艰苦朴素、勤俭节约落到自己的实际行动中；人人把"像雷锋那样生活、学习和战斗"作为自己的发展目标。学雷锋活动，在大学生心里树立了一个光辉的道德榜样，是高校思想政治教育的成功范例，探索出了一条行之有效的教育方法。随后在高校又开展了学大庆、学"铁人"精神活动，学习大庆人自力更生、艰苦奋斗，面对艰险勇往直前的精神；还有学习解放军的教育活动，学"南京路上好八连"艰苦作风，发扬我军的光荣传统。这些教育活动也都成效显著。榜样示范的教育形式，在大学生心里树立起一个个光辉的道德榜样，使艰苦奋

---

① 中共中央文献研究室. 建国以来重要文献选编：第 14 册 ［M］. 北京：中央文献出版社，1997：599.

斗精神在大学生中得到大力弘扬，教育效果也得到提升。

三、改革开放新时期大学生艰苦奋斗精神教育

"文化大革命"结束后，我国进入了改革开放的新时期。高校思想政治教育的优良传统也逐步恢复，并开始了高校思想政治教育科学化的探索和发展，从而使高校过去开展艰苦奋斗精神教育的经验得到继承，获得规范、科学深入发展，逐步走向成熟。

（一）艰苦奋斗教育的恢复

随着党和国家对"文化大革命"中的错误进行揭批，高校停止了安排大学生劳动过多，占用大量教学时间，严重影响学生身体健康和正常理论知识学习的做法。并认识到过分依靠劳动来进行思想教育的做法，违背教育规律，只会引起学生反感，削弱艰苦奋斗精神教育效果。经过纠错整顿，高校思想政治教育工作逐步走向正轨，过去好的传统做法得到恢复。高校学习英雄模范人物活动、道德品质教育的方法再度应用。1977 年 3 月 5 日社论《向雷锋同志学习》的发表，以及教育部发布要求"把教育战线学习雷锋的运动，深入持久地进行下去"的通知，在高校再次掀起"学雷锋"热潮。高校组织学习开展"学雷锋、创三好"活动，大学生走向社会参与公益劳动，为群众争做好人好事；提倡礼貌友爱、刻苦钻研、勇于探索的新风尚。这次教育活动既使艰苦奋斗的优良作风得到继承，又促进大学生身心的健康发展。党的十一届三中全会以后，高校积极学习贯彻会议精神，纠正"左"的思想，重新确立为社会主义事业培养"又红又专"人才的基本目标。《关于建国以来党的若干历史问题的决议》指出，社会主义必须有高度的精神文明，

要加强和改善思想政治工作，用马克思主义世界观和共产主义道德教育人民和青年，坚持脑力劳动与体力劳动相结合的教育方针，发扬爱国主义精神和艰苦创业的精神①。在这些重要决议精神指引下，大学生思想认识得到统一，大学生艰苦奋斗精神教育逐步得到恢复。

（二）探索艰苦奋斗教育的新途径

随着改革开放的深入，西方各种思潮进入校园，大学生受到社会上关于人生观的讨论如"共产主义渺茫论""一切向钱看"，以及西方哲学思想等思潮影响，道德水平下降，甚至有些人放弃为国家为共产主义而奋斗的人生理想。按照党和国家要求，各高校在开展坚持四项基本原则教育的同时，开始了思想政治教育科学化的研究，以应对影响日益严峻的资产阶级自由化思潮对大学生的侵害。高校在研究大学生思想特点及其教育规律的基础上，继承优良传统，结合时代特征，对大学生艰苦奋斗精神教育展开富有成效的新探索。教育方法上，1983 年，张海迪成为大学生的学习榜样。有着"八十年代新雷锋""当代的保尔"赞誉的张海迪，身残志坚，她不屈不挠与命运斗争的事迹感动了大学生，她身上体现出的勤于思考、奋发向上、自强不息的精神，成为大学生争相学习的宝贵精神。这开创了高校"从感动到教育"的思想教育新思路。大学生社会实践活动热潮中，高校组织学生开展多种多样的社会实践活动，如大学生到社会中进行各类调查研究，学习先进个人、单位的事迹，参观革命遗址和名胜古迹，回乡勤工俭学等。有的高校还设立了社会实践基地，把实践活动经常化。这些活动改变过去以劳动为主要内容的方法，有效地培养了大学生的社会责任感和艰苦奋斗精神。教育目标

----

① 中共中央文献研究室 . 改革开放三十年重要文献选编：上册［M］. 北京：中央文献出版社，2008：214.

上，1987 年 5 月中共中央《关于改进和加强高等学校思想政治工作的决定》明确提出了高校思想政治教育目标：大学生"应当热心于改革和开放，有艰苦奋斗的精神，努力为人民服务，为实现具有中国特色的社会主义现代化而献身；应当自觉地遵纪守法，有良好的道德品质；应当勤奋学习，努力掌握现代科学文化知识"①。结合改革开放实践，明确了高校需培养大学生艰苦奋斗精神的目标。同时高校思想政治教育的课程、专业和队伍建设，都是高校进行思想政治教育科学化过程中，对艰苦奋斗精神教育在理论和方式方法上的探索和促进。

但与此同时，由于受到资产阶级自由化的冲击，高校先后出现学潮和政治风波，暴露出高校思想政治教育涣散、被边缘化等问题，反映出一些大学生不了解国情民情，不懂得为国家艰苦奋斗的道理，无法自觉抵制自由化思想。邓小平指出："十年最大的失误是教育，这里我主要是讲思想政治教育，不单纯是对学校、青年学生，是泛指对人民的教育。""艰苦奋斗是我们的传统，艰苦朴素的教育今后要抓紧，一直要抓六十至七十年。我们的国家越发展，越要抓艰苦创业。"② 按照讲话精神，高校为切实稳定和加强学生思想政治教育开始新的努力。

（三）推进艰苦奋斗教育的科学化发展

党的十三届四中全会以来，高校在反思过去的基础上，不断加强和改进思想政治工作，推进大学生艰苦奋斗精神教育向制度化、常态化、科学化发展。在党的十四大精神指导下，党中央出台的一系列重要文件和领导人的讲话中，对大学生艰苦奋斗精神教育的目标、内容做了明确

---

① 何东昌. 中华人民共和国重要教育文献（1976—1990）［M］. 海口：海南出版社，1998：261.

② 邓小平. 邓小平文选：第 3 卷［M］. 北京：人民出版社，1993：306.

要求，将艰苦奋斗精神教育常态化、制度化，实现稳定发展。1995 年 11 月 23 日，国家教委颁布施行《中国普通高等学校德育大纲》，给高校德育做了全面规范。其中德育目标规定：使学生努力为人民服务，具有艰苦奋斗的精神和强烈的使命感、责任感；勤奋学习，勇于探索，努力掌握现代科学文化知识。德育内容中规定：开展中华民族优良道德传统教育；开展劳动教育，包括劳动观念教育、劳动态度教育和热爱劳动人民教育。① 党中央、国务院发布的《关于深化教育改革全面推进素质教育的决定》中，要求素质教育德育为先，把培养学生坚韧不拔的意志、艰苦奋斗精神作为学生的基本素质。1998 年 5 月 4 日，江泽民在庆祝北京大学建校 100 周年讲话中，提出大学生要坚持树立远大理想与进行艰苦奋斗的统一，要树立理想，还要有实现理想的奋斗精神，要有为中国特色社会主义事业百折不挠的艰苦奋斗精神。为大学生健康成长指明了方向。

进入 21 世纪，由于人们的生活水平显著提高，社会上享乐主义、奢靡之风出现，导致大学生艰苦奋斗精神淡化问题日益严重，在新时期艰苦奋斗精神教育仍是高校思想政治教育的主要内容。中共中央、国务院于 2004 年 8 月颁布了《关于进一步加强和改进大学生思想政治教育的意见》，这份新时期纲领性文件的主要任务里明确要求，要以爱国主义教育为重点，深入进行弘扬和培育民族精神教育。培养爱国情怀、改革精神和创新能力，始终保持艰苦奋斗的作风和昂扬向上的精神状态，引导大学生形成勤俭自强、勤于学习、善于创造等优良品质。在 2005 年 3 月 25 日教育部颁布的《普通高等学校学生管理规定》中，把学生

---

① 吴潜涛，徐艳国. 建党 90 年来高校德育发展的历史轨迹［M］. 北京：高等教育出版社，2012：155.

要树立爱国主义理想，具有团结统一、爱好和平、勤劳勇敢、自强不息的精神作为培养目标和要求，将培养大学生艰苦奋斗精神工作法治化。2007 年五四青年节，胡锦涛向中国青年群英会致信，对青年人委以重任："努力成为理想远大、信念坚定的新一代，品德高尚、意志顽强的新一代，视野开阔、知识丰富的新一代，开拓进取、艰苦创业的新一代。"① 表达了中国共产党鼓励青年人勇于创新、艰苦创业，为建设中国特色社会主义事业而奋斗的希望。在社会主义核心价值体系中，艰苦奋斗精神也是民族精神和时代精神的重要内容。党的十八大更是提出把"立德树人"作为教育的根本任务，推进社会主义核心价值体系建设。2013 年，习近平在讲话中把大学生的艰苦奋斗教育与实现中华民族伟大复兴的中国梦密切结合，提升了大学生艰苦奋斗精神教育科学化的新境界。党的十三届四中全会以来，党和国家结合社会发展需要提出符合时代特征的新要求、新规定，推进艰苦奋斗精神教育科学化发展。

依据大学生思想变化和自身发展需要，高校开展了多样的创新工作，实现艰苦奋斗精神教育的全面、科学发展。在原有教育方法基础上，拓展渠道，开展多样的社会实践活动，组织大学生广泛参与社会调查、支农支教、公益劳动、志愿服务、勤工助学、创业就业等。开展心理健康教育和心理辅导实现隐性教育。注重校园活动开展，如结合重要事件、重要节庆活动进行主题宣传，评选大学生年度人物，举行大学生先进事迹报告会等。这些措施使大学生艰苦奋斗精神教育取得良好效果。

---

① 胡锦涛. 向中国青年群英会致信［EB/OL］. 新华网，2007 - 05 - 04.

第二节　大学生艰苦奋斗精神教育的基本经验

回顾中国共产党领导高校开展大学生艰苦奋斗精神教育不平凡的历史进程，可以概括出以下几方面基本经验。

一、坚持科学理论指导，坚定教育的正确方向

中国共产党历来重视大学生的思想政治教育，其中包括艰苦奋斗精神教育。党在长期的实践中深刻地体会到，正确的大学生艰苦奋斗教育，必须坚持以马克思主义科学理论为指导。艰苦奋斗是马克思主义世界观及科学的人生观、价值观的重要内容和必然体现，只有以马克思列宁主义和中国化的马克思主义为灵魂，才能站在党和人民事业是否后继有人的高度，深刻认识大学生艰苦奋斗教育的极端重要性，进而排除把艰苦奋斗与"闭关锁国"画等号、把艰苦奋斗视为"苦行僧"等"左"的思想影响，自觉抵制艰苦奋斗"过时论""非政治化论""以普世价值代替论"等错误思潮的干扰，使艰苦奋斗教育建立在对科学理论的理性认同上，建立在对历史规律的正确把握上。大学生艰苦奋斗教育是党的思想政治教育的重要内容，应当具有马克思主义意识形态特征，不能成为以个人主义为核心的个人奋斗教育。因此，大学生艰苦奋斗教育，必须坚持以马克思主义科学的世界观和方法论为指导、以理想信念教育为核心、以树立社会主义核心价值观为目的。

二、坚持服务立德树人，把握教育的根本目的

我国社会主义高等教育本质上是以促进大学生全面发展为目标的现代教育，作为党的思想政治教育关键环节的艰苦奋斗教育，最终目标和根本任务就是促进青年学生的全面发展。只有如此，才能培养具有良好道德自律能力、矢志艰苦奋斗、德智体美劳全面发展的中国特色社会主义事业的合格建设者和可靠接班人。以德育人、围绕促进大学生全面发展进行艰苦奋斗教育，是中国共产党不断加强和改进大学生思想政治教育的成功经验。从新民主主义革命时期对青年学生艰苦奋斗革命精神的锤炼，到中华人民共和国成立后提出发展学生为人民服务思想，养成包括爱劳动的艰苦奋斗精神的"五爱"优良品质；从20世纪60年代提出培养学生为"社会主义服务""为人民服务"，树立包括劳动观点等"四个观点"，到改革开放后提出培养"四有"一代新人和具有社会主义核心价值观、为实现中国梦矢志艰苦奋斗的接班人。这些目标不断演进，但始终不离促进大学生全面发展的宗旨；在实现这些目标的过程中虽有失误、挫折，但总体上促进了大学生的健康成长。因此，坚持围绕立德树人中心任务，紧紧抓住促进大学生全面发展这一根本，才能把艰苦奋斗精神有效地转化为大学生的思想自觉和行动自觉。反之，就会出现曲折、摇摆，甚至走上邪路。

三、坚持改革创新，提高教育的科学化水平

艰苦奋斗是建筑在生产方式之上，随着生产力的发展变化而不断改

变自己的内容和形式的。大学生艰苦奋斗精神教育的本质、宗旨不会改变，但方式方法必须适应时代的变化而不断创新。既要继承和发扬传统艰苦奋斗教育的有用方法，同时也要走出过去片面理解、简单类比、目标短期、内容空泛等老一套的误区。大学生艰苦奋斗教育的生命力在于它的时代性和把握规律性。要从大学生的实际出发，照顾大学生的特点，遵循大学生思想教育规律。创新思想理论教育，把马克思主义艰苦奋斗观的必要灌输与培养大学生艰苦奋斗价值评价能力紧密结合，把加强党的艰苦奋斗价值导向的外部影响力与培养大学生自我教育和自我修养能力紧密结合。创新实践教育，使大学生养成艰苦奋斗的实践思维，勇于实践锻炼，通过道德实践、社会实践、基层实践，在服务国家、服务社会、服务人民中实现人生价值。创新榜样示范教育，发挥青年艰苦奋斗模范人物的示范带动作用。重视大学生中艰苦奋斗先进人物的宣传，通过树立大学生身边的榜样，用看得见、摸得着的，可信、可亲、可敬、可学的典型，激励大学生以矢志艰苦奋斗精神实现青春理想。

四、坚持制度建设，构建教育的常态化机制

弘扬艰苦奋斗精神，要有可操作的制度约束，使艰苦奋斗精神教育有章可循、有法可依，不受错误的政策左右，不受有害思潮的干扰。这是大学生艰苦奋斗教育的又一条重要的历史经验，是培养具有艰苦奋斗精神的合格大学生的根本保证。艰苦奋斗教育是高校德育的重要内容和基点。我国的教育法和高等教育法规定的培养目标，都充分体现了艰苦奋斗精神的内涵。改革开放以来，党中央、国务院以及教育部在加强和改进大学生思想政治教育的诸多文件中，都对大学生艰苦奋斗教育、培

养大学生艰苦奋斗精神做出过规定，从国家层面做出制度安排，保证了全国高校大学生艰苦奋斗教育的深入开展。从我国高校历来艰苦奋斗教育的实际情况来看，凡是认真按照党中央要求落实制度规定的学校，学生的精神面貌都积极向上、充满正能量；凡是对党中央的要求落实不力的学校，学生中的艰苦奋斗意识弱化，各种不良现象迭出。因此，必须把党和国家的制度安排细化为高校自己的教育和实施规定，构建硬性约束机制。通过领导和责任落实制度、检查制度、监督和反馈制度、激励和奖惩制度等的约束，使艰苦奋斗教育贯穿于大学生的专业学习、思想道德养成和社会实践的全过程，形成常态化机制。

第四章

新时代大学生艰苦奋斗精神教育现状分析

中国特色社会主义进入新时代，要奋力夺取新时代中国特色社会主义伟大胜利，实现中华民族伟大复兴的中国梦，需要培养出一代代具有艰苦奋斗精神的大学生为之不懈奋斗。但在当下，受到诸多因素的共同影响，大学生的艰苦奋斗精神状况不容乐观，大学生艰苦奋斗精神的教育受到很多挑战。本章针对大学生艰苦奋斗精神教育现状进行实际调查和分析。调查发现，新时代大学生对艰苦奋斗精神有一定了解，对艰苦奋斗精神和艰苦奋斗精神教育认同度较高。但艰苦奋斗精神教育工作也面临一些困境：艰苦奋斗精神教育知行转化效果不佳，在部分高校没有受到重视，教育未能让大学生产生共鸣等。导致困境的主要思想根源在于：艰苦奋斗精神教育中存在放任性教育思维、形式化教育思维和保姆式教育思维。

第一节　调研的设计与实施

一、调研目标

本次调查主要对新时代大学生艰苦奋斗精神教育开展的基本情况进行问卷调查和深度访谈，把握当前大学生艰苦奋斗精神教育的第一手资料，并结合已有的对大学生艰苦奋斗精神现状的研究基础，找出当前大学生艰苦奋斗精神教育中存在的问题，并深入分析问题产生的思想根源，为进一步制定有效的对策，提升教育效果奠定基础。

二、问卷设计

以艰苦奋斗精神教育现状为主题开展问卷调查。问卷主要从调查对象的基本情况，大学生对艰苦奋斗精神的认知和践行情况，大学生对艰苦奋斗精神教育的认同度、效果感知等情况三个方面考察大学生艰苦奋斗精神教育的基本现状。同时结合问卷调查的结果，对一些调查问卷反映不够全面的问题，设计深度访谈提纲作为补充。

三、调研实施

本次问卷调查主要在吉林省内的东北师范大学、吉林大学、延边大学、长春大学、吉林工程技术师范学院、长春财经学院、吉林交通职业技术学院、长春职业技术学院 8 所高校进行。这些高校涉及重点高校、普通高校和民办高校多种类型，具有一定代表性。共随机发放问卷2054 份，回收有效问卷 2026 份，回收有效率为 98.6%，基本满足样本规模要求。调研对象基本情况如表 1 所示：

表 1　调查对象基本情况统计表

		计数	表格总计 N %
性别	男	976	48.2%
	女	1050	51.8%
	总计	2026	100.0%
年级	大一	1408	69.5%
	大二	344	17.0%
	大三	228	11.3%
	大四	46	2.3%
	总计	2026	100.0%
政治面貌	团员	1933	95.4%
	党员	45	2.2%
	群众	39	1.9%
	其他	9	0.4%
	总计	2026	100.0%
户口类型	城市	845	41.7%
	农村	1181	58.3%
	总计	2026	100.0%

选取在校大学生和教师 30 名进行个案访谈，在不同年级随机选择学生进行访谈，以保证深度访谈的普遍性，让被调查者更具有代表性。并针对大学生对高校开展的艰苦奋斗精神教育的具体活动和自身感受等

问题进行了深入调研。

第二节 新时代大学生艰苦奋斗精神教育的成效

调查结果显示，当前大学生艰苦奋斗精神教育取得了较好的成效，集中体现在大学生对艰苦奋斗精神认知度、认同度较高，充分认识到艰苦奋斗精神教育的重要作用。

一、艰苦奋斗精神具有较高认知度

大学生对艰苦奋斗精神的认知程度能够反映出艰苦奋斗精神教育的效果，也是大学生能否践行艰苦奋斗精神的前提。对"当今社会条件下，是否还需要艰苦奋斗的精神"问题的调查结果（图 1）显示：有70.7% 的大学生表示"非常需要"，还有 28.6% 的大学生表示"在一定情况下需要"，只有 0.7% 的大学生认为"不需要"或"无所谓"。这说明绝大多数的大学生都肯定艰苦奋斗精神在今天社会发展中的作用。

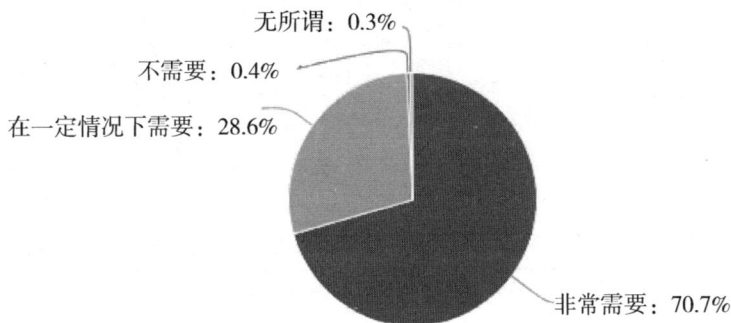

无所谓：0.3%
不需要：0.4%
在一定情况下需要：28.6%
非常需要：70.7%

图 1 关于"当今社会条件下，是否还需要艰苦奋斗的精神"问题的调查统计

　　在问及大学生对"艰苦奋斗精神内涵的理解"时调查显示（表2），认为艰苦奋斗精神的内涵包括"勤奋学习，勇于创新""厉行节约，理性消费""不怕挫折，迎难而上""为崇高理想奋斗，肯于奉献"的占比分别为71.4%、70.5%、70.4%、67.3%，这表明接近70%的大学生能够认清艰苦奋斗精神的实质。而认为艰苦奋斗精神就是"省吃俭用，过清贫日子"或"不清楚"的大学生只有3.4%。对艰苦奋斗精神内涵持有错误认识和不了解的占比很小，说明大学生没有受到艰苦奋斗精神"过时论""无用论"等偏差观念影响，肯定艰苦奋斗精神的当代价值。

表2　对"艰苦奋斗精神内涵的理解"调查统计表

对艰苦奋斗精神内涵的理解		计数	表格总计（N%）
1. 省吃俭用，过清贫日子	否	1970	97.2%
	是	56	2.8%
	总计	2026	100.0%
2. 厉行节约，理性消费	否	597	29.5%
	是	1429	70.5%
	总计	2026	100.0%
3. 勤奋学习，勇于创新	否	579	28.6%
	是	1447	71.4%
	总计	2026	100.0%
4. 不怕挫折，迎难而上	否	600	29.6%
	是	1426	70.4%
	总计	2026	100.0%

对艰苦奋斗精神内涵的理解		计数	表格总计（N%）
5. 为崇高理想奋斗，肯于奉献	否	663	32.7%
	是	1363	67.3%
	总计	2026	100.0%
6. 不清楚	否	2013	99.4%
	是	13	0.6%
	总计	2026	100.0%

从政治面貌与对艰苦奋斗精神内涵理解的相关性分析（表3）中可以看出，党员大学生对艰苦奋斗精神内涵的理解更为准确全面。特别是党员大学生对"为崇高理想奋斗，肯于奉献"的精神内涵认知程度明显高于其他政治面貌的学生。

表3　政治面貌与对艰苦奋斗精神内涵理解的相关性统计表

		政治面貌									
		团员		党员		群众		其他		总计	
		计数	N %	计数	N %	计数	N %	计数	N %	计数	N %
为崇高理想奋斗，肯于奉献	否	566	29.3%	10	22.2%	18	46.2%	6	66.7%	600	29.6%
	是	1367	70.7%	35	77.8%	21	53.8%	3	33.3%	1426	70.4%
	总计	1933	100.0%	45	100.0%	39	100.0%	9	100.0%	2026	100.0%

由卡方检验（表4）的结果可知，艰苦奋斗精神内涵中"为崇高理想奋斗，肯于奉献与政治面貌"的卡方检验的显著性 P 值为 0.006，小于 0.05，表示该两项认知在不同政治面貌的人中有显著性差异。由此可知，大学生具备坚韧奋斗的意志和高远志向，奉献精神的意识更强，这与党员大学生比其他同学可以接受更多思想理论学习，受到更深入的思想政治教育有关。

表4 卡方检验

	值	自由度	渐近显著性（双向）
皮尔逊卡方	12.329[a]	3	0.006
似然比（L）	11.327	3	0.010
线性关联	6.784	1	0.009
有效个案数	2026		

二、艰苦奋斗精神教育获得大学生较高认同度

大学生对艰苦奋斗精神教育具有认同感，表示多数大学生在认知和情感方面对艰苦奋斗精神教育的意义和实施价值的认识趋同。大学生的认同度越高，就意味着大学生对艰苦奋斗精神教育的认可程度越高。大学生能否对艰苦奋斗精神教育具有较高认同度，也是衡量艰苦奋斗精神教育实效性的关键。调查中（图2）被问及"在大学生中是否有必要加强艰苦奋斗精神教育"时，90.8%的大学生选择"非常有必要"，只有3.9%的大学生认为"早已过时，没有必要"，5.3%的大学生认为"无所谓"。结果说明，从整体上看当前大学生对艰苦奋斗精神教育表现出较高的认同度。

对大学生是否具备艰苦奋斗精神和是否有必要加强艰苦奋斗精神教育的关联性进行分析，结果显示（表5），在认为自身"基本具备"和"不具备"艰苦奋斗精神的大学生中，选择有必要加强高校艰苦奋斗精神教育的分别占比54.3%、23.3%，同时，认为自身"具备"艰苦奋斗精神的大学生中，也有18%的人认为有必要加强艰苦奋斗精神教育。

无所谓：5.3%

早已过时，没有必要：3.9%

非常有必要：90.8%

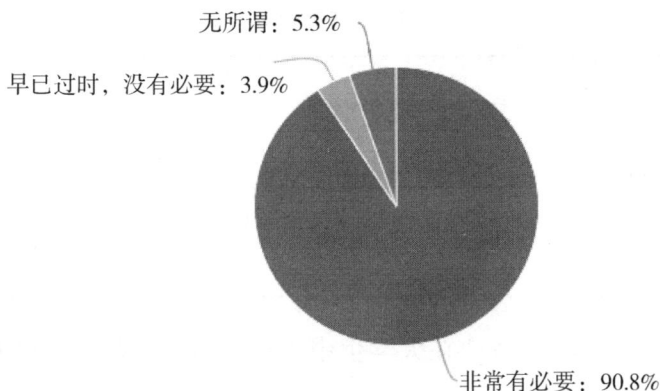

图2 关于"在大学生中是否有必要加强艰苦奋斗精神教育"问题的调查统计

表5 大学生是否具备艰苦奋斗的精神与加强艰苦奋斗精神教育必要性交叉分析

		是否认为在大学生中有必要加强艰苦奋斗精神教育					
		非常有必要		早已过时，没有必要		无所谓	
		计数	列总计 N%	计数	列总计 N %	计数	列总计 N %
是否认为大学生具备艰苦奋斗的精神	具备	331	18.0%	14	17.7%	5	4.6%
	基本具备	999	54.3%	46	58.2%	60	55.6%
	不具备	429	23.3%	14	17.7%	22	20.4%
	不清楚	80	4.4%	5	6.3%	21	19.4%
	总计	1839	100.0%	79	100.0%	108	100.0%

　　由卡方检验结果（表6）可知，认为大学生是否具备艰苦奋斗精神和是否认为在大学生中有必要加强艰苦奋斗精神教育的显著性检验P值小于0.05。这表示，认为自身艰苦奋斗精神不足、缺失的大学生对艰苦奋斗精神教育的需求很高。大学生普遍认为，在新时代，仍然需要艰苦奋斗的精神作为指引和支撑，仍然需要学校提升艰苦奋斗精神教育水平来完善自身。

表6 卡方检验

	值	自由度	渐近显著性（双向）
皮尔逊卡方	203.783[a]	9	0.000
似然比（L）	116.580	9	0.000
线性关联	75.700	1	0.000
有效个案数	2026		

　　同时，从大学生对"在大学生中进行艰苦奋斗教育可以起到哪些作用"问题的调查结果中（图3），也得到大学生对艰苦奋斗精神教育认同度高的印证。数据显示，大学生认为艰苦奋斗教育能起到"健全大学生人生观和价值观""有助于大学生健康成长成才""树立社会新风尚""引导大学生为实现崇高理想而奋斗""继承民族传统美德"作用的占比依次为82.6%、78%、66.3%、71.7%、59.1%，这说明多数大学生都认可艰苦奋斗精神教育所发挥的作用，进一步验证了大学生对艰苦奋斗精神教育具有较高认同感。

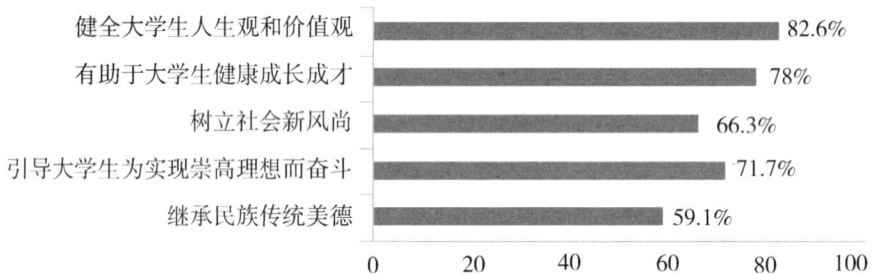

图3 关于"在大学生中进行艰苦奋斗教育可以起到哪些作用"问题的调查统计

　　大学生对艰苦奋斗精神教育的高度认同，是使艰苦奋斗精神深入大学生内心和指导大学生行动的前提和基础。调查中展现出的当代大学生对艰苦奋斗精神教育认同度高，体现出近些年高校艰苦奋斗精神教育的成效，既为引导大学生积极践行艰苦奋斗精神奠定了良好心理基础，也为高校艰苦奋斗精神教育取得更大实效创造了条件。

在个人访谈的过程中，也有很多大学生表示，在新时代，青年人仍然需要艰苦奋斗精神支撑他们的奋斗，正是在学校接受的艰苦奋斗精神教育，使他们增强了对精神实质的了解，以及对艰苦奋斗精神教育作用的认可程度。大学生对艰苦奋斗精神理解准确，对艰苦奋斗精神教育价值和必要性有充分认识，对艰苦奋斗精神培养需求度高，高校思想政治教育主渠道作用突出，体现出艰苦奋斗精神教育的成效明显。

第三节　新时代大学生艰苦奋斗精神教育面临的困境

依据新时代大学生艰苦奋斗精神教育的实施现状，了解分析大学生艰苦奋斗精神教育面临的现实困境，对今后有针对性地加强和改进大学生艰苦奋斗精神教育，达到理想效果至关重要。

一、艰苦奋斗精神教育效果与预期目标仍有差距

高校开展艰苦奋斗精神教育的目标在于，为党和国家培养具有艰苦奋斗精神支撑的中国特色社会主义事业建设者和接班人。高校的艰苦奋斗精神教育成效显著，大学生对艰苦奋斗精神认知准确，能够认识到艰苦奋斗精神在当今时代的价值，以及艰苦奋斗精神培养对自身发展的重要作用。对大学生艰苦奋斗精神的培养不仅是让大学生把艰苦奋斗精神作为思想观念来认识，更重要的是让大学生在理性认知的基础上，产生

对艰苦奋斗精神的认同感，进而树立和坚守艰苦奋斗精神的意志，把艰苦奋斗精神由理性认知内化为自己的精神追求和坚守，最后让艰苦奋斗精神来指导自己的行动，把精神外化于实际行动。具有艰苦奋斗精神，同时又能用艰苦奋斗精神引导自己实践的大学生，才能为中国特色社会主义事业而奋斗。调查显示，大学生对艰苦奋斗精神认知度较高，而且问及大学生"自己是否具备艰苦奋斗精神"时，有 26.4% 的大学生认为自己"具备"，63% 的大学生认为"基本具备"。而且被调查的大学生有接近 70% 对艰苦奋斗精神的内涵都能做出正确理解，认为其内涵包括"厉行节约，理性消费""勤奋学习，勇于创新""不怕挫折，迎难而上""为崇高理想奋斗，肯于奉献"等。

表7　大学生对艰苦奋斗精神内涵的理解与艰苦奋斗精神淡漠表现的交叉分析统计

		您认为自己存在以下哪些艰苦奋斗精神弱化的行为？						
		存在浪费现象	不合理消费，面子消费，奢侈消费	面对困难意志力薄弱	怕苦怕累，不爱劳动，不参与社会实践	贪图享乐，不愿自己奋斗	学习上懒惰应付	小计
您理解的艰苦奋斗精神内涵是什么？	过清贫日子，苦行僧式生活	38 (67.86%)	32 (57.14%)	20 (35.71%)	16 (28.57%)	14 (25.00%)	12 (21.43%)	56
	厉行节约，理性消费	966 (67.60%)	1167 (81.67%)	961 (67.25%)	988 (69.14%)	876 (61.30%)	945 (66.13%)	1429
	勤奋学习，勇于创新	923 (63.79%)	1144 (79.06%)	1012 (69.94%)	1035 (71.53%)	919 (63.51%)	984 (68.00%)	1447
	不怕挫折，迎难而上	916 (64.24%)	1134 (79.52%)	1015 (71.18%)	1039 (72.86%)	915 (64.17%)	975 (68.37%)	1426

		您认为自己存在以下哪些艰苦奋斗精神弱化的行为?						
		存在浪费现象	不合理消费，面子消费，奢侈消费	面对困难意志力薄弱	怕苦怕累，不爱劳动，不参与社会实践	贪图享乐，不愿自己奋斗	学习上懒惰应付	小计
您理解的艰苦奋斗精神内涵是什么?	为崇高理想奋斗，肯于奉献	873 (64.05%)	1083 (79.46%)	949 (69.63%)	985 (72.27%)	890 (65.30%)	941 (69.04%)	1363
	不清楚	6 (46.15%)	12 (92.31%)	5 (38.46%)	4 (30.77%)	5 (38.46%)	5 (38.46%)	13

　　但是，把这个调查结果与大学生认为自身存在哪些艰苦奋斗精神弱化的行为问题进行交叉分析时，从分析中可以发现（表7），虽然很多大学生能正确认识艰苦奋斗精神的内涵，但多数大学生又承认自身存在多种艰苦奋斗精神弱化的行为。说明大学生艰苦奋斗教育知行脱节问题较为明显，大学生艰苦奋斗精神教育效果欠佳，与预期目标仍有差距。在经过艰苦奋斗精神教育之后，大多数大学生对艰苦奋斗精神有一定认知，但有些大学生对艰苦奋斗精神的认识和实际行为表现却不一致，从大学生对学业、消费、节约意识、劳动和就业创业等问题持有的一些看法、态度和行为表现上，可以看出当前大学生艰苦奋斗精神淡化问题明显。大学生艰苦奋斗精神知行脱节现状制约了艰苦奋斗精神教育目标的实现，反映出艰苦奋斗精神教育的效果与所要达到的预期目标仍有差距。综合近年来各方学者对大学生思想政治状况所做的相关调查，显现出大学生在践行艰苦奋斗精神方面意志较薄弱，印证了知行脱节是大学生艰苦奋斗精神教育的主要问题。

（一）缺少崇高的奋斗理想

被视为天之骄子的大学生，是国家和民族的未来，担当历史使命是大学生义不容辞的责任。大学生艰苦奋斗精神培育的目标之一就是让大学生能够确定和坚定为党、国家和民族的伟大事业而奋斗的理想。可当前，部分大学生择业取向日趋功利化，缺乏奋斗的意志，缺少明确的为国家和民族而奋斗的目标。

在全国范围对大学生思想政治教育状况的调查显示：只有 3.9% 的大学生选择以"国家或社会需要"为人生理想，明确积极的人生目标，才能给大学生以前进的方向和动力，可很多大学生的人生奋斗是为了个人的满足，没能把个人的追求与国家的共同理想统一起来，说明这些大学生在政治上缺少崇高的奋斗理想。大学生愿意去西部地区和基层工作的有 35.5%；希望去乡镇基层工作的只有 1.9%。而有 24.6% 的大学生明确表示不愿意去，主要的原因是对西部地区缺乏了解和条件艰苦。[①]类似的结论从其他学者对大学生择业取向的相关调查中也都可以得到验证。多数大学生在选择工作时倾向于在大城市、工作环境好、薪酬福利颇丰又相对稳定的单位工作，而经济发展落后、基础条件相对较差的西部地区和农村，却很少有人愿意去。可这些条件艰苦的地方，更是新时代中国特色社会主义事业急需大量人才的地方。大学生的择业取向表现出多数大学生都只顾自己能过上舒适的生活，而不是首先考虑牺牲个人利益为国家奋斗和奉献。大学生的选择与他们认可的为崇高理想而奋斗的艰苦奋斗精神是不相符的。

---

① 沈壮海，王培刚，王迎迎，等. 中国大学生思想政治教育发展报告（2016）［M］. 北京：北京师范大学出版社，2017：56，297 - 305.

（二）缺失求知的奋斗欲望

大学校园是探求知识、开创新领域、追求真理的智慧殿堂。大学生正处于充满精力、渴求探索、乐于挑战的年纪，因此，大学期间正是他们探索新知、攀登学业高峰、有所创造的黄金时期。大学生应以学习为首要任务，以刻苦钻研、积极进取的精神，探求新知，完善自我，把自己锻炼成具有综合素质和能力的人才，具备搏击青春、创造精彩人生的能力。

而当前有些大学生在学习方面的表现却不容乐观。对待学习是一副无所谓的态度，缺乏求知欲望。有人认为只要不挂科就很好，少数人甚至认为挂科是在所难免的，只要能毕业就好。大学生上课时迟到、早退、旷课常有发生，有的大学生甚至花钱找人代替自己上课，把上课学习当作任务来应付。上课玩手机的现象日趋普遍。一项对新疆大学生手机阅读情况的调查显示，每天大学生的阅读时间为数小时，可 70% 的人是为了打发无聊时间，而利用好碎片化时间阅读学习的占比却较小①。大学生对学习提不起兴趣，却把大量时间用于恋爱、娱乐、社团活动等，少数学生更是整日沉迷于网络，荒废学业。还有的学生在学习上不愿忍受枯燥辛劳、畏惧困难、浅尝辄止、浮躁功利，而热衷于考取各类证书，在专业学习和科研学术上鲜有突破和成绩。一项对黑龙江某高校学生的专业学习态度状况调查显示：45.97% 的大学生对主动学习专业知识的程度认为不太满意；58.5% 的大学生表示不会主动去参加学术交流活动。有的大学生在学术研究方面靠"拿来主义"，对大学生关于"抄袭剽窃、实验凑数等学术不端行为"的看法调查显示，47.7%

---

① 周彦杉，彭静，张姣姣. 新疆大学生手机阅读现状调查分析：基于新疆大学在校学生的问卷调查［EB/OL］. 人民网，2017 - 02 - 15.

的大学生认为这是校园较普遍存在的现象①。当前，一些大学生学习态度不端正，无视学习、忽视自我提升，更谈不上思想和学术研究方面的创新突破。这在竞争十分激烈又重视个人能力的当今社会，无疑是给自己今后的发展之路设置障碍。

（三）消费观偏移

改革开放的发展成就，使多数大学生在物质条件较好的环境下成长，部分大学生生活上重物质，追求享受型消费现象比较明显。由于家庭收入水平显著提高，大学生对生活费有自主支配权，加之现在有网络购物的便捷条件，大学生已经成为当下一个庞大的消费群体。他们主张的一些消费理念和消费习惯，同样反映出大学生更重视满足自己的物质欲望，讲求享受生活，而肯于吃苦和乐于奋斗的精神却日益淡化。通过腾讯平台在全国范围所做关于《2016 大学生消费观念调查报告》显示：当前大部分学生每个月的开销在 1001—1500 元之间。在大学生越来越高的消费中，除了生活必需开销外，女生在服饰、零食、化妆品、外出娱乐的消费分别占日常开销的 33.3%、13.8%、11.9%、11.6%。男生在外出娱乐、恋爱、服饰、游戏的花销占比分别是 25%、16.4%、14.3%、11.5%。总体来看，大学生在服饰方面花钱最多，外出娱乐方面的花费也不容小觑②。当前大学生的不良消费方式，对他们艰苦奋斗精神的形成影响最大。

为享乐而消费。现在，智能手机、笔记本电脑几乎成了每个大学新生的基本配置，由此而产生的网费、手机费也成为一笔固定消费。受各

---

① 沈壮海，王培刚，王迎迎，等．中国大学生思想政治教育发展报告（2016）［M］．北京：北京师范大学出版社，2017：206．
② 王阳，李焱枫．2016 大学生消费观念调查报告［EB/OL］．腾讯网，2016 - 09 - 06．

种商品广告和偶像明星的影响，很多大学生追求时尚、品牌、新鲜事物，为此会购买不必要的商品，少数学生还购买奢侈品。还有大学生喜爱的看电影、KTV、旅游等娱乐项目，也使他们的消费不断增加。

为情感而消费。受社会风气的影响，大学生花在名目繁多的应酬上的消费也日益增多，已经成为一些学生的经济负担。近一半的大学生都会在在校期间谈恋爱，他们在恋爱中的花销也是不小的，有的甚至每月因恋爱而多花费千元以上。

因攀比炫耀而消费。一些大学生在消费中存在攀比心理，不管自己是否需要，别人有的自己也要有，而且还要比其他人的更好。为了炫耀，很多学生讲品牌、讲高消费，有的人甚至为此不顾及自己的支付能力，不惜借贷，出现的大学生"裸贷"就是大学生不理性消费导致的错误行为。由攀比和炫耀带来的盲目、不理性消费，满足的不过是个人一时虚无缥缈的虚荣心，由此可能引发的恶果不但给自己造成麻烦，还给家庭增加了不必要的经济负担。

在艰苦奋斗精神教育中，针对高等教育阶段所要达到的教育效果应该是：每个学生认识到"以艰苦奋斗为荣，以奢侈浪费为耻"。而大学生追求物质享受、感官刺激的消费取向，助长大学生享乐主义、拜金主义的错误观念，消磨了大学生坚韧不拔的毅力和为理想奋斗的意志，严重淡化了艰苦奋斗精神。

（四）节约意识淡薄

随着长期以来的节约环保教育，大学生对节约环保知识的了解显著增强，但在日常生活中，有些大学生节约的行为习惯还未养成，浪费行为屡见不鲜。兰州大学哲学与社会学系的一份调查显示，不少大学生把"追求生活质量"与"勤俭节约"视为对立的两个方面，勤俭节约已经成为不被大学生珍视的品格。有记者调查食堂用餐状况发现：学生们用完餐，都会留下剩菜剩饭，有些甚至会丢弃、剩余大半。"以一桶泔水75 斤计，平均每个食堂每天倒掉 7.5 桶，被调查的南京三所高校每天倒掉的食物就高达 5000 斤左右。"① 很多大学生倒掉饭菜的原因或是饭菜太多了，或是不好吃、难以下咽。校园里"长明灯，长流水"现象是常见的浪费现象。而且大学生环保意识不够，在教室里随手丢弃垃圾，频繁使用一次性用品、塑料制品的行为也很普遍，垃圾分类回收执行效果也不好。大学生对勤俭节约传统的认可度降低，浪费行为普遍长期存在，在环保方面的知行不一，说明大学生对节约节俭更多是停留在知识认知层面，尚没有自觉的行为习惯。

（五）吃苦耐劳精神不强

随着居民生活条件越来越好，新时代的大学生绝大多数都是在家长的娇生惯养中长大，在家庭和学校基本都不需要劳动。所以，很多大学生劳动意识差，也不懂生活中常用的劳动技能，甚至有些学生的生活自理能力都较差。他们怕脏怕累，逃避劳动，只想坐享其成。校园内的义务劳动，如打扫教室、扫雪等，都是能躲就躲。参加公益活动也是出人不出力，敷衍了事。对全国大学生思想政治教育状况的调查显示：虽然大学生对奉献精神的认可度很高，但实际每年参加公益活动的次数却很少，11.2% 的学生没有参加过公益活动；49.3% 的学生平均每年参加1—2 次；26.4% 的大学生平均每年参加 3—4 次；5 次以上的只有13.1% 的人。② 不少学生都想获得奖学金和各种荣誉，或考研深造，但

---

① 朱庆，辛闻. 大学生消费为何居高不下［EB/OL］. 光明网，2003 - 03 - 24.
② 沈壮海，王培刚，王迎迎，等. 中国大学生思想政治教育发展报告（2016）［M］. 北京：北京师范大学出版社，2017：237.

经常因为无法忍受枯燥的学习，不愿坚持付出艰苦劳动而放弃目标。大学生劳动意识淡薄，劳动观念歪曲，轻视劳动，不懂得尊重劳动，将来在工作岗位中也难以做到踏实苦干、拼搏进取、爱岗敬业。

二、艰苦奋斗精神教育在部分高校未受到重视

在问卷调查过程中，被问及"高校现有的艰苦奋斗精神教育效果如何"时，结果显示（图4），有6%的受访者表示效果不好，有4.9%的受访者直接表示感觉不到学校有此方面的教育，还有57.7%的受访者表示效果一般。

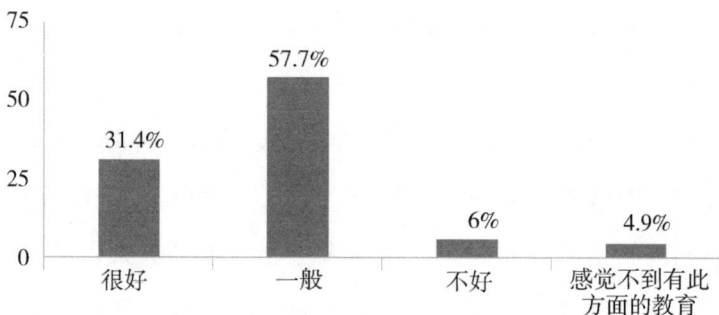

图4 关于"高校现有的艰苦奋斗精神教育效果如何"问题的调查统计

对于调查问卷中开放性问题，大学生对"高校现有的艰苦奋斗精神教育不足之处"的看法，依据关键词"没有""缺少""不够"等出现频次统计，有近120名受访学生表示当前大学生艰苦奋斗精神教育开展得不够，有的学生表示感觉不到学校开展了关于艰苦奋斗精神的教育活动。说明当前一些高校对艰苦奋斗精神教育重视程度不够。

高校思想政治教育工作把艰苦奋斗精神教育作为一项主要内容，使大学生艰苦奋斗精神培养取得了很大成绩。近年来，部分高校开始不重

视甚至放松了艰苦奋斗精神的教育，出现了主体责任弱化的问题。教育主体是艰苦奋斗精神教育的组织者、教育活动的执行者，他们对艰苦奋斗精神教育重要性缺乏应有的认识，必然会直接影响高校艰苦奋斗精神教育工作的有效开展。

教育者对艰苦奋斗精神理解狭隘、认识片面，使他们对大学生艰苦奋斗教育的主体责任缺乏应有认识。进入中国特色社会主义新时代，随着人民物质条件丰富和基本需求得到满足，国家综合国力日益增强，部分高校的管理者、教师、其他教辅人员等对艰苦奋斗精神存在认识误区，不同程度地忽视大学生艰苦奋斗教育工作。还有一种错误观点认为，艰苦奋斗精神就是弘扬勤俭节约品质，艰苦奋斗精神教育就是一味培养人们吃苦的精神，让人们要过苦日子，甚至是苦行僧式的生活。艰苦奋斗精神在条件艰苦、物资匮乏的背景下产生并发扬光大，所以提起艰苦奋斗精神，很多人想到的是勒紧裤腰带、节衣缩食的苦日子，是吃得差、穿得差的穷苦生活，容易导致人们把艰苦奋斗与故意过贫苦生活、苦行僧式的生活等同起来。在今天生产力水平极大提高、物质富足、讲求生活质量的条件下，有些人认为已经没有必要再讲艰苦奋斗了。另一种错误观念认为，艰苦奋斗精神与时代要求不符，已经过时。持这种看法的教育者认为，在革命战争年代和中华人民共和国成立初期，我们的基础差、困难多，需要人们发扬艰苦奋斗精神。而改革开放以来，随着国家经济的发展，人们生活水平大幅度提高，社会产品也日益丰富，需要讲艰苦奋斗的条件已经不存在，再讲艰苦奋斗就是固守旧有思想，是思想保守的表现。艰苦奋斗精神已不符合时代需要。现在应该讲如何消费，如何更好地享受生活，以弥补过去物质匮乏的损失。现在搞社会主义市场经济，人们的大量消费也是在拉动经济的发展；再提倡艰苦奋斗精神只会缩减有效需求，不利于扩大内需，会造成生产过剩而阻碍经济发展。这种观念看似自成理论，但其以自圆其说、片面理解市场经济与艰苦奋斗精神的关系而形成偏见，具有极大迷惑性。

教育主体责任弱化，导致教育管理者忽略了艰苦奋斗教育的重要性，其指导思想会更多侧重在能直接体现学校发展成就的领域，如学生的考研率、学生的就业情况、学校的科研成果、学科专业建设、学科实力建设等。教育管理者对大学生艰苦奋斗精神教育的重视不够、支持不足，造成高校艰苦奋斗教育出现种种问题：进行的课堂教学时间有限、开展的实践活动较少、缺少奖励约束机制、科学研究条件不足等，使学校教育对大学生的引导力度不够，直接影响艰苦奋斗精神教育所应发挥作用。对教师的个人访谈中，有教师也表示：现在生活条件好了，都讲物质享受，讲生活品质，没必要对大学生进行艰苦奋斗教育。可见，部分高校教师对艰苦奋斗精神也存在认识误区，这导致他们认为没必要提倡艰苦奋斗精神。艰苦奋斗精神教育在教学中也出现一些问题，如教学理念陈旧，教师忽略此部分教育内容，教师传递给学生有偏差的认识，相关的教学研究工作不足、成果匮乏等。教育主体对艰苦奋斗精神认识的偏差，使得一些高校的领导、教师和其他工作人员自身缺乏艰苦奋斗精神，这都会对大学生产生负面影响。

片面、狭隘地理解艰苦奋斗精神，对艰苦奋斗精神教育活动，对教育主体和客体都是有害的。高校一定要高度重视艰苦奋斗精神教育，认识艰苦奋斗精神的可贵，自觉承担起艰苦奋斗精神教育的责任，让艰苦奋斗精神有效发挥对大学生的思想引领作用。

三、艰苦奋斗精神教育未引起部分大学生的共鸣

虽然高校思想政治教育的指导方针中，艰苦奋斗精神教育一直是高校思想政治教育的主要内容之一，但当前高校艰苦奋斗精神教育的教育效果不够理想，导致部分大学生对此没有共鸣。

部分大学生认为艰苦奋斗精神教育没有说服力。思想政治课教师对艰苦奋斗思想和教育方法研究不深入，对艰苦奋斗思想的理论认识高度不够，而且只在"中国近代史纲要""毛泽东思想和中国特色社会主义理论体系概论"两门课程中有艰苦奋斗精神的理论内容。教师主要通过课程相关的革命史、对社会主义建设和改革开放的历程等内容，让大学生对艰苦奋斗精神有所了解。但是任课教师很少对教育内容做更多的展开，无法让大学生通过理论教学深入了解艰苦奋斗精神；有的教师在教学中只把重点放在讲史，而没有就背后体现出的党的艰苦奋斗精神进行延伸讲解，缺乏必要的深入分析和精神引导，使艰苦奋斗的理论讲解无法深入学生内心，引起共鸣，一些学生对这样的教学讲解认同率低，认为这只是政治说教，没有说服力。一些学生对艰苦奋斗精神教育还采取消极态度，有的学生甚至抵触反感。

部分大学生认为艰苦奋斗精神教育缺乏吸引力。高校的艰苦奋斗精神培育存在思想教育形式化的问题，教学更多的还只是依靠思想政治理论课的理论教学，以教师讲授理论为主，容易使教师讲授变成空洞说教。调查发现，在问及开放性问卷题目"如何做可以提高您的学习兴趣"时，关键词"实践"出现频次达 112 次，这些受访者表示目前学校开展的艰苦奋斗精神教育缺乏实践，希望学校增加更多的实践活动来

提高学习兴趣和学习效果。当前艰苦奋斗精神教育忽视理论联系实际，针对性不强，开展的实践活动数量和形式有限，而且这些社会实践活动经常流于形式，让有些大学生难以产生对艰苦奋斗精神的深刻认识。一些实践活动的内容设置宽泛空洞，如报告、讲座等还是以说教为主，难以产生吸引力。

部分大学生认为艰苦奋斗精神教育缺少感染力。枯燥乏味的教学内容，难以感染学生。教科书中相关的教学内容多是思想理论，不够具体，缺乏时代性，老师在教学时更多的是从革命时期的艰苦斗争历史和中华人民共和国成立初期国家发展面临的困难挑战、当时生活穷苦来讲解艰苦奋斗精神，而没有依据学生的特点和喜爱的表达方式来讲解艰苦奋斗精神，没有从大学生的现实需要来讲解艰苦奋斗精神对他们的作用，没有结合时代变化来介绍艰苦奋斗精神与时俱进的变化。教育内容缺少对现实的关切和社会热点的回应。面对社会中不思进取、得过且过、浪费问题、享乐主义、奢靡之风盛行等与艰苦奋斗相悖的社会风气，艰苦奋斗精神教育内容中缺乏针对社会热点问题和产生思想困惑的现象解析，使大学生对艰苦奋斗精神教育没有太大感知力。艰苦奋斗精神教育内容偏离实际，不够贴近大学生生活，不能解决大学生的思想困惑，导致一些大学生无法将艰苦奋斗精神深入内心，从而也就难以落实到实际行动中。

第四节　新时代大学生艰苦奋斗精神教育困境的思想根源

从分析艰苦奋斗精神教育面临的困境中，可以看出当前部分高校没有充分认识到艰苦奋斗精神教育的重要性，教育采取的内容、方式方法，以及教师自身理论素养的限制，很多大学生都存在知行不一的问题，导致高校开展的艰苦奋斗精神教育效果并不理想。因此，有必要剖析这些问题背后的原因，为切实提升大学生艰苦奋斗精神教育的有效路径找到突破口。

调查中（图5）被问及"在养成艰苦奋斗精神过程中容易受哪些方面的影响"时，大学生认为主要的影响因素依次有：70.3% 的人选择"学校教育不足"，69.3%的人选择"社会上不良风气"，69%的人选择"网络媒体传播的内容"，50%的人选择"家里长辈的教育"，49%的人选择"缺乏实践锻炼"，32.9%的人选择"奋斗意志淡化"。从大学生自身的体验中，可以发现多元社会背景下放任的教育思维、学校传统思政教育中的形式化教育思维和不良家庭教育环境中的保姆式教育思维，是造成大学生艰苦奋斗精神教育出现现有困境的主要根源。

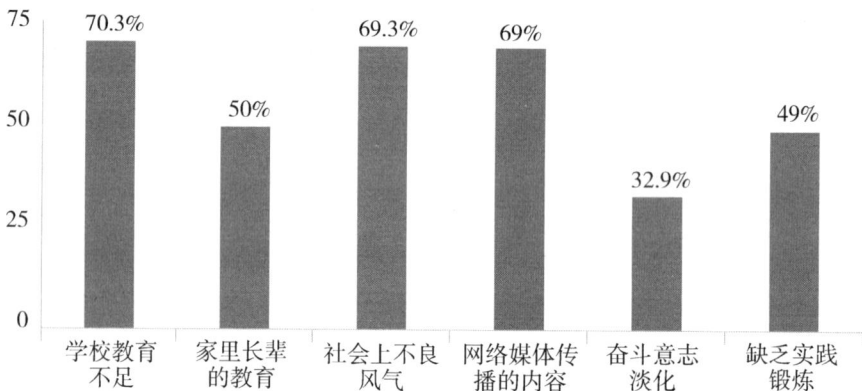

图5 关于"在养成艰苦奋斗精神过程中容易受哪些方面的影响"问题的调查统计

一、放任的教育思维

大学生思维活跃，但价值观念尚未成熟，未形成稳定成熟的人生观、价值观，因此，他们的思想很容易受到西方社会思潮、社会风气、媒体宣传等多种社会因素的影响，从而改变原有的价值观，接受到新的思想观念。同样，大学生艰苦奋斗精神也深受社会影响。当前，社会对人们的艰苦奋斗精神教育放任的教育思维，使社会没有承担应尽的教育责任，没有营造出良好的教育环境，导致西方社会思潮、不良的社会风气、媒体误导宣传对大学生的艰苦奋斗精神教育产生不利影响。

（一）西方社会思潮的负面影响

随着改革开放，西方社会思潮随之涌入我国，加之我国实行社会主义经济体制，人们的经济观念增强，这些因素相互交织，给西方社会思潮的入侵提供了土壤。对大学生的一项思想状况调查显示：15.3%的大学生表示受西方社会思潮的影响大，48.4%的大学生受影响也达到一般的程度；还有12.6%的大学生表示当媒体报道出现不一致时，会相信境外媒体的报道①。

一些腐朽的西方社会思潮对大学生培养艰苦奋斗精神产生了负面作用。其一，大学生受个人主义思潮影响，开始更多强调表现自我，强调个人利益，以自我为中心；受功利主义影响，大学生开始追求个人利益最大化、行为取向功利化，出现了以满足和追求个人利益为目标的价值取向；受享乐主义影响，大学生很容易把追求和满足个人利益转移到追

---

① 沈壮海，王培刚，王迎迎，等. 中国大学生思想政治教育发展报告（2016）［M］. 北京：北京师范大学出版社，2017：34.

求物质享受和感官上的快乐，这样的目标会导致大学生产生追求金钱和利益至上的拜金主义倾向。个人主义、功利主义、享乐主义和拜金主义会给价值体系不稳定不成熟的大学生造成价值观混乱，被错误价值取向诱惑和困扰。这些西方社会思潮，会导致大学生过于注重个人利益，产生"金钱万能"的错误认识，成为金钱的奴隶。受这种错误观念诱惑的青年学生难以有为人民的共同理想而奋斗，为党的崇高理想而艰苦奋斗的思想。这些西方腐朽的价值观会严重影响大学生以艰苦奋斗精神作为自己的价值观和毕生的精神追求。其二，西方的消费主义思潮诱发一些大学生产生享乐主义思想。消费主义引发了大学生消费中的铺张浪费，大学生在各种媒介宣传的商品广告攻势下，产生了更多的消费行为。消费行为使大学生的物质需求得到，满足享受的欲望，助长大学生把享乐作为自己追求目标的错误价值观。很多大学生不把精力放在学习上，而是沉浸于各种享乐：上课时间玩游戏、看影视剧，课余时间谈恋爱、外出娱乐，用自己宝贵的青春，花父母的血汗钱享受生活。拜金主义和享乐主义不但会让一些大学生价值取向功利化，甚至把一些思想意志薄弱的大学生引向犯罪歧途。长此以往，大学生必然缺乏进取心和奋斗意志，爱慕虚荣，没有担当和社会责任感。

（二）社会不良风气的影响

改革开放使国家经济迅速发展，社会物质财富日益增多，能够更好地满足人们的物质需求。人们再也不需要过苦日子，艰苦奋斗的风气被人们抛弃。很多人开始通过物质消费来展示自己的实力和心理上的满足。社会中享乐主义、攀比之风、奢靡之风盛行。社会中一些人讲求及时行乐，讲吃讲穿讲享受，追逐流行，热衷奢侈品消费，为了面子而消费，在住房、交通工具上炫耀消费，人们日常生活中普遍存在各种浪费行为。这些让缺乏艰苦生活体验的大学生，深受影响和侵蚀，错把享受生活当作理所当然，把努力奋斗视为与己无关。

（三）媒体宣传误导

媒体宣传不力和误导是导致大学生艰苦奋斗精神淡化的又一原因。随着网络技术的不断提升和互联网的普及，网络已是大学生每日生活中的重要组成部分。传统媒体和基于互联网而产生的新媒体，成为大学生获取信息和学习阅读的一个重要途径，对大学生认识社会、丰富文化生活乃至形成和转变各种观念都有不小的影响。媒体借助网络传播信息，迅速又具有隐蔽性，而大学生辨识能力不够强，很容易受到网络不良信息的影响。

报纸、杂志、影视剧、网络媒体，本是向人们传播精神文化产品，对广大人民进行精神文明教育的重要渠道和媒介，然而在当前一些媒体的宣传内容中，缺少弘扬艰苦奋斗精神的宣传内容、榜样形象的介绍，对正面的积极舆论引导不足。而且很多传媒不负责任地对腐朽思想进行宣传：对奢侈生活、奢侈商品的介绍经常可见；对富人、明星的豪宅、名车、高级服饰进行炒作；一些话题类节目也缺少积极正面的引导；电视剧里充斥的是在"高大上"的殿堂楼宇和奢华的生活场景中演绎不切实际的剧情。这些腐朽思想在大学生头脑中构建起一个充满奢华享受、物欲横流的社会状态，让一些大学生的价值观发生扭曲，去效仿和追求物质享受，他们为攀比炫耀而消费，为面子人情而消费，以追求名牌、讲排场、比阔气、消费奢侈品，来显示自己的与众不同，根本不顾及自己的过度消费会给家庭带来的负担。媒体宣传的误导，使大学生在人生观、价值观和世界观上产生困惑，对国家的实际情况和社会现实产生认识偏差，更给大学生艰苦奋斗精神教育造成消极影响。

二、形式化教育思维

对驻京高校大学生思想状况的调查中发现：60%的被调查者认为思想政治理论课教育和政治学习课程对自己产生了影响①。可见，高校对大学生思想政治教育起着重要的作用。但从一定意义上说，高校对艰苦奋斗教育的重视程度不够，以形式化思维应付了事，导致教育的理念、内容、方法和途径都比较单一，缺乏创新，也不够贴近大学生的生活和实际需求，没有很好达到教育目标——让艰苦奋斗精神入学生头脑、入学生心灵，成为学生自觉坚守和践行的精神支柱。因此高校教育的成效不足，大学生艰苦奋斗精神淡化和缺失问题比较明显。以下几个方面是导致高校艰苦奋斗精神教育不足的主要原因。

（一）教育理念缺少创新

简单依靠主渠道课程的理论灌输，是高校开展大学生艰苦奋斗精神教育的主要教学理念。高校过多依靠思想政治理论课这一渠道，用思想政治理论课堂的理论教学，对大学生进行艰苦奋斗精神理论说教。枯燥的说教，无法使大学生充分了解艰苦奋斗精神的内涵，无法使大学生认识到艰苦奋斗精神对自身成才和发展的重要作用。

一是高校缺乏大学生实践能力和行为习惯养成的教育理念。培育大学生的艰苦奋斗精神还需要大学生更多的实际体验支撑，在教学过程中应加深大学生的情感体验和提升他们的实践能力。单一的理论讲授，不能将教育落实到学生的实际行动中，难以引导大学生真正了解艰苦奋斗

---

① 曹守亮. 行走在理想与现实边缘 [N]. 光明日报，2013 - 01 - 08 (15).

精神，使其内化为自己的价值追求，更难以将艰苦奋斗精神外化为自己的实际行动，养成行为习惯。单一的显性教育方式缺乏体验性，容易让大学生产生无趣、排斥的心理情绪，使艰苦奋斗精神教育难以取得良好效果。二是高校缺乏将艰苦奋斗精神培养与其他教育活动相融合的理念。教育活动没有与爱国主义教育、节约环保教育、心理健康教育、就业创业教育、学风建设等相互结合和充分融合，没有在其他课程的教学中注重艰苦奋斗精神的培养。单纯依靠主渠道开展活动，使艰苦奋斗精神教育的教育领域和影响力不足。三是高校教育缺乏人文关怀理念。艰苦奋斗精神教育没能立足于从学生内心世界、内在需求出发来开展教育活动。这导致教育从优秀传统文化中充分汲取文化资源做得不够，致使不能通过提升大学生人文素养来培育其艰苦奋斗的坚定意志；艰苦奋斗精神教育中对大学生心理健康问题关注度不足，没能更好地解决大学生的精神需要。缺少人文关怀的教育活动，必然影响艰苦奋斗精神走入学生内心。

（二）教育内容泛化

通过以革命史教育和不充分的国情教育为主要内容，开展艰苦奋斗精神教育，容易使教育内容过于单一，缺乏说服力和影响力。首先，教育内容是对艰苦奋斗精神与时俱进进行单一的理论介绍与阐述，容易让学生感觉艰苦奋斗精神空洞乏味，从而产生错误认知，认为艰苦奋斗精神过于崇高而遥不可及。在教学过程中应利用好传统文化资源，让大学生懂得艰苦奋斗精神是中华民族宝贵的民族精神，加深对艰苦奋斗精神的认同感，增强传承艰苦奋斗精神的使命感。其次，现有的教学内容忽视回应社会热点问题。在当今日益复杂的教育环境中，只有正面教育的灌输已经力不从心，在信息无处不得的时代下还要为大学生营造出只有正面信息的真空环境，而对负面信息、反面教材视而不见，不做辨析，这就会使大学生不能正确认识社会中的消极因素，不可能对负面影响有免疫力，正面教育的成果就很容易受到负面因素的冲击。艰苦奋斗精神教育内容中缺乏对社会思潮、社会热点、不良现象的分析与回应，如对拜金主义、享乐主义、个人主义的分析批判，不利于帮助大学生深入正确理解艰苦奋斗精神。最后，现有教育内容缺少贴近学生生活、满足学生现实需求的教育内容。主要是缺少劳动教育内容，使大学生难以培养吃苦耐劳的品质，无法解决大学生缺乏劳动技能、独立性差的问题；缺少挫折教育内容，大学生在面临各种压力时，容易有挫败感。而学校对大学生如何培养锻炼自身的进取精神、勇敢坚毅的品质、勇于创新精神等，在教学上很少涉及，也没有相应的能力培训。缺乏有针对性的教育内容，不能满足学生需要，不足以打动学生内心，这必然会影响艰苦奋斗精神教育效果。教育内容匮乏、没有与时俱进、没有结合学生的实际需求，使艰苦奋斗精神教育很乏力。这都不利于培养大学生的艰苦奋斗精神。

（三）教育途径缺少创新

当前，高校主要通过教育实践环节做理论教育的补充。但教育实践内容设置简单，缺乏体验性，不足以吸引大学生的兴趣，有时流于形式，教育效果不明显。在访谈中，有学生表示学校很少开展组织参观、听报告、看影视资料等方式了解革命历史和国情，很少组织与艰苦奋斗精神有关的讨论，调查研究活动也很少，没法提起学习兴趣。用大学生感兴趣的教育形式传递教育内容，可以提高学生的学习兴趣。目前，高校很少开展定期的劳动技能培训和生产劳动实践，也很少组织义务劳动，使大学生没有了解和体验生产劳动过程的机会，不能感知劳动的乐趣，懂得劳动的辛苦，自觉尊重劳动者和劳动成果，培养吃苦耐劳、勤劳奋斗的品质。教育者没有充分利用网络来拓宽教育途径。学校的管理者没有确立相应的奖励机制和惩罚机制，没有对在学习生活中表现出艰苦奋斗精神的学生进行及时宣传，给予奖励和荣誉，激励学生继续保持艰苦奋斗的作风；也没有对浪费、懒惰、不遵守课堂纪律、学术不端等不良行为的约束或处罚机制，使大学生行为养成的教育措施流于形式，这样反而助长了大学生不良行为的发生。学校忽视教育环境的建设，没能给大学生营造出利于学习艰苦奋斗精神和养成良好行为习惯的氛围。高校采取的教育途径单一，缺少有效的实践活动，使艰苦奋斗精神教育缺乏吸引力，甚至让大学生产生抵触情绪。

三、保姆式教育思维

说起家庭教育的重要作用，大家都会认同这样的观点：家长是孩子的第一任老师，家长的言行对孩子影响巨大，家庭教育对孩子有潜移默化的作用，家庭环境对孩子一生都有重要的影响。对北京高校大学生的调查显示：57.8%的大学生认为"家庭教育和父母言行"对自身的政治信仰和人生信念影响最大；其次是"学校教育和书本知识"的影响，约占29.1%；"主流媒体的舆论宣传、英模事迹"占10%；影视剧等占3.1%[①]。可见，家庭教育对大学生艰苦奋斗精神的教育影响也是很大的。

新时代的大学生都是90后，其中多数为独生子女，很多家长对孩子呵护备至，尽自己所能为孩子包办一切。家长秉持"望子成龙、望

---

① 曹守亮. 行走在理想与现实边缘 ［N］. 光明日报, 2013 – 01 – 08 (15).

女成凤"的心理，给予孩子更多智力投资，把升学作为孩子生活的中心，为此家长对子女百般呵护，在家里，孩子除了学习什么都不需要做，生活方面的事情基本都由家长代劳。很少家长会教孩子基本劳动技能，导致很多孩子上了大学很懒惰、生活自理能力很差，很多大学生入学的第一学期都难以适应独自生活。

现在家庭生活条件都有很大提高，出于对孩子的疼爱，家长作为从小在贫穷物质条件下成长起来的一代人，自觉贫穷给成长带来的苦处，因为这样的心态，家长不肯让自己的孩子吃苦。家长们认为的"不让孩子吃苦"，一方面表现在家长尽量满足孩子的物质需求，孩子要什么，家长就会给什么，有的家长对超出能力所及的要求也会尽量满足，导致孩子们产生坐享其成、花父母的钱是理所当然的错误认识，更不懂得珍惜体谅父母的辛劳，不懂得尊重他人的劳动。有的家长还会灌输给孩子"穷家富路"的观念，导致一些大学生在集体生活中不懂得与他人分享、合作，只顾个人利益。另一方面表现在不让孩子受到委屈和挫折，在孩子成长过程中家长自愿担当了保护伞、避风港的角色，把孩子生活中的一切风雨都挡在外面，尽自己所能为孩子铺就一条平坦的发展之路。很多家长忽视了对孩子意志品质的培养，没有经过挫折教育、生活逆境体验的大学生，只是温室里的花朵，学习、情感、人际交往中遇到困难时，抗挫折能力很差，独立处理问题的能力不强，容易放弃，缺乏顽强奋斗的精神。也因为家长自觉为孩子人生铺路的做法，导致大学生依赖性强，缺乏坚定的奋斗意愿和目标，不思进取，乐于坐享其成，有的甚至甘愿做"啃老族"，有的大学生甚至信奉当下是"拼爹"的时代，以自己是"穷二代""农民工二代"，不是"富二代""官二代""名二代""垄二代"而自暴自弃。家长包办一切的做法，必然会导致一些大学生走入贪图安逸、不思进取的思想误区，不认为自己的人生是要靠自己辛勤劳动、拼搏奋斗来创造的。这很不利于大学生树立明确的奋斗目标，发扬艰苦奋斗精神。

在消费方面，一些家长也是尽可能地满足子女的要求。一些家长错误的消费观和消费行为，如消费中跟风攀比、出手阔绰、追求品牌、高档消费，有的甚至奢侈浪费、肆意挥霍以显示富裕身份等，对大学生的节约观、正确消费理念的形成产生了负面影响。家长的消费观如果出现偏差，就不可能教育引导子女树立合理的消费观和节约的品行，就使大学生在成长过程中埋下了不良的种子，形成了隐患。

综上所述，大学生表现出的"高分低能"、生活自理能力差、情绪自控和自制力低下、意志不坚强等，正是保姆式的家庭教育思维使大学生的艰苦奋斗精神培养缺位所致。家庭教育的缺位不但没有从小帮助大学生培养艰苦奋斗的品质和行为习惯，而且还会消减学校的教育效果。因此，培养大学生艰苦奋斗的精神必须发动家庭的教育力量，为大学生建立精神培育的长效机制。

第五章

新时代大学生艰苦奋斗精神教育的目标、原则和内容

新时代大学生艰苦奋斗精神教育的目标是实施大学生艰苦奋斗精神教育所要达到的预期结果，也是衡量教育效果的标准；教育原则是大学生艰苦奋斗精神教育活动开展遵循的基本准则；教育内容是大学生艰苦奋斗精神教育目标的实现和具体展开。明确目标、原则和内容，对实施好新时代大学生艰苦奋斗精神教育活动，取得良好教育成效具有重要意义。

第一节　新时代大学生艰苦奋斗精神教育的目标

目标是指"组织或者个人活动预期要达到的目的和结果"①。新时代大学生艰苦奋斗精神教育目标是指教育者通过科学的教育手段，根据新时代社会发展的客观需要和大学生价值观养成的需求，在特定时期内要达到大学生全面发展的预期结果。新时代大学生艰苦奋斗精神教育目标可以分为以下四个方面。

---

① 罗洪铁．思想政治教育专题研究［M］．北京：中央文献出版社，2017：212．

一、培养现代幸福意识

让大学生确立幸福是靠奋斗获得的意识。邓小平指出："革命是在物质利益的基础上产生的，如果只讲牺牲精神，不讲物质利益，那就是唯心论。"① 人不仅有生存和享受的需要，更有实现自身发展的需要，其中就包括思想道德素养的提升。而且只有人们在自身的角度能够感受到客观条件对自己需要的满足，才能有幸福感。任何幸福都不会从天上掉下来，我们要获得利益和幸福，要靠我们的团结和奋斗，奋斗是实现幸福的手段。进入中国特色社会主义新时代，这是奋斗者的时代。习近平要求青年人继续发扬艰苦奋斗精神，对青年人的艰苦奋斗重新定位，提出当代青年人要重在奋斗，幸福是靠奋斗取得，而且"奋斗本身就是一种幸福。只有奋斗的人生才称得上幸福的人生"②。实现"中国梦"需要一代代青年人弘扬艰苦奋斗精神，矢志奋斗、接力奋斗。大学生的奋斗奉献、开拓进取，可以为国家和人民利益争取更大的幸福。

二、树立创新创业精神

引导大学生树立艰苦创新创业精神。江泽民指出，实现现代化需要艰苦创业精神，巩固和发展社会主义制度，需要几代中国人的不懈努力，今后艰苦奋斗教育更要抓紧。通过教育要做到，第一，培养大学生艰苦创业创新的勇气。使大学生明确个人的奋斗要与国家、民族的前途

---

① 邓小平. 邓小平文选：第 2 卷［M］. 北京：人民出版社，1993：146.
② 习近平. 在 2018 年春节团拜会上的讲话［N］. 人民日报，2018 – 02 – 15（2）.

命运紧密相连。大学生要为祖国和人民做贡献，展现自己的生命价值，就先要牢固树立为祖国和人民而创业的理想，并为实现这一理想坚持不懈地奋斗。大学生为国家、民族奋斗，才能有顽强意志，任何阻碍都不能改变初衷。今天中华民族的繁荣发展，靠的就是一代代中国人顽强拼搏、自强不息的奋斗精神，要教育大学生在重要发展机遇和艰巨挑战面前，能够攻坚克难，勇于创业，敢闯敢干。在敢为人先、开拓进取的创新中，在改革开放闯新路、创新业的实践中，培养艰苦创业的勇气，不畏创业过程中的艰难险阻，努力为属于自己的精彩人生和梦想拼搏奋斗，为中国特色社会主义事业的新发展贡献自己的力量。第二，培养大学生立业创业的本领。大学生要先掌握一定的立业创业本领，这是大学生能够为实现梦想而不懈奋斗的前提。2016 年习近平在知识分子、劳动模范、青年代表座谈会上讲话时指出，青年人的梦想始于学习，任何事业都是靠本领成就的。因此，大学生首要任务是自觉加强学习，增强自身本领。大学生正处于学习知识、练就本领的大好时机，为学贵在勤奋、钻研，因此，大学生要通过刻苦学习，练就过硬扎实的创业立业本领，让知识和本领成为搏击青春的力量，让大学生担当起实现梦想的重任。

三、倡导以奋斗为荣的价值取向

巩固大学生"以艰苦奋斗为荣，以骄奢淫逸为耻"的价值取向。胡锦涛曾在全党提出要继续发扬艰苦奋斗的优良作风，同时也明确提出大学生要"以艰苦奋斗为荣"的要求。新时代大学生艰苦奋斗精神教育就是要树立这样的价值观：因为暂时的成绩而沾沾自喜，为了贪图安逸而停滞不前，被奢侈享乐带偏了道路，等等，所导致的艰苦奋斗精神淡化、缺失的行为是不可取的，大学生个人的奋斗应该以国家的富强和民族的复兴为长远目标；应该以实现社会主义共同理想为远大目标，把个人成长融入人民和祖国的事业中。这样，大学生无论遇到什么样的艰难险阻，都可以百折不挠、勇往直前、矢志不渝地向着理想目标前行。大学生只有为实现崇高理想而艰苦奋斗，才能走向成功，创造人生的辉煌。

四、弘扬重在践行的作风

培养大学生艰苦奋斗的行为习惯，把艰苦奋斗精神落到日常行为习惯中。培根曾说过："习惯是人生的主宰，人们应该努力地追求好习惯。"良好的行为习惯是一种力量，支撑大学生能够独立自强，实现奋斗目标。

习近平同志强调："人的一生只有一次青春。现在，青春是用来奋斗的；将来，青春是用来回忆的。""有信念、有梦想、有奋斗、有奉献的人生，才是有意义的人生。"[①] 提出"青年人一定要矢志艰苦奋斗"[②] 的新要求。告诫包括大学生在内的青年人有奋斗的人生才是有意义的人生，今天提倡艰苦奋斗，就是要青年人具备克服艰难险阻的能力，为目标理想而不懈奋斗。

这就为新时代大学生艰苦奋斗教育提出了目标：培养大学生踏实苦

① 习近平. 青年要自觉践行社会主义核心价值观：在北京大学师生座谈会上的讲话 [N]. 人民日报，2014－05－05（2）.

② 习近平. 在同各界优秀青年代表座谈时的讲话 [N]. 人民日报，2013－05－05（2）.

干、重在奋斗的作风。习近平指出："思想政治工作要教育引导大学生正确认识远大抱负和脚踏实地，珍惜韶华、脚踏实地，把远大抱负落实到实际行动中。"① 教育大学生能够自强自立，锲而不舍为实现中华民族伟大复兴而奋斗，而不是好逸恶劳、贪图安逸、坐享其成；能够着眼于现实，不好高骛远，立足本职、埋头苦干，静下心来踏实工作，在平凡的岗位上磨砺自己坚定不移、脚踏实地的品质；要在艰苦的条件下，在祖国和人民需要的基层和一线，锤炼自己吃苦耐劳的意志，这种意志品质是大学生能够为实现梦想而付诸有效行动的精神保证。

第二节　新时代大学生艰苦奋斗精神
教育的基本原则

新时代大学生艰苦奋斗精神教育的原则是大学生艰苦奋斗精神教育活动在不同范围、层次和方面要遵循的基本准则，对确立教育内容、教育方法、教育机制等起着重要指引作用。

一、理论与实践相结合原则

马克思主义认为，认识与实践紧密联系，思想认识来源于实践，又在实践中获得检验。这告诉我们，人们正确思想认识的形成离不开实践。脱离实践的理论只能是无源之水。"理论的真正价值应该是其实践

---

① 习近平. 把思想政治工作贯穿教育教学全过程　开创我国高等教育事业发展新局面 [N]. 人民日报，2016 – 12 – 09（1）.

价值，也就是理论回到实践，指导实践，使实践成为一种自觉的活动。"① 这就决定理论教育不能只是单纯给受教育者讲理论，而必须回归于指导人的实践，才能体现其价值。艰苦奋斗精神突出的实践性特征，证明艰苦奋斗精神产生于人们认识和改造世界的实践，又在人们认识和改造世界中起到精神支柱的重要作用。因此，理论与实践相结合是大学生艰苦奋斗精神教育遵循的一项基本原则。

遵循理论与实践相结合原则开展大学生艰苦奋斗精神教育，首先，由于大学生的思想认识需要在实践中形成，实践活动是培养他们艰苦奋斗精神的重要途径。教育者通过实践活动将艰苦奋斗精神转化为受教育者的思想认知，避免了单纯讲思想理论的空洞式说教，而是在具体实践活动中让受教育者自己有直接的体验和感悟，理解验证自己所学，有效提高受教育者对艰苦奋斗精神的认同感，自觉把艰苦奋斗精神转化为自身的思想意识。教师开展实践教育，鼓励大学生积极参与，丰富教育形式，让大学生在实践体验中，把所思所想进行检验。其次，大学生艰苦奋斗精神要获得实效离不开实践。大学生的精神品质是通过能体现精神品质的具体行为表现的，即使思想理论教育能让大学生充分认可艰苦奋斗精神，理解和掌握了艰苦奋斗精神，但如果大学生对艰苦奋斗精神只是停留在认知水平而不付诸实际行动，艰苦奋斗精神教育就难以产生实际效果。艰苦奋斗精神教育重在践行，需要做到知行合一，才能达到教育目标，取得良好效果。最后，大学生艰苦奋斗精神教育的效果需要在实践中获得检验。大学生艰苦奋斗思想意识状况如何，能否用艰苦奋斗精神指导自己的行动，形成相应的行为习惯，都需要在具体的实践教育

---

① 张耀灿，郑永廷，吴潜涛，等. 现代思想政治教育学［M］. 北京：人民出版社，2006：292.

活动中反映出来。

二、言教与身教相结合原则

言教，主要是指教育者使用语言，说服引导受教育者接受教育内容，以提高受教育者思想道德水平。身教，主要指教育者把教育内容转化为自己的实际行为，给受教育者做示范，引导受教育者将所接受的思想道德内容付诸实践。孔子曾说过："其身正，不令而行，其身不正，虽令不从。"（《论语·子路》）自古教育中就很注重身教的重要作用。坚持言教与身教相结合，是我们党思想政治工作的优良传统，是思想政治工作能取得良好效果的关键。教育者是思想政治教育工作的主体，在教育活动中起主导作用。教育者能否相信和认可其自身所教授的思想，能否身体力行，以身作则，会直接影响思想政治教育的成效和威信力。

艰苦奋斗精神教育要坚持言教和身教相结合的原则。一方面，做好言教，以理服人。教育者要深刻理解艰苦奋斗精神，掌握有效开展艰苦奋斗精神教育的方法和手段，不断学习使自己的教育水平与时俱进，以做好艰苦奋斗精神的讲授工作。教育者的科学教导可以使艰苦奋斗精神深入受教育者的头脑，帮助和引导受教育者培养艰苦奋斗的精神品质。另一方面，做到身教，以行育人。教育者不但要具备做好言教的教育能力，还要能做到言行一致，以身示范。教育者要在实际生活中养成艰苦奋斗的习惯，遇到问题时发挥艰苦奋斗精神来指导行为，做一个真正具有艰苦奋斗精神的人，以自己的言行感染和影响受教育者。如果教育者不能做到言行一致，再华丽的语言都是苍白无力的。过去的教育实践证明，让有理想的人谈理想，让遵守纪律的人讲纪律，才能增强教育者的说服力。因此，教师对艰苦奋斗精神具备较高认识水平，自身以艰苦奋斗精神为指引，不但可以讲授理论，而且还能做到，成为大学生践行艰苦奋斗精神的楷模，才能取信于学生，激励大学生来效仿，使艰苦奋斗精神教育更具有感染力和吸引力，有助于引导大学生提高对艰苦奋斗精神的认知程度，增强践行的能力。

三、教育与自我教育相结合原则

坚持教育与自我教育相结合原则，就是既要发挥教育者的教育引导作用，又要重视和充分调动受教育者的学习自觉，以提高受教育者的思想道德修养，这是思想政治教育取得成效的重要原则。大学生艰苦奋斗精神教育要获得良好教育效果，同样要坚持这一原则。

卓有成效的思想政治教育，离不开教育者开展积极有效的教育活动，这是提升人们思想政治品质和道德素养的外因，受教育者的自我教育是提升人们思想政治品质和道德素养的内因，这是由思想政治教育活动中教育和自我教育紧密联系、相辅相成的辩证统一规律所决定的。在思想政治教育活动中，教育者是思想政治教育活动的组织者、教育影响的施加者，在整个教育活动中居于主导地位。受教育者虽然是思想政治教育的对象，但受教育者既是接受教育影响的教育客体，又是教育主体。因为受教育者不是一味被动接受全部教育，而是具有主观能动性的个体。受教育者具有自我教育的能力，他们可以主动地接受和配合教育者开展的教育活动，使教学任务顺利完成；可以根据自己的思想道德标准和个人意愿，有选择地接受教育者所施加的影响；也可以自觉地把教育者施加的影响转化为行动。可见，思想政治教育过程中，既要充分发挥教育者的主观能动性，同时也要调动受教育者自我教育的积极性和主动性，才能有效提高思想政治教育的效果，哪一方都不可忽视。

大学生艰苦奋斗精神教育要获得更好效果，必须坚持教育和自我教育相结合原则。一方面，充分发挥教师在艰苦奋斗精神教育中的主导作用，开展好教育活动。另一方面，通过艰苦奋斗精神教育活动，使教师与大学生建立良好关系，激发和引导大学生学习艰苦奋斗精神的自觉性、主动性和积极性。教师还要帮助大学生掌握自我教育的方式、方法，让他们自觉树立艰苦奋斗精神品质，主动用艰苦奋斗精神来指导自己的行为，实现受教育者的自我教育、自我管理。

第三节　新时代大学生艰苦奋斗精神教育的基本内容

艰苦奋斗精神教育的内容是艰苦奋斗精神教育目标的具体化，是艰苦奋斗精神教育工作的重要组成部分。因大学生是社会中的特殊群体，对大学生的教育既要满足大学生个人的发展需要，又要满足社会发展对大学生的特殊要求，所以确定大学生艰苦奋斗精神教育的基本内容时，既要以艰苦奋斗精神的时代内涵为依托，以教育目标为根据，同时又要考虑新时代大学生的思想状况和实际需要。大学生艰苦奋斗精神教育的基本内容既要符合时代要求，又要符合大学生的实际特点。

一、勤奋刻苦的奋斗精神教育

大学是培养社会所需的德才兼备的各类人才的高等学府，大学阶段又是青年人学习的黄金时期。大学生最首要的任务是掌握知识和培养良好的思想道德品质，良好的思想道德品质同时也是大学生学好本领的精神动力和保障。勤奋刻苦学习的品质帮助大学生锻炼本领、增长才干，给自己插上实现梦想的翅膀。所以，勤奋刻苦是大学生应具备的重要品质。

教育家徐特立说过："学习，不管是总结实践中的经验，还是接受书本上的知识，都要付出很大的劳动，只有这样不断地劳动，才能使人们变得聪明。"① 这段话告诉我们学习重在"勤"的道理。学习是一项艰苦的劳动，大学生要掌握扎实过硬的专业知识和技能，取得一定的科研突破和成果，就要具备勤奋、勤思、勤劳的品质。首先，勤奋可以使大学生忍受和克服学习中的艰苦。"书山有路勤为径，学海无涯苦作舟。"（《古今贤文·劝学篇》）大学生是国家培养的重要人才，承担着国家改革发展的重任。在四年的学习期间，大学生需要利用好课上和课下的大量时间和精力来学习，既要扎实学好专业知识，掌握实用技能，又要广泛涉猎其他知识，如人文社科知识等，不断充实丰富自身。通过勤奋深入学习，把自己培养成一个专业技术过硬的综合性人才。这就要有勤奋的学习态度，才能让大学生排除畏难情绪和懒惰心理，耐得住学习的辛苦。一些大学生的学习条件不足，如学习研究条件有限、家庭经济困难等，更需要大学生有吃苦精神，以克服学习中的困难，坚持勤奋学习。其次，勤思可以帮助大学生提高学习效果。在学习上，只有认真思考、勤于思考，才能举一反三；只有不断地思考和探究问题，才能使知识和技能的学习卓有成效。因此，勤于思考的习惯可以帮助大学生有

---

① 武衡，谈天民，戴永增. 徐特立文存：第 2 卷 [M] . 广州：广东教育出版社，1996：156.

效掌握所学知识，在领悟的基础上有突破创新。最后，勤劳的道德观念和行为习惯，对大学生的生活和学习都大有裨益。不论人类文明的不断进步，还是生活中一切美好的事物都是靠人类的辛勤劳动创造出来的，勤劳是人类的优秀品质。辛勤劳动的品质，有助于大学生树立正确的劳动观，摒弃好逸恶劳的思想；有助于大学生勤于实践，在日常生活中热爱劳动，提高自理能力；还有助于大学生养成勤奋学习的态度，使大学生能勤于务实学习和研究，提升专业技能和实现突破创新。

二、朴实简约的优良作风教育

朴实简约的优良作风，就是反对铺张浪费和奢靡享乐。"历览前贤国与家，成由节俭败由奢"，朴实简约的优良作风教育要做到"俭以养德"，是艰苦奋斗精神在大学生生活中的集中体现，它帮助大学生涵养高尚的品德，为自己的成长打下坚实的基础。新时代的大学生树立节约节俭意识和养成节约、合理消费习惯是十分必要的。这是传承中华民族传统美德的需要，是国情和实现可持续发展的需要，是大学生养成良好习惯的需要，也是大学生成才的需要。首先，引导大学生培养节约节俭的品质，培养物尽其用、杜绝浪费的意识。要让大学生懂得物尽其用的积极意义，懂得"成由勤俭败由奢"的道理，懂得节约节俭是个人修养和道德品质的体现。引导大学生树立重视资源利用效率、自觉抵制浪费的意识。其次，树立正确消费观。艰苦奋斗精神教育要培养大学生合理消费、理性消费、绿色消费的理念。一方面，要倡导大学生合理、理性消费。绝大多数的大学生学习期间，经济尚未独立，在日常物质消费时，应该依据家庭的经济能力，只购买自己所需的物质商品，做到有度、合理消费。大学生需要杜绝由于盲从、炫耀攀比、碍于面子、贪图享受而导致的盲目消费、超前消费、高标准的社会消费和奢侈消费，而应做到理性消费。即使对于家庭经济条件殷实的大学生来说，贪图享乐，一味追求品牌、高档消费的行为也应该杜绝。另一方面，要鼓励大学生崇尚绿色消费。高校要培养大学生消费观念，与追求健康、崇尚自然、保护环境的理念相结合，生活中做到节约资源，维护卫生健康的校园环境，使用环保产品、利用好闲置资源，做到资源循环利用，崇尚低碳生活等。大学生树立正确的消费观，有利于养成良好的消费习惯。最后，养成节约的良好行为习惯。通过艰苦奋斗精神教育，引导大学生把节约节俭确立为流行的文化、追求的时尚和遵循的行为习惯。让大学生具备节约节俭意识，还需要教育大学生把良好的意识转化为实际行动。生活中要养成节约用水、节约用电、节约粮食，不过度消费等行为习惯。学习中，要养成良好习惯，珍惜时间，合理分配时间，高效利用时间，提高学习效率，学会自我约束、实现自我管理。

三、不畏艰难的意志品质教育

艰苦奋斗精神表现为大学生要有不畏艰难、坚韧不拔的顽强意志。大学生无论是在大学的学习生活，还是未来的社会生活中都会遇到各种困难和未知的阻碍。在掌握专业技能，进行科学研究，或备考升学时，大学生可能会遇到诸多难题需要攻克；在学校日常生活中，大学生可能由于自理能力有限、家庭经济条件差等因素，影响到正常学习；在与人交往中，大学生可能由于缺乏沟通技巧，同学间的误解、矛盾，情感问题等也会让他们遇到挫折，干扰正常的学习生活，甚至影响心理健康；

在就业创业过程中，大学生可能因为就业压力大、市场竞争激烈、个人学历经验不足等因素，导致就业创业时遇到很多挫折，难以找到理想工作，或无法实现成功创业；在社会生活中，大学生可能会遇到方方面面的困难，需要面对和克服。面对成长历程中如此多的磨难，大学生只有依靠不怕困难、正视险阻、坚韧不拔、百折不挠的意志，才能逐一战胜和克服困难。

为此，艰苦奋斗精神教育要培养大学生顽强的意志。第一，要让大学生具有不惧怕任何艰难险阻的勇气。大学生会遇到各种困难和问题是不可避免的。遇到困难和问题时，只是害怕、逃避，不但不能克服困难和解决问题，还有可能导致出现更多的负面影响。要引导大学生敢于直面困难和问题，这是解决困难和问题的前提。第二，要让大学生具有不怕遭遇挫折与失败的坚强意志。一切事物发展都不会一帆风顺，特别是艰巨的任务和事业的完成，更是充满艰难险阻，要历经波折。因此，要让大学生正确对待前进中遇到的挫折和失败，培养健康的心理素质，利用好挫折和失败带来的经验，在困难面前，百折不挠，愈挫愈勇。第三，要让大学生具有竭尽全力解决难题的决心。很多任务不是一朝一夕就能完成的，如深入扎实掌握知识、调查研究、科学实验等，需要大学生有持之以恒的毅力、打持久战的准备。在实现目标的过程中，即使知道路途不平坦，大学生也要有坚定的决心实现目标。大学生有了坚定的信念，才能不被困难打败，不会半途而废，最终走向成功。在完成一项任务或实现一个目标时，大学生离不开艰苦奋斗精神，因为这种顽强的意志可以激励大学生克服、战胜或超越遇到的任何困难和阻碍。

四、求真笃实的知行统一教育

正确的价值判断便是"知"，掌握高超的技能便是"行"，知行合一所形成的独特的思维视角便是创新，而创新是促成人类社会不断进步的重要动力，是民族进步的灵魂。尤其在当代，创新更是当今时代精神的核心，是经济社会发展的驱动力，是时代的主旋律。在纷繁复杂、日新月异的世界竞争中，中国特色社会主义事业取得的巨大成就，离不开开拓创新。大学生头脑灵活、思维活跃、干劲十足，既有创新创造的能力，又具备开拓创业的意愿，他们是推进社会创新发展的生力军和推动科学研究、理论创新的主力军。同时，大学生是社会发展所需的宝贵人才，是实现国家富强、民族振兴的栋梁，是能担当起建设中国特色社会主义事业重任的中坚力量。为此，要开展大学生艰苦奋斗精神教育，培养大学生勇于开拓创新的精神，发挥自身的创造潜能，为推动经济、文化、科技发展做出贡献；培养大学生求真笃实的精神，作为实现个人的理想、担当起社会责任和历史使命的精神力量，踏实学习知识，追求真理，为实现自己的事业和理想打下坚实基础。

一是要培养大学生独立自强的意志。学会独立，可以让大学生克服长期以来形成的依赖心理，建立起勇担重任的信心。学会自强，是让大学生有改变自我、突破自我的勇气和意志，激发大学生积极开拓进取的斗志。二是要培养大学生踏实苦干的作风。科学理论研究、开创事业、实现理想，都是艰巨复杂的工程，是充满艰辛的奋斗过程，没有坦途可以走。缺乏进取意志，只顾贪图舒适享乐生活的大学生，是不可能在科学研究领域取得更高成绩的，是难以有创新成果的。只有吃得了辛苦，耐得住寂寞，脚踏实地，埋头苦干才能学有所成。三是要培养大学生勇于创新的精神。敢闯敢干，敢于质疑的精神是大学生能够打破陈规，质疑权威，实现创新突破的精神力量。有了创新的勇气，大学生才能大胆尝试、勇攀高峰，获得创新成果。四是要培养大学生奋发有为的决心。坚定奋发图强、有所作为的决心，使大学生的创造活力、创造热情能够被激发出来，大学生的创造能力可以得到极大提升，大学生的创新成果能不断涌现，为国家经济社会发展做出贡献。

五、积极奉献的高远志向教育

大学生是广大青年中的佼佼者，是掌握广博知识、思维活跃、有目标有理想的有志青年。大学生想有所成就，开创自己的美好人生和事业，实现自己远大理想，必须通过个人辛苦的不懈奋斗才能获得。大学生是中国共产党和人民事业发展的生力军，是中国特色社会主义事业的建设者和接班人。大学生肩负为中国特色社会主义事业、为实现人的全面发展、人类解放的共产主义事业而奋斗的历史使命。可见，大学生承载着家庭、党和国家、民族的希望和重托，担负的是一项艰巨、长期的伟大事业。在完成社会责任和历史使命的奋斗道路上，大学生会遇到众多巨大的艰难险阻，只有以艰苦奋斗精神为支撑，方能克服一切艰难困苦，哪怕牺牲生命也在所不惜。为此，必须培养大学生矢志奋斗、乐于奉献的崇高品质。

通过艰苦奋斗精神教育，一方面，要引导大学生坚定矢志奋斗的决心。大学生要懂得实现个人理想离不开脚踏实地的艰苦奋斗；实现共产主义理想，离不开一代又一代人持续不断的艰苦奋斗，因此，必须坚定为实现理想而坚持奋斗的决心。引导大学生正视理想与现实的差距，下定决心，努力拼搏奋斗；激励大学生勤勉学习，立足本职，踏实苦干，在实践中磨砺自己，勇于创新、勇于创业、勇于到条件艰苦的地方为国家做贡献。另一方面，要引导大学生树立甘于奉献的高尚情操。大学生要肩负起完成党和国家奋斗目标的重任，甘愿为国家社会发展服务，自觉锤炼高尚品格，自觉引领社会良好风尚，自觉开辟探索国家发展的新道路。大学生要肩负起实现"中国梦"和共产主义的崇高理想。这是一项艰苦卓绝的伟大征程，实现这一理想需要一代代人的不懈奋斗。在这个征程中，需要锲而不舍、百折不挠、全心全意的奋斗精神来激励大学生克服重重困难，经受各种考验，不计较个人利益得失，把个人理想统一于为人类解放的事业中，为实现共产主义理想而矢志奋斗。

第六章

新时代大学生艰苦奋斗精神教育的
路径构想

当今中国迎来了中国特色社会主义的新时代，经济实力、科技实力、国防实力、综合国力进入世界前列，我们党的面貌、国家的面貌、人民的面貌、军队的面貌，中华民族的整体面貌都发生了前所未有的变化，比历史上任何时候都更接近中华民族伟大复兴的目标。但是，正如事物的发展是曲折性和前进性的统一一样，中国特色社会主义的发展不是一蹴而就的，在重大的风险和挑战面前，在意识形态的渗透面前，在暂时放缓发展脚步面前，务必要教育全体党员和人民群众，特别是新时代的大学生要不忘中华民族的优良传统，传承艰苦奋斗的红色基因，百折不挠、砥砺前进。新时代，面对艰苦奋斗精神教育的新情况、新任务、新课题，结合大学生的新特点，开展大学生艰苦奋斗精神教育必须因势利导、因材施教、因事而化、因时而进、因势而新，树立科学教育理念，拓展教育路径，构建协同教育机制，营造良好氛围。把新时代大学生艰苦奋斗精神教育贯穿于高校教育教学全过程，开创全员育人、全程育人、全方位育人的新局面。

第一节 树立科学的教育理念

"理念，即指导行为的最基本、最核心的思想认识，它既体现着对行为及其结果的理想性认知和理想性追求，也包含着对相应行为的坚信和持守。"① 科学的教育理念是教育工作得以采取有效教育方法的重要基础和前提，当前做好大学生的艰苦奋斗精神教育工作，首先要确立科学的教育理念。在新的历史条件下，坚持人的全面发展、服务立德树人、在改革中创新，是大学生艰苦奋斗精神教育应坚持的基本理念。

一、坚持人的全面发展理念

马克思、恩格斯在《共产党宣言》中描绘共产主义伟大理想时，向全人类宣告："代替那存在着阶级和阶级对立的资产阶级旧社会的，将是这样一个联合体，在那里，每个人的自由发展是一切人的自由发展的条件。"② 并指出，"每一个人都无可争辩地有权全面发展自己的才能"③，全面发展包括思维能力在内的人的一切能力，把人的全面发展作为社会主义新社会的基本特征之一。依据马克思主义关于"人的全面发展"理论，人的全面发展可以理解为"人的体力和智力的充分、

① 骆郁廷. 当代大学生思想政治教育 [M]. 北京：中国人民大学出版社，2010：72－73.
② 马克思，恩格斯. 马克思恩格斯选集：第1卷 [M]. 北京：人民出版社，1995：534－535.
③ 华东师范大学教育系. 马克思恩格斯论教育（修订本）[M]. 北京：人民教育出版社，1986：55.

自由、和谐的发展，实质上就是人类社会从必然王国向自由王国的过渡，它强调的是人的社会化程度，即整个人类社会在经济、政治、文化各方面的全面发展"①。也就是说，人的全面发展是人在物质生活、精神生活、身心素质等方面都实现发展。人的全面发展不仅是共产主义社会的本质体现，也是建设中国特色社会主义社会的本质要求和奋斗目标。中国特色社会主义的各项事业，既要满足人民的物质需求，又要实现人民素质的提高，就是要推进人的全面发展。在当今世界知识经济和科学技术对社会影响深远的背景下，国家间竞争、社会中人与人的竞争都日趋激烈的情况下，人的自身素质高低就成了竞争的关键。只有全面发展的人才才能掌握竞争的主动权，站在决胜的制高点。习近平总书记指出，"要把人才工作抓好，让人才事业兴旺起来，国家发展靠人才，民族振兴靠人才"②。对于高校教育来说，就是把培养全面发展的大学生作为归宿和最终目标，在高校的教育过程中贯彻人的全面发展理论，实现大学生德智体美劳全面发展。

高校的艰苦奋斗精神教育要坚持人的全面发展理念，注重大学生人格的塑造，帮助大学生成长成才，给大学生的就业创业提供精神支撑。一是高校艰苦奋斗精神教育要充分发挥应有的作用，以满足大学生精神层面的需求，使其养成良好的意志品质，成长为能够实现自己人生价值和满足中国特色社会主义事业所需的人才。当下一些人在追求物质的过程中迷失了自我，就是因为过于注重物质需要而忽视精神需要，助长了拜金主义、享乐主义、不思进取的不良风气，致使人们的精神空虚，社

---

① 谭蔚沁. 论马克思"人的全面发展理论"与大学生创业教育［J］. 思想战线，2009（5）：139.

② 习近平. 民族振兴靠人才［EB/OL］. 新华网，2013 - 08 - 29.

会出现道德滑坡。这需要积极价值观的引领，艰苦奋斗中所蕴含的精神品质是健全人格的组成部分，其中奋发有为、自强不息的进取心，坚韧不拔、持之以恒的坚定意志，胜不骄败不馁的正确态度等，都是能够给予大学生正确引导的积极价值取向，也是中华民族历来推崇的良好品质。二是艰苦奋斗精神教育能够推进大学生思想道德素质的提升，同时也能够为大学生的成长成才保驾护航。大学生养成不畏惧、不逃避、自强独立的坚韧品质，是他们能够应对学习、生活、情感和人际交往中各种问题的勇气来源和心理支撑。提升大学生遇到挫折、遭遇打击时的适应和应对能力，才能保证大学生健康成长，在未来的工作和生活中百折不挠，越挫越勇，最终达到期望目标。三是艰苦奋斗教育能够使大学生产生为理想而矢志奋斗的内在动力，帮助大学生培养吃苦耐劳的创业作风，勇于创新的创业素质，激励大学生投身于创业创新的社会实践浪潮中，让大学生在创业过程中实现自身价值，使自身素质得到全面提升，最终实现人的全面发展。

艰苦奋斗精神本身就是人实现全面发展需要具备的重要精神品质的综合体现。大学生艰苦奋斗精神教育过程中坚持贯彻人的全面发展理念，可以帮助大学生在实现全面发展的过程中少走弯路，规避不必要的风险；反过来大学生在艰苦奋斗精神教育引领下的全面发展过程中所收获的优秀经验和反面教训，也会不断完善和丰富高校艰苦奋斗精神教育的内容，最终形成体系。

二、坚持服务立德树人理念

继党的十七大报告提出"坚持育人为本、德育为先"的理念，党的十八大报告中更是把这一理念深化，将"立德树人"确立为我国教育的根本任务。党的十八大报告明确表述："把立德树人作为教育的根本任务，培养德智体美全面发展的社会主义建设者和接班人。"① 这就是说，"立德树人"体现了高校教育的本质，是高校立身之本，是新形势下思想政治教育的根本任务所在。大学作为传承文化、创新思想、创造知识、培养人才的重要场所，承担着传播知识和技能，传承宝贵传统文化，进行科研创新，为国家和社会培养所需的德才兼备人才的重要使命。其中最根本的、最重要的任务就是"立德树人"。"树人"是指培养合格人才，要通过教育培养人、改造人、发展人，使大学生成为社会发展所需人才；"立德"是树立良好道德，通过道德教育来感化人、引领人、激励人，为塑造人才服务。"立德树人"的教育根本任务中，"立德"与"树人"二者紧密相关。其一，"树人"是"立德树人"的根本，指明教育的根本目的和价值追求。这也是高等教育的方向所在，即高等教育要以育人为本，就是要把大学生培养成身心健康、德才兼备的优秀人才，培养成有理想信念、又红又专、德智体美劳全面发展的社会主义合格建设者和可靠接班人。其二，"立德"是为了"树人"，德育是培养人才的重要方式和途径，"树人"需要"立德"，只有"立德"才能真正实现"树人"的目标。没有"立德"的"树人"会偏离正确方向，有才无德的人可能会对社会发展有害。高校教育需要培养具有社会主义道德的人才。其三，"树人"要先"立德"，教育要坚持德育为先的基本原则，体现了德育在教育中的首要地位和价值选择。高校

---

① 胡锦涛. 坚定不移沿着中国特色社会主义道路前进 为全面建成小康社会而奋斗：在中国共产党第十八次全国代表大会上的报告［M］. 北京：人民出版社，2012：35.

教育要把道德教育置于整个教育过程的中心环节，放于学校各项工作的首要位置。

以"立德树人"作为教育的根本，既是对传统文化中教育思想的传承，又是对党的教育理念的与时俱进。我国古代就有关于"立德"的认识。《左传》中有"太上有立德，其次有立功，其次有立言，虽久不废，此之谓不朽"的观点。古人把培养良好的德行、树立崇高理想，能够建功立业、事业有成和著书立说、形成自己的思想体系视为人生的终极追求，而这三种追求中居于首位的就是立德，充分体现出古人对道德的重视。《管子》中有古人最早对"树人"的认识："一年之计，莫如树谷；十年之计，莫如树木；终身之计，莫如树人。"可见，古人早已看到培养人才的重要之处，并一直坚持人才必有高尚道德追求的教育思想。

为了保证社会主义事业后继有人，为国家发展提供可靠人才保障，党的教育方针始终坚持育人为本、德育为先的理念。习近平总书记指出："我国高等教育肩负着培养德智体美全面发展的社会主义事业建设者和接班人的重大任务，必须坚持正确政治方向。高校立身之本在于立德树人。"① 中国共产党一以贯之这样的教育理念：以培养社会主义事业所需人才为根本，突出道德教育的目标，把德育放在各项素质培养的首位，把立德树人作为教育的根本任务，并为我国社会主义事业的建设和发展培养一批批宝贵人才。

当前，中国特色社会主义进入了新时代，实现中华民族伟大复兴是党的历史使命和全国人民的共同理想，高校要实现立德树人的教育任

---

① 习近平. 把思想政治工作贯穿教育教学全过程　开创我国高等教育事业发展新局面 [N]. 人民日报，2016 - 12 - 09 (1).

务，就是要"培养又红又专、德才兼备、全面发展的中国特色社会主义合格建设者和可靠接班人"①。高校首要的教育工作就是培养大学生树立社会主义道德，使他们坚定中国特色社会主义道路自信、理论自信、制度自信、文化自信，积极培育和践行社会主义核心价值观，自觉弘扬中华优秀传统文化，弘扬民族精神和时代精神。这就是要通过有效的思想政治教育工作，把大学生培养成为具有社会主义道德的全面发展的人才，让大学生把个人理想和奋斗融入中国特色社会主义的共同理想和奋斗之中。艰苦奋斗作为中华民族的民族精神，党永远坚守的作风和优良传统，是新时代大学生应具有的社会主义之德。因此，培养大学生具有艰苦奋斗精神是高校"立德"的一项重要内容。艰苦奋斗精神教育，作为党的思想政治教育关键环节，长期以来为党培养具有矢志艰苦奋斗、德智体美劳全面发展的中国特色社会主义事业的合格建设者和可靠接班人做出重要贡献。坚持服务"立德树人"，有效推进大学生艰苦奋斗精神教育。

第一，贯彻"立德树人"的教育理念，要求高校把大学生艰苦奋斗精神培养放在教育工作的首要位置。高校要充分重视和运用艰苦奋斗精神在人才培养中的重要作用，让艰苦奋斗精神促进大学生脚踏实地、刻苦钻研，形成良好学风；让艰苦奋斗精神激励大学生敢于探索、勇于创造，专于学术研究；让艰苦奋斗精神支撑大学生越挫越勇、百折不挠，具备过硬的心理素质；让艰苦奋斗精神引领大学生树立为理想信念奋斗的坚定决心，促进个人奋斗目标与社会主义奋斗目标的结合。

高校教育者要充分认识到艰苦奋斗精神的重要性，自觉重视和践行

---

① 中共中央国务院印发《关于加强和改进新形势下高校思想政治工作的意见》[N].
人民日报，2017－02－28（1）.

对大学生艰苦奋斗精神的培育。首先，学校党委和各级领导作为学校的领导核心，要给予艰苦奋斗精神教育足够的重视，学校党委领导要把艰苦奋斗精神教育作为思想政治教育的主要内容，加强领导和管理力度，做好顶层设计和协调工作。其次，思想政治课教师、辅导员、心理辅导教师等高校从事思想政治教育的专职教师，作为艰苦奋斗精神教育的主导和中坚力量，要有承担艰苦奋斗精神培养的责任感和使命感，在日常工作中，始终注重学生艰苦奋斗精神的培养。同时思想政治理论课教师还要加强学术研究和教学能力，辅导员和心理辅导教师等专职教师也应提高自身专业化、职业化水平。最后，其他专业课教师也需要履行培养学生品德的职责，自觉培强育人的责任感，把艰苦奋斗精神教育与专业课教学相融合，自觉在教学中培养学生形成艰苦奋斗品质。杜绝专业课教师对专业课以外的问题不关心，甚至发表不当言论，使大学生的思想认识混乱，影响艰苦奋斗精神教育效果。高校领导和教师都应重视培养艰苦奋斗精神，承担起应尽的教育责任，以滋养、涵育学生的精神品质和行为习惯。

第二，贯彻"立德树人"的教育理念，就是把大学生艰苦奋斗精神培育融入学校教育的全过程，要求高校除了要做好教育育人的工作，还要通过履行管理育人、服务育人的职责，实现全程育人、全方位育人的良好效果。通过高校的管理和服务，把艰苦奋斗精神培育贯穿于学校日常管理的各个环节，渗透于大学生学习生活的各个方面，实现全程、全方位的培养。管理和服务部门在不断提高管理和服务水平的过程中，从学生反映的问题入手，关心学生的冷暖疾苦，满足大学生所需，解决其实际困难，以获得学生的认可和支持。以此为基础，把艰苦奋斗精神教育融入大学生宿舍、食堂、操场、澡堂、活动中心等日常生活的建设、服务和管理中，引导大学生培养节俭、环保、勤奋的品质和行为习惯。在科学严格的管理和细致入微的服务中，从学生学习生活的一点一滴中，有效开展艰苦奋斗精神教育工作。

第三，贯彻"立德树人"的教育理念，高校领导和教师要通过教育使大学生"立德"，就应该自身先"立德"。"立德树人"中的"立德"应该是双向的，师德对大学生的示范引领作用同样不可忽视。习近平总书记在全国高校思想政治工作会议上强调："传道者自己首先要明道、信道。高校教师要坚持教育者先受教育，努力成为先进思想文化的传播者、党执政的坚定支持者，更好担起学生健康成长指导者和引路人的责任。"① 大学教师不但有传授知识和技能给学生的责任，还有引导大学生树立远大理想和良好道德品质的使命。教师是学生成长的领路人，正人先正己，立德先立师。教育者首先要自觉加强自身教育，做艰苦奋斗精神的推崇者和践行者。身教重于言传，教师应注重正面教育示范，用自己的模范行为给学生做表率，用自己的人格魅力感染学生，这将对大学生的精神引领和行为养成起到更为明显的效果。教师应始终肩负传承艰苦奋斗精神的使命，自觉践行艰苦奋斗作风，以德立身、以德施教。

综上所述，高校只有落实立德树人的理念，才能把艰苦奋斗精神有效地转化为大学生的思想自觉和行动自觉。让这种精神成为大学生成才的精神动力，促进大学生全面健康成长，培养具有良好道德自律能力、矢志艰苦奋斗、德智体美劳全面发展的中国特色社会主义事业的合格建设者和可靠接班人。

---

① 习近平. 把思想政治工作贯穿教育教学全过程 开创我国高等教育事业发展新局面 [N]. 人民日报，2016 - 12 - 09（1）.

三、坚持在改革中创新理念

开展大学生艰苦奋斗精神教育还要坚持改革创新的教育理念，以教育的理念思路改革创新，带动教育内容、教育模式和教育方式手段的改革创新，是艰苦奋斗精神教育符合时代要求、提升教育实效性、做到与时俱进的需要。

改革就是变革旧事物中不适宜的东西，除弊兴利；创新就是创造新的事物，弃旧图新。在革故鼎新的过程中，改革创新是推动社会进步和民族发展的强大精神动力。人类社会的发展进步离不开技术改革创新，从远古石器时代到当今信息时代，都是依靠技术的变革和新创造而推进的。人类社会不断向高级更替，从原始社会到社会主义社会，也离不开对社会制度的改革创造。人类文明发展的历史，就是靠着改革创新而变得丰富多彩，不断进步。

中国共产党以改革创新的精神，把中国的革命、建设和改革事业一步步推向前进，使改革创新逐步凝结成为中国人民认可的时代精神核心。中国共产党从领导革命开始，就勇于突破创新，坚持把马克思主义中国化，反对教条主义，确立实事求是的思想路线，找到中国革命的规律，形成了毛泽东思想，成为指导中国新民主主义革命胜利的思想武器。新民主主义革命胜利后，中国共产党人重视在社会主义建设实践中的创新，坚持马克思主义基本原理的同时，没有照搬照抄苏联经验，初步探索社会主义建设道路，并为发展中国特色社会主义积累和提供了重要借鉴。改革开放以来，中国共产党人解放思想，坚持实事求是，带领中国人民进行改革开放的实践，形成邓小平理论，开创了中国特色社会主义发展道路，提出创新对民族和国家发展的重要作用。中国共产党在理论和实践上大胆改革创新，在经济、政治、社会、文化、生态文明建设等方面不断变革，使中国特色社会主义事业取得了巨大成就。党在领导中国人民革命、建设、改革中不断坚持改革创新的理念，这对人们产生巨大影响，极大调动了人民群众建设社会主义的积极性、主动性和创造性，逐步形成全社会追求变革、奋发向上、敢于创造的进取风尚，改革创新成为时代精神的核心。改革开放以来，改革创新精神激励我国在各方面发展取得举世瞩目的成就，没有改革创新社会就难以发展，时代就难以进步。在今天，变革创新更是大势所趋，人心所向。改革是决定当代中国人命运的关键一招。全面深化改革，让我们不再故步自封，奋起直追，解决发展中的现实问题，利用好发展机遇，实现全面建成小康社会和民族的伟大复兴。创新是民族的灵魂，是引领发展的第一驱动力。创新可以让我们在新一轮科技革命和产业变革中抢占先机，可以加快实现经济强国的目标，实现经济持续健康发展。改革创新精神激发了人们革故鼎新的勇气、创新创造的潜能，让人们更快接受新事物，敢于变革敢于竞争，极大促进了人的全面发展。

改革创新广泛存在于社会主义建设的方方面面，有力地推动理论、经济、文化、社会、生态文明、党的建设、制度、科技等各个领域的发展进步，高校教育发展同样需要改革创新的强大动力。改革创新是学校的灵魂，高校教育同样需要以改革创新的理念为先导，通过引领其他方面的改革创新，来不断推进学校发展和人才培养。缺少改革创新精神的教育，就像一潭死水，缺少灵性和活力，影响教育成效。在社会物质生活极为丰富的今天，如何进行艰苦奋斗教育是需要不断改革创新的，如果仅仅把艰苦奋斗精神的产生过程、历史进程、概念进行填鸭式、灌输式的教育，很难达到学以致用的教育目的，往往只是走过场，在受教育者心中留下的痕迹有限，甚至可能引发逆反情绪，起到反作用。面对这样的情况要根据不同的时代特征、社会背景、生活环境，需要对艰苦奋斗精神教育的内容、形式、方法、手段、环境和机制等方面不断变革创新，让受教育者尤其是大学生深切体会艰苦奋斗精神对其人生、事业乃至生活具有重大的指导意义，确保大学生的发展符合社会需要，使之面对各种困难和挑战时有慨然应战的勇气和百折不挠的意志品质；使之在面对挫折和暂时的失败时有充分的心理准备，不迷惘、不退缩，一往无前；使之明白自身的发展与国家、民族的整体进步和发展荣辱相连、休戚与共；使之在面对利益诱惑时，不以触犯法律底线和丧失道德操守为代价，避免因蝇头小利跌入万劫不复的深渊，害人害己。大学生艰苦奋斗精神教育工作要符合时代要求，满足大学生的实际需要，增强工作时代感和实效性，促进大学生的健康成长和全面发展。

四、坚持从传统文化中汲取养分的理念

习近平总书记在中共中央政治局第十八次集体学习时强调："中华传统文化源远流长、博大精深，中华民族形成和发展过程中产生的各种思想文化，记载了中华民族在长期奋斗中开展的精神活动、进行的理性思维、创造的文化成果，反映了中华民族的精神追求，其中最核心的内容已经成为中华民族最基本的文化基因。"[1] 大学生艰苦奋斗教育必须从传统文化中汲取养分。中华民族的历史源远流长，是四大文明古国中

---

[1] 习近平. 解决中国的问题只能在中国大地上探寻适合自己的道路和办法 [EB/OL]. 新华网，2014 – 10 – 13.

唯一没有经历断代的国家，中华民族特有的传统文化特点赋予了它独特的气质，使之在血色漫天、金戈铁马、坚船利炮之下虽然几度风雨飘摇，却从未真正倒下，即便在最危难的时刻，仍然挺立。

一是要将民族坚忍性的理念贯穿大学生艰苦奋斗精神教育的始终。坚忍就是"屈而后伸"，"忍"字包含了观察自然规律，敢于挑战恶劣环境、努力生存的勇气。坚忍也作为一种积极的心理状态存在，即不在一时一事上争短长。年幼时父母双亡的韩信，面对屠夫和一众地痞无赖的挑衅，有两种选择，要么逞匹夫之勇，举剑而向，可能会刺翻一两人，结果还是寡不敌众，性命堪忧。第二种选择就是从屠夫的胯卜钻过去，韩信选择了忍胯下之辱。正是由于韩信在遇到对自己不利的事情时能够隐忍，不争一时之长短，忍辱负重，才有了他后来的崭露锋芒，直至封侯，成为西汉开国功臣。此外，坚忍还包括了中华民族为实现目标坚持不懈、拼搏进取的民族性格。孟子说："人之有德慧术知者，恒存乎疢疾。"（《孟子·尽心上》）那些有德行、智慧、谋略、见识的人，多是因为他经常生活在艰难的环境之中。可见他认为，艰难困苦中，才可以磨炼人坚强的意志，锻炼人的德行智慧。"故天将降大任于斯人也，必先苦其心志、劳其筋骨、饿其体肤、空乏其身，行拂乱其所为，所以动心忍性，曾益其所不能。"（《孟子·告子下》）孟子强调，一个人要想成就一番事业，必然需要经历各种磨难，增加其不具备的能力。在艰难困苦中的锻炼，才能坚定一个人的意志；在逆境中的磨炼，才能增长一个人的能力，使之成才，取得成功。这段话成为千百年来鼓舞后人要有刚健品格，在困境中生存，在艰苦中奋斗的励志名言。同时他反对自暴自弃，"自暴者，不可与有言也；自弃者，不可与有为也"。（《孟子·离娄上》）意思是说，跟自己糟蹋自己的人，没有什么好说的；跟自己抛弃自己的人，没有什么好做的。这是孟子对自暴自弃之人发出的慨叹。一个人如果都不能自信自强，又怎能有所作为呢？表达了孟子激励人们在遭受挫折后要重新振作的思想。

二是用自强不息、持之以恒的理念指导大学生艰苦奋斗教育的开展。自强不息的思想支撑着中华民族能够生生不息、克服万难、奋发有为，创造伟大中华文明。中国传统文化中，自强不息的含义主要指不惧艰难、持之以恒、坚定意志、刚健有为。中华民族推崇自强不息精神的思想，在古代典籍、诸子的思想中都有所体现。在《周易》中，突出强调了自强不息精神的重要作用。"天行健，君子以自强不息。"（《周易·乾卦·象辞》）就是说，天道运行周而复始，永不停息，君子也应效仿天道刚健有力的品质，自觉进取，奋发图强，坚持不懈，永不停息。这句话是《周易》对君子应该具有自强的精神品质的集中概括，也成为后人勉励自己效法天道，奋发有为的警句。古代思想文化中对自强不息精神的理解，一方面，认为自强不息是刚健不屈、持之以恒的奋斗精神。《周易·乾卦·九三爻》曰："君子终日乾乾，夕惕若，厉，无咎。"意思是说，君子应当不懈努力奋斗，终日都不松懈，晚上也要保持戒备警醒，不疏忽大意，能一直保持这样，才不会有过失。这句话告诫人们做事要坚持不懈，努力拼搏，不仅能避免灾祸，还能扭转局势取得成功。"君子以言有物，而行有恒。"（《周易·家人·象辞》）君子应该注意自己的言行，言之有物，做事不可半途而废，应持之以恒。在孔子看来，刚健不屈的品格是君子应当具有的基本品质，子曰："刚毅木讷近仁。"（《论语·子路》）这是孔子称颂人的四种品质，其中的"刚"就是指刚强不屈。孔子还用堆土成山为例，劝诫学生们无论做学问还是提升道德品质，都应该是自觉自愿，坚持不懈地去做。另一方面，体现在自强不息是坚定意志、不畏艰难的刚健品格。古代思想家认为，自强不息是获得成功的关键。因为一个人学习、修身、治国的过程中都免不了遇到艰难险阻，能最终取得成功的关键在于能否坚持志向不动摇，能否不畏惧困难，在艰苦中磨砺自己的才干。《周易·困卦·象辞》曰："险以说，困而不失其所亨，其惟君子乎！"意思是说君子在面对危险困难时，也保持乐观的心态，处于穷困的条件下，坚定固守自己的志向和目标，还能够坚持自己的操守和追求。对此，孟子有更深刻的阐述。他认为，人要有志向，不受任何因素的影响，始终坚持自己的志向不动摇，这是能够有所作为的前提。"富贵不能淫，贫贱不能移，威武不能屈，此之谓大丈夫。"（《孟子·滕文公下》）财富地位、贫穷困苦和权势武力，都不能使一个人动摇，改变自己的志向，这才称得上是大丈夫。这句充满豪情的话语，成为后人用来勉励自己立志的座右铭，表现了人坚守志向不动摇的高尚品质。"志以发言，言以出信，信以立志，参以定之。"（《左传·襄公二十七年》）立志是实现远大目标的基础，在明确志向的指引下，才能朝向目标努力前行。古代圣贤认为坚定的远大志向是人们奋斗不息，勇攀高峰，最终取得成功的重要前提。同时他们也认为经历艰苦磨难是成才成功的关键。张载的《西铭》中有云："贫贱忧戚，庸玉汝于成也。"表明在逆境中，更有助于人的成长成才。艰难困苦的生活，可以磨炼人的意志，激发人的进取精神，能使人千锤百炼之后终有所成。这句话一直激励人们战胜艰苦磨难，不懈奋斗，走向成功。后世将这句话演变为"艰难困苦，玉汝于成"，成为流传于世的佳句。正是自古形成的自强不息精神，激励着中华儿女不惧任何艰险困难，以顽强坚忍的意志、积极乐观的精神，不断奋斗进取，不但使自身成为强者，也促成了国家和民族的兴盛强大。

　　三是以居安思危常怀忧患之心的理念培养大学生的使命担当。古代思想家认为人应该居安思危，未雨绸缪，有忧国忧民的忧患意识，无论身处安逸还是逆境，都有不断奋发进取的意志和作为。古代思想中的忧患意识体现在对个人自身发展的重要作用，激励人们即使身处安逸的环境中也不忘奋斗的意志和防患于未然的意识。子曰："人无远虑，必有近忧。"（《论语·卫灵公》）如果没有长远打算，只顾眼前，在不远的将来就会有危机。孔子告诫人们要有忧患意识，做到未雨绸缪，不要老看眼前的事物，而忘却了为将来奋斗。老子对人们无节制地追求物欲满足、色、音、味各种感官刺激，纵情玩乐的状况提出警示，他提醒人们不要失去本性，要有较高的追求。孟子认为"生于忧患而死于安乐"（《孟子·告子下》）。意思是说，只有经常处在忧患之中，经受各种考验，才会使人发愤图强，因而得以生存和发展；在安乐的环境中，就会安于现状、贪图享受而意志消沉，最终导致灭亡。"居安思危。思则有备，有备无患。"（《左传·襄公十一年》）提醒人们要事前做好充足准备，未雨绸缪，以避免祸患。这些思想都充分说明了居安思危的重要性。忧患意识还表现在古人对国家和百姓的担忧，激发古代仁人志士心系天下，以天下苍生、以国家民族为己任的高度社会责任感。在古代思想家中，孔子和老子对忧国忧民思想论述较多，产生的影响也最为深远。孔子认为君子要能"修己以安人""修己以安百姓"（《论语·宪问》）。孔子认为君子不断修身的目的，就是要实现百姓生活安定。这种关心百姓的疾苦，为解决天下百姓困难而奋斗的思想，体现了儒家以天下为己任的价值追求，对后世影响深远。孔子还担忧民心。在子贡问政中，子曰："自古皆有死，民无信不立。"（《论语·颜渊》）孔子认为一个国家如果失去百姓的信任，将难以为继。老子看到因连年征战，社会生产和百姓生活都受到严重破坏而深感痛心。他认为战争是统治者不知足所致，提出"知足常足"的观点。孟子反对统治者以民为敌，提出民本思想。他说"生于忧患，而死于安乐也"（《孟子·告子下》）。他认为一个国家需要树立忧患意识，这样才能有防范意识，促进国家发展。这与欧阳修的"忧劳可以兴国，逸豫可以亡身"（《新五代史·伶官传序》）所讲的道理是一样的。无论是帝王将相还是庶民百姓，要想成就一番事业，就要有居安思危的意识和自立自强的精神，追求安逸享受而裹足不前是很难能建功立业、有所作为的。忧患意识激发了仁人志士忧国忧民的历史责任感，让无数有识之士为国家为民族奋斗不止，甚至牺牲生命。

四是以孜孜以求的创新理念促进艰苦奋斗精神在实践中不断发展。中华民族从很早就开始有了创新思维。最早的革新思想出现在《周易》中，"穷则变，变则通，通则久"（《周易·系辞下》），是说事物到了一定的程度就会出现变化，变化就能变得畅达，使事物发展不受阻碍，畅达就可以长久。这指出在面临不能继续发展的困局时，只有通过变革来改变现状。这句话也是引导人们要把握好事物发展的规律，不能思想僵化，根据变化做出适当的调整和变革，以谋求更大的发展。"凡益之道，与时偕行"（《周易·益卦·象传》），指出人们要把握时机，具备发展思维，做出适应时代需要的判断和选择。把握住发展的脉搏，做出相应的变化。"苟日新，日日新，又日新。"（《礼记·大学》）这是商朝君主成汤刻在澡盆上的警示语，就是为了激励自己能自强不息，创新不已。可以说"创新"一词发端于此。君主治国理政需要创新，人们学习修身也需要有创新品质。"大畜，刚健笃实，辉光日新其德。"（《周易·大畜·彖辞》）是说刚健强健、作风踏实之人，每日不断积累和增新自身的美德。程颐认为："君子之学必日新，日新者日进也。不日新者必日退，未有不进而不退者。"（《二程集·河南程氏遗书·卷第二十五》）君子学习一定要做到每一天都要有进步。正是古人的这种顺应自然、革故鼎新的思维，不断推进社会的发展进步，创造出对世界影响深远的伟大发明，激发中华民族在创新实践中取得一个又一个成就。

第二节　开拓有效的教育路径

对大学生开展艰苦奋斗精神教育活动，无论遵循的教育理念有多么先进，设立的教育目标有多么明确，制定的教育内容有多么全面，最终都需要对大学生产生影响。通过适合大学生成长的路径使艰苦奋斗精神不仅内化于大学生的内心，而且外化于日常行为，发扬艰苦奋斗的作风。教育者要有效开展艰苦奋斗精神教育，除了通过思想政治理论课上直接进行的艰苦奋斗精神教育，还需要教育者综合运用与艰苦奋斗精神教育相联系、相渗透、相融合的其他教育方式方法，创造出适合大学生特点的有效的艰苦奋斗精神教育路径。中共中央、国务院《关于进一步加强和改进大学生思想政治教育的意见》指出要把思想政治教育融入大学生专业学习的各个环节。要深入发掘各类课程的思想政治教育资源，在传授专业知识过程中加强思想政治教育，使学生在学习过程中加强思想道德修养和理论觉悟，等等。高校中开展的理想信念教育、红色基因传承、成长成才教育、实践教育和就业创新教育等，都是艰苦奋斗精神教育可以充分借助的现有育人资源，特别是思想政治教育的各种资源，可以拓展艰苦奋斗精神教育的现有路径，改变艰苦奋斗精神培育方法简单枯燥、形式单一、缺乏感染力的问题，从多方面、多角度开展教育活动，使艰苦奋斗精神教育方式方法对大学生更具有吸引力、感染力，让教育效果最大化。

一、在艰苦奋斗教育中突出理想信念导向

对大学生的艰苦奋斗精神培育与理想信念教育有关联统一性，理想信念教育又是思想政治教育的核心，把艰苦奋斗精神教育与理想信念教育相结合，可以有效促进和强化大学生把艰苦奋斗精神确立为自己不变的精神追求和品质。江泽民在庆祝北京大学建校一百周年大会上的讲话中向青年人指出："希望你们坚持树立远大理想与进行艰苦奋斗的统一。青年人要有理想，还要有实现理想的坚定信念和脚踏实地、百折不挠的奋斗精神。"① 讲话中明确指出青年人的远大理想与艰苦奋斗作风有着紧密联系。远大崇高的理想信念的最终实现，必是十分艰巨漫长的事业，需要几代人不断克服各种困难，艰苦创业、不懈奋斗，艰苦奋斗是实现理想信念的基础和条件。明确和坚定的理想信念，是激励青年人不断进取，肯于吃苦奋斗的方向和动力。作为引导大学生确立理想信念、具备艰苦奋斗精神的教育活动之间必然是相通、相互促进的。因此，可以把大学生的理想信念教育和艰苦奋斗精神教育相融合，通过理想信念教育加强和促进大学生艰苦奋斗精神的培养。

（一）理想信念教育让大学生明确艰苦奋斗的方向

理想信念是大学生精神上的"钙"，指引人生的灯塔，是强大的精

---

① 江泽民. 在庆祝北京大学建校一百周年大会上的讲话［N］. 人民日报，1998 - 05 - 05（1）.

神动力。理想信念教育旨在引导和帮助大学生保持正确的政治方向，在党的领导下，牢固树立坚持中国特色社会主义道路和中国梦的共同理想以及最终实现共产主义的远大理想，确立马克思主义信仰，为实现理想而奋斗的信念和信心。共同理想和远大理想为大学生的艰苦奋斗指明了奋斗方向，通过理想信念教育让大学生明晰不懈奋斗所要达到的最终目标，抛弃只为个人目标理想而奋斗的狭隘奋斗观念，树立为崇高远大的理想信念而奋斗的精神追求。

理想信念教育在引导大学生把个人理想与社会理想相统一时，教育大学生懂得艰苦奋斗不仅是为个人的奋斗，要把个人的奋斗融入为全民族的共同理想和远大理想的奋斗之中，最终是为社会理想而奋斗。新时代的大学生思维开阔，有主见、有活力、有抱负，对未来生活有美好憧憬，有明确的个人理想。教育者要承认个人理想，并且认可鼓励积极向上的个人理想。同时教育者要让大学生懂得个人的抱负和理想不可能孤立实现，只有同时代发展和人民的需要紧密结合起来，只有将个人理想统一于社会理想之中时，才可以得到实现。大学生在用自己的知识和能力实现个人理想的同时，也是在为人民的共同理想而服务，并使自身价值得到充分体现。在正确认识这个道理的基础上，教育者要引导大学生自觉投身到改革开放、实现现代化和民族复兴的伟大实践中，埋头苦干，不断开拓进取，勇于创造创新，到基层到一线这些祖国和人民需要的地方担当重任，在为祖国和人民的踏实奋斗中实现自身的价值。通过理想信念教育让大学生把个人奋斗融入为全民族的奋斗之中，使艰苦奋斗精神落到实处。

（二）理想信念教育给大学生的艰苦奋斗以强大动力

对大学生开展的马克思主义基本理论教育，用邓小平理论、"三个代表"重要思想、科学发展观、习近平新时代中国特色社会主义思想等重要科学思想理论武装他们的头脑，让大学生正确认识人类社会发展规律，把握科学认识问题和解决问题的方法，在对马克思主义基本理论认同的基础上增强理论自信。通过党的基本路线教育，让大学生深刻理解中国共产党领导中国革命和建设的基本经验，明确在社会主义初级阶段党领导人民进行社会主义发展的奋斗目标，以及为实现目标而选择的实现途径、领导和依靠力量，使大学生清楚了解中国特色社会主义发展道路，从而增强大学生对中国人民自主探索和选择的中国特色社会主义道路的自信。通过党领导的中国革命、建设和改革的历史教育，用历史的真实素材让大学生了解中国人民在党的领导下为共产主义艰苦奋斗的历程，懂得正是中国人民的不懈艰苦奋斗使中国的革命、建设和改革不断取得胜利，从而让大学生增强对中国特色社会主义制度的自信。理想信念教育能够帮助大学生增强道路自信、理论自信、制度自信，增强对坚持中国共产党领导的信念和马克思主义的信仰。在坚定的理想信念精神动力驱动之下，大学生就会毫不动摇地为理想信念而艰苦奋斗，在内心自觉地把艰苦奋斗作为必备的精神品质。

（三）理想信念教育让大学生深刻理解艰苦奋斗的必要性

实现远大理想的艰巨性和坚定信念所面临的诸多挑战，有助于大学生深刻懂得"创业维艰，奋斗以成"的道理。通过国情教育，针对大学生感兴趣的话题，在教学实践中可以邀请十九大代表、一线工作的基层代表、劳模英模，把十九大召开的盛况进行立体化呈现，将国家日新月异的变化、基层工作中的难点和亟待解决的问题展开来，通过了解劳模英模成长的艰辛和奋斗的历程，让大学生认识到：实现远大理想是一项复杂而艰巨的历史任务，需要一代代青年人前仆后继地接续奋斗才能实现。只有具有艰苦奋斗精神的青年才能担起实现远大理想的重任。这就需要大学生始终坚持奋斗信念，要不贪图安逸，勇挑重担、脚踏实地、百折不挠、矢志奋斗。当然，在为理想而奋斗的过程中，遇到困难不可避免，要教育大学生不惧任何艰难险阻，不受任何干扰所惑，坚定信念、不惧挫折、迎难而上，矢志不渝为党和人民的事业不懈奋斗。通过国情教育，让大学生全面深入了解我国处于社会主义初级阶段的实际，使学生看到发展成就的同时也要直面中国与世界发达国家的差距，认识到我们离奋斗目标的实现还有很大距离。国情教育可以增强大学生持续奋斗的紧迫性，避免大学生躺在前人的"功劳簿"上安逸享乐、不思进取，需要大学生居安思危，为实现共同理想和远大目标继续艰苦奋斗。通过形势与政策教育，聘请国防研究领域学者进行专题讲座，通过典型案例和具体事例的剖析，把国际局势、国家面临的危机和机遇展现出来，并在讲座后以"在当前国际局势和国家形式下大学生该怎么做"为主题开展讨论。大学生在新形势下，由于受到国内外复杂变化的多方影响，在树立和坚定崇高理想信念的过程中会面临诸多挑战。社会转型期各种复杂社会矛盾集中显现，给中国特色社会主义事业发展带来阻碍；改革开放深入和社会主义市场经济体制不断完善，带来经济成分和利益多样化、社会组织形式多样化、生活方式多样化，改变了人们的价值观念，社会中功利价值取向、拜金享乐的观念逐步盛行。国际环境中，一方面世界社会主义事业出现严重挫折，另一方面经济全球化深入发展，带来不同思想文化的相互激荡，让青年人不可避免地受到多元文化的冲击，也给西方敌对势力加紧对我国进行思想文化渗透以机会。新时期国内外这些变化，或多或少会使一部分大学生产生这样那样的思想困惑和模糊认识，阻碍、削弱大学生保持坚定的理想信念，从而影响大学生传承和践行艰苦奋斗精神。

作为国家建设宝贵资源的大学生务必要有坚定的理想信念，理想信念不坚定，或者因困难而踟蹰不前，或者面对挑战惊慌失措，或者因诱惑而偏离道路，即便偶然巧合之下过关，无数的先例也告诉我们，理想信念不坚定的人必会如一枚定时炸弹，随时可能引爆，积蓄的力量越强，对于自身，对于社会、国家乃至民族的伤害也就越大。要让大学生清楚认识到只有坚定理想信念，有了崇高的信仰，才能有共同的世界观和价值观去应对国家发展面对的困难和挑战，才能实现祖国的富强和民族的复兴，而大学生自身价值的实现也寓于其中。但这一过程并不是一片坦途，更不是一蹴而就的，要领悟为理想信念矢志奋斗的艰难和不易，深入体会加强巩固自身艰苦奋斗精神的必要性。大学生遇到困难要不退让不妥协，在崇高理想、坚定信念的支持下，自觉把艰苦奋斗精神作为必备的意志品质，为远大理想驰而不息地奋斗。

二、在红色基因传承中坚守艰苦奋斗意志

红色基因是中国共产党在长期的奋斗中凝练而出的精神法宝，是优良传统的总称。习近平总书记非常重视利用红色基因来加强对党员，特别是领导干部的教育。让党员永葆以人民为中心的奋斗本色，用党的精神财富激励全党同志不忘初心、牢记使命，继续砥砺奋进，更要把红色基因代代相传。

艰苦奋斗精神是红色基因核心内涵之一，在红色基因的内涵中能够处处得到体现。包含"开天辟地、敢为人先的首创精神，坚定理想、

百折不挠的奋斗精神，立党为公、忠诚为民的奉献精神"①；追求真理、敢闯新路、艰苦奋斗攻难关、星火燎原的井冈山精神；不惧艰险、不惜牺牲的长征精神；自力更生、艰苦奋斗的延安精神；不骄不躁、艰苦奋斗、实事求是的西柏坡精神；艰苦创业、爱国奉献、解放思想、开拓创新的改革开放精神；等等，所有这些都是中国共产党人能够不懈奋斗的精神"富矿"。

党的红色基因处处体现着党的艰苦奋斗作风。中国共产党的历史是一部带领人民求解放、求发展、求富裕的奋斗史，是一部不断铸造红色基因的文明史。中国共产党人继承了中华民族的优秀精神传统，在艰苦卓绝的革命斗争中，铸就了井冈山精神、长征精神、延安精神、抗战精神、红岩精神、西柏坡精神，这些精神成为中国共产党的红色基因、独特的政治优势和传家宝，为民族独立和解放事业做出了巨大贡献。中华人民共和国成立后，在物质技术基础极端薄弱的情况下，中国共产党人倡导抗美援朝精神、北大荒精神、"好八连"精神、红旗渠精神、大庆精神、"两弹一星"精神、雷锋精神、焦裕禄精神等，带领广大人民艰苦奋斗，奠定了现代国民经济体系。进入改革开放新时期，开启中国特色社会主义建设的新征程，在面对国内外各种风险和挑战过程中，中国共产党人形成了抗洪精神、抗震救灾精神、航天精神、塞罕坝精神，不断赋予艰苦奋斗精神新的时代内涵，在这种奋斗精神力量的推动下，努力开创社会主义事业的新局面。红色基因的铸就史中，艰苦奋斗精神是中国共产党积极进取、奋发图强、永葆朝气的精神境界、精神风貌、精神力量、精神品格的总写照，任何时候都离不开、丢不得。

红色基因中蕴含的极为丰富的艰苦奋斗精神资源，可以给大学生的

---

① 习近平. 弘扬"红船精神"走在时代前列［N］. 光明日报, 2017 - 12 - 01（1）.

艰苦奋斗精神教育提供直接、丰富的教育资源和翔实的教育素材。全党和社会中广泛开展的教育活动也可以起到培育大学生艰苦奋斗精神的作用。一方面，阐释和利用好红色基因的时代内涵，充分阐释艰苦奋斗精神，为艰苦奋斗精神找到更多理论基础，让教师把艰苦奋斗精神讲得深讲得透，从而加深大学生对精神本身的深入认识，让大学生更加理解精神的宝贵，真正将艰苦奋斗精神内化于心。另一方面，挖掘和利用好红色基因的教育资源，为艰苦奋斗精神教育提供教育资源。大学生通过学习翔实生动的红色基因背后的革命历史和革命英烈的生动事迹、崇高风范，以史实体会艰苦奋斗精神；用牛玉儒、杨善洲、谷文昌、黄大年等党的奋斗典型人物的生动事迹、文章、家书等来感染大学生，激起他们学习模范的热情和行动；充分开发革命教育基地的育人功能，"读万卷书，不如行万里路"，要利用好各地的红色文化资源，给大学生更多亲身考察、参与的学习机会。以吉林省的红色文化资源为例，通化市打造的"重走抗联路"是全省知名的党性教育活动，深入挖掘和整合了东北抗联的红色资源，通过教育团队多年对吉林省东北抗联的考察研究，将东北抗联的革命历史翔实生动地展现在受教育者面前，并依据东北抗联当年的抗战活动轨迹，结合历史遗迹，设计多条抗联路线，让受教育者重走抗联路，体味抗联战士作战的艰辛。当受教育者身处历史遗址听到此地发生的艰苦革命历史时，能够起到震撼人心的作用，起到良好的教育效果。这样生动翔实的教育活动必然能够吸引大学生的学习热情，撼动大学生的心灵。就艰苦奋斗精神教育来讲，与课堂教学相比，这样生动翔实的教育活动能够吸引大学生的学习热情，撼动大学生的心灵，达到教育的预期目的。

三、在成长成才教育中培育艰苦奋斗品格

梁启超的"少年智则国智，少年强则国强"点出了民族和国家的未来在于青年人的道理。青年人是社会中的生力军，他们最有活力、最为进取、最有创造性，承担着实现中华民族伟大复兴的历史重任。大学生作为青年人中的佼佼者，是国家和民族宝贵的人才资源，他们能否成才对民族的复兴至关重要。高校承担着立德树人的根本任务，肩负着大学生成长成才教育的重任。艰苦奋斗精神教育在学生的成长成才过程中起到了扎扎实实的思想指引和心理引导作用。在当今时代，艰苦的含义更多体现在自身思想和心理上，针对这一情况高校不但需要引领大学生树立正确成才观，教育大学生成为德才兼备、社会发展所需的人才，更要帮助大学生实现身心健康的成长。在大学生的成长成才教育中，关于成才观教育、如何实现成长成才教育、心理健康教育等方面都与艰苦奋斗精神的培养有紧密联系，都可以推进艰苦奋斗精神教育工作。

（一）正确成长成才观促进大学生牢固树立艰苦奋斗精神

中国共产党历来关注和重视青年人的成长成才，用一脉相承的青年成长成才观指引青年人的健康成长，其中明确了青年人要成为什么样的人才，如何成为这样的人才，给高校的成长成才教育指明方向。青年人要成为能够艰苦创业的新一代；能够把自己锻炼成为具有艰苦奋斗精神，肩负起社会责任和历史重任的社会主义建设者和接班人；能够把个人成才与为党和人民的事业而奋斗相结合。在毛泽东号召青年人做又红又专的"德智体诸方面全面发展"的人才，邓小平对青年人提出做"四有新人"的基础上，江泽民号召青年人"坚持树立远大理想与进行

艰苦奋斗的统一"，胡锦涛提出"希望广大青年坚持艰苦奋斗"，习近平也提出"广大青年一定要矢志艰苦奋斗"的要求。可见，党的青年成长成才观中，具备艰苦奋斗精神是当代青年应有的品质，培养青年人艰苦奋斗精神是成长成才教育的目标之一。通过成长成才教育，让大学生认识到艰苦奋斗是国家和社会所认可的人才的基本精神品质，让大学生懂得古往今来成才者，无不经过艰苦社会环境实践的历练，成长为国家栋梁之材需要艰苦奋斗的精神。从成长成才观的教育中，让大学生理解艰苦奋斗精神的必要性和重要性，以此激发大学生主动认可、接受和树立艰苦奋斗精神的意识，自愿自觉地将艰苦奋斗精神作为自己的精神追求和行为依据。

（二）成长成才教育促进大学生自觉养成艰苦奋斗的行为习惯

党的领导人多次指出怎样培养青年人成长成才时，强调"把勤奋学习作为人生进步的重要阶梯""把深入实践作为成长成才的必由之路"①。这些实现青年人成长成才的教育活动，都有助于大学生把艰苦奋斗的精神体现在日常行为中，使艰苦奋斗的精神外化为自己的实际行动并加以坚守。成长成才教育中关于大学生学习方面的教育，有助于大学生践行艰苦奋斗精神。一个人能否事业有成，能否为社会贡献自己的力量，能否成为国家发展需要的有用人才，很大程度上在于这个人的知识水平、运用知识和创新的能力。特别是当今世界科技进步日新月异，知识更新加速，对人才的要求也就越来越高。因此，高校不但要教给学生专业的知识、技能和科学的学习方法，让他们学有专长，还要引导学生广泛学习拓宽知识面，实现大学生全面发展。对大学生进行知识技能

---

① 胡锦涛. 在同中国农业大学师生代表座谈时的讲话［N］. 人民日报，2009 - 05 - 03（2）.

培训的同时，要引导大学生认识学习的紧迫性，懂得只有以勤奋刻苦的精神来打好牢固的知识基础，只有在锲而不舍解决问题的过程中磨炼所学知识，只有以敢于创新的精神钻研科学和学术研究，才能把自己打造成为适应改革开放和现代化建设需要的人才。在教学实践中可以引用社会中的典型案例、热议的话题在课堂讨论，如"网红院士"——中国工程院遥感专家、测绘专家刘先林院士为什么用着掉了漆的办公桌，明明可以享受高铁一等座的待遇却偏要坐二等座，赤脚穿旧鞋，在火车上还笔耕不辍，网友们惊呼："又见扫地僧。"通过这样的讨论，使大学生深切认识勤奋刻苦、勇于创造创新是成才的基本条件，把勤于学习、掌握过硬本领作为大学生活的基本内容，就是把艰苦奋斗精神落在实际行动中。历史上，凡是成大事者都必然经过艰苦的历练，大学生要健康成长，成就自己的理想目标，承担社会重任，也同样需要经历艰苦环境的磨炼和社会实践的摔打考验。高校开展成长成才教育，指导大学生在社会实践中辛勤劳动、吃苦锻炼、踏实工作，做到学以致用，锤炼和提升自身本领，从而培养能吃苦、能奋斗的精神。通过教育大学生了解基层一线的实际情况，让大学生增加对国情的了解，加深他们的责任感和使命感，从而强化他们为国家和人民矢志奋斗的意志。通过引导大学生深入基层和群众，进入社会大熔炉中体验锻炼，懂得只有艰苦的条件才能更好地磨炼意志、砥砺品格、加快自身成长成才的道理，切实把成长成才与为祖国、为人民到最需要的地方去锻炼磨砺相统一，从而激励大学生自觉到艰苦的环境里去经受锻炼、发挥才干、建功立业。

（三）心理健康教育促使大学生坚定奋斗的意志

心理健康是大学生顺利成长，成为能堪当重任的栋梁之材的一项重要标准，由此心理健康教育是大学生成长成才的主要内容和重要保障。

心理健康教育中对大学生面临挫折、逆境时进行心理疏导，正确心态和意志品质的培养，可以强化大学生艰苦奋斗的精神。大学生成长中因遇到的困难和挫折而产生心理失衡，是导致大学生出现心理健康问题的主要原因。由于新时代的大学生基本都是在物质生活富足、家长宠爱的环境下安逸长大，平稳简单的成长环境让大学生缺少社会和生活阅历，独立性较差，意志力薄弱，应对问题的经验不足。而且由于学业迷茫和压力、家庭过高期望、情感问题、人际交往问题、就业竞争、多元文化冲击、社会转型期社会生活出现的急剧变化等因素，更是加剧了大学生在遇到困难和挫折时容易出现思想上的波动，产生悲观消极的情绪、挫败感，自暴自弃，甚至采取极端行为。对于出现此类问题的大学生，可以由专业心理辅导教师有针对性地进行心理疏导；对于未出现心理健康问题的大学生，高校应该开展挫折教育，教会他们应对挫折困难的知识和技能。在具体的疏导中，可以从大学生喜闻乐见的英雄人物、人生偶像入手，区分人生一片坦途的"幸运儿"与在挫折和失败面前战而胜之的"英雄"之间的不同，引导大学生以积极的心态面对挫折，以正确的方式克服困难，保持心理平衡。教育者在进行相关的教育活动中，教育大学生在面对困难挫折时，要坚定自己的奋斗目标，不能被眼前的困难吓倒，不能在挫折面前退缩，否则将一事无成，更无法实现自己的远大理想。身处逆境时也应该树立积极乐观的心态、坚韧不拔的意志、顽强拼搏的毅力，找到正确的办法解决困难，持续奋斗以完成自己的目标。通过这样的方式来引导大学生遇到挫折时，自觉培养艰苦奋斗精神实现自我矫正、自我调控以解决心理问题。

培养大学生健康成长，成为德才兼备、全面发展的人才，是高校的使命。在高校的成长成才教育中，教育者要积极融入艰苦奋斗精神培育的内容，通过引导大学生树立正确的成才观，让大学生坚定为国家和人民的共同理想而努力奋斗的目标；通过成长成才的实际锻炼，让大学生自觉刻苦勤奋学习，到艰苦环境中磨炼意志、砥砺奋进；通过心理健康教育培养大学生不畏艰难、百折不挠、持之以恒、积极进取的意志，从而加强大学生艰苦奋斗精神教育效果。

四、在社会实践教育中砥砺艰苦奋斗作风

高校开展实践教育主要是通过各种活动和社会实践，让大学生增强参与性和体验性，以提高学生知识技能，培养道德修养和政治觉悟。实践教育是高校贯彻实践育人理念，增强思想政治教育效果，建立高校育人长效机制的有效途径。实践教育有着深刻的理论依据：马克思主义实践理论告诉我们，实践是人的本质存在方式，也是人认识世界的基础。人的认识来源于实践，因此人要形成一定的认识，都不能脱离开人的实践。可见，人的思想、意识、精神的形成与实践有着紧密的联系，"人的正确思想，只能从社会实践中来"①。思想政治教育作为培育人具备某种思想、精神的实践，必然也无法离开人们的实践，需要通过实践来培养和提升人的思想、意识、精神水平。马克思、恩格斯提出通过实践来认识理论的思想。在此基础上，列宁提出教育和生产劳动相结合的原则，要在生产劳动的实践中进行马克思主义理论和知识技能的教育，他指出，"没有年轻一代的教育和生产劳动的结合，未来社会的理想是不可想象的：无论是脱离生产劳动的教学与教育，或是没有同时进行教学

---

① 毛泽东. 毛泽东文集：第8卷［M］. 北京：人民出版社，1999：320.

和教育的生产劳动，都不能达到现代技术和科学知识现状所要求的高度"①。教育与实践相结合一直也是党的思想教育基本方针，是党长期以来开展思想政治教育工作的基本经验和主要原则。党在开展思想政治教育过程中，先后提出遵循劳动教育与理论教育相结合、实践教育与理论教育相结合的方针和原则，取得了良好的教育效果。

培育大学生艰苦奋斗精神需要与实践教育紧密结合。这是解决大学生对艰苦奋斗精神知行不一的有效途径。多样灵活、贴近大学生需求的实践教育，具有较强的体验性和隐蔽性，激发学生的主动性，可以有效帮助大学生传承艰苦奋斗精神，把这种精神真正地内化于心，外化于行。实践教育可以使大学生从间接空泛的理论教学中抽离，从直接经验出发，在亲自参与中感受和体会，理解艰苦奋斗精神的深刻内涵，理解这种精神对自己成长成才、实现人生理想和远大理想的作用，把艰苦奋斗精神变为自己的思想意识，从而自愿自觉地养成艰苦奋斗的行为习惯，做到身体力行、知行合一。高校有目标、有计划、分层次地开展以发扬大学生艰苦奋斗精神为主题的实践教育，或者在相关的其他实践教育活动中明确培养大学生艰苦奋斗精神的目标，指导教师适时地加入和加强对大学生发扬艰苦奋斗精神的引导，这些措施都可以起到教育效果。

一方面，在校内可以开展多样的实践教育活动。大学校园是一个初具社会雏形的特殊环境，在之前的教育经历中，大学生受父母和老师的照顾和约束，绝大多数的学生因为受到周到的保护而对社会接触很少，而绝大多数的大学实行学生自治和学校管理相结合的模式，大学生要自觉担负起生活自理、课业选择、社会交往的责任。在这种情况下，如何

---

① 列宁.列宁全集:第2卷[M].北京:人民出版社,1984:463.

充分发挥大学校园这个学生在步入社会之前的前哨站功能就变得十分重要。

在课堂上可以开展多样的实践活动。思想政治课教师可以在艰苦奋斗精神理论教学的基础上，让大学生对艰苦奋斗精神认知和践行状况开展调研，并依据调查结果写出调研报告，把调研中发现的正面、反面的典型例子和人物以课堂情景剧的形式呈现出来，或者制作微视频进行展示，学生们依据自己的体会通过课上讨论或者课下社交媒体发表见解等多种方式进行评论。在充分了解现状的基础上，学生们投票选出身边弘扬艰苦奋斗精神的典型事例、典型人物作为榜样；针对调研中发现的问题进行分析，提出解决办法。运用多样的教育方式，引导大学生了解和关注艰苦奋斗精神，既能加深大学生对理论的认识，又能引发大学生自我反思，自我教育，自觉以榜样为学习标准。

开展以艰苦奋斗精神教育为主题的系列活动。在思想政治教育过程中，有些大学生认为思想理论教育是对他们进行灌输，不想听，更听不进去。这就要求教育主体更细致、更有针对性地改革教育模式。可以试着从三个步骤开展相互连接的系列教育活动。第一步，给大学生树立标杆，明确自身的努力方向。大学生更愿意通过听故事的方式来了解他人的经验，这样就可以请一些通过艰苦奋斗获得成功的学长和校友来讲述奋斗经历，以"润物细无声"的方式使学生对艰苦奋斗精神的认知从知道变为了解，为他们指明努力的方向。第二步，甄选乐于践行艰苦奋斗精神的大学生，成立"艰苦奋斗研习所"大学生研究组织，在专任指导教师带领下，深入研究新时代艰苦奋斗精神理论，以团队的方式争取科研立项，发表学术论文。到传承奋斗精神的教育基地和改革开放成果显著的地区进行培训考察，对成绩突出的学员授予"艰苦奋斗精神传习排头兵"的称号，同时也可作为获得奖学金、优秀毕业生等荣誉的重要参考条件，将竞争意识引入大学生学习艰苦奋斗精神的过程中来。第三步，成立"新时代大学生艰苦奋斗精神宣讲团"，聘请获得"艰苦奋斗精神传习排头兵"的大学生来宣讲艰苦奋斗精神，既锻炼了宣讲团成员的沟通能力，带动身边的同学深入学习艰苦奋斗精神，又以大学生的视角去理解、践行、宣讲新时代大学生艰苦奋斗精神，更贴近大学生的内心，让他们觉得理论并不是高高在上、虚无缥缈的东西，其实就在我们身边，让广大学生更易接受，进而让艰苦奋斗精神教育更具实效。

在校内开展多种劳动教育活动。让大学通过认知和体验的方式，树立尊重劳动、勤于劳动、热爱劳动的劳动观。一是可以借鉴过去艰苦奋斗教育的经验，开展忆苦思甜教育。这是过去高校艰苦奋斗教育中符合教育规律的好做法，中华人民共和国建设初期，全国高校开展的忆苦思甜教育取得显著效果。邀请经历过艰难生活的老人给学生讲述生活中的艰苦，通过图片和视频等历史资料的展示，用真实的过去与新时代的大学生物质丰富，衣来伸手、饭来张口的舒适生活相对比，让大学生意识到自身缺乏吃苦耐劳的精神，体会到勤俭节约、尊重劳动成果的重要性，改变过度依赖家长和安于现状的思想。二是可以利用现有的实验室和相关设施，开设专门的劳动技能课程，教授实用的劳动技能，培养学生动手能力和劳动意识。三是学校还可以定期组织大学生参加一些校内义务劳动，如清扫教室、扫雪、清理校内垃圾等；开展大学生学校生活中勤俭节约活动；学校管理人员通过寝室卫生安全检查，督促大学生养成勤劳节约的生活习惯；通过开展各种贴近大学生生活的活动，引导大学生参与劳动，养成勤劳的行为习惯，有助于大学生树立正确的消费观，减少浪费，杜绝奢侈消费等。

在校内结合重大事件进行艰苦奋斗精神主题教育。学校结合重大节日纪念日、重大事件等，组织以艰苦奋斗为主题的教育活动，使大学生对艰苦奋斗精神的认识得到升华。学校认真实施军政训练，培养大学生吃苦耐劳的品质。军训是大学生入校后第一次大规模的实践教育活动，辅导员可以结合大学生在军训过程中的实际体验，让大学生锻炼自己吃苦耐劳的意志品质，摒弃过去在家中娇生惯养、贪图舒适享受的思想，从当前的学习生活开始，在日常生活中养成践行艰苦奋斗的行为习惯。

在校内借助大学生的各种社团组织，开展社团活动来倡导艰苦奋斗教育。如开展各种类型的学习竞赛激励学生发奋刻苦学习；自发组织各类节约竞赛，如节约粮食、节约水电、节制不必要消费等，唤起大家勤俭节约的意识和行为；社团组织可以定期在周末固定地点开办"二手商品交易市场"，号召大家拿出自己不用的物品进行交易，将此活动固定化，使其成为特色时尚的活动，吸引全校学生的参与，让大家自觉养成节约、合理消费的习惯；可以尝试将以上的举措合并归一，设立以"不经意间被浪费的物品"和"节约的力量"为主题的基金，以回收废弃品和本来会被浪费但是通过活动被节约下来的物品，用于"希望工程""困难帮扶"等社会公益项目，使大学生深切理解节约的意义；开展"校园理财师培训计划"，通过"你真的会消费吗?"的反思和"量入为出，适度消费""避免盲从、理性消费""保护环境、绿色消费"等正确消费观的养成活动，使大学生以智者的角度去消费，不再把勤俭节约、艰苦奋斗与合理消费相对立，懂得艰苦奋斗精神教育绝不是抑制消费，而是鼓励人们杜绝铺张、合理消费、绿色消费。

与专业课实践相结合开展艰苦奋斗精神教育。大学生在完成专业课实习、实训、毕业设计的过程中，专业课教师对其加以适当的引导，也可以帮助大学生树立艰苦奋斗精神。如教师引导大学生在实习过程中要刻苦钻研、敢于创新；鼓励学生在实习锻炼中遇到问题要积极应对，遇到难题不要气馁；带领学生用专业知识技能参与文化科技服务活动，在实践中提升解决实际问题的能力，又能以所学服务奉献社会，实现社会价值。

另一方面，在校外同样可以开展多样的实践教育活动。校外的各种社会实践活动，可以帮助大学生架起沟通学校与社会的桥梁，是大学生艰苦奋斗教育切实有效的教育手段。具体形式可以灵活多样：高校定期组织学生参观爱国主义教育基地、红色教育基地等，充分利用红色资源进行革命传统教育，条件允许的高校可以组织大学生中的优秀分子践行"重走长征路""重走抗联路"等活动，让大学生亲自了解党的艰苦奋斗革命历程，使大学生深刻懂得艰苦奋斗精神对党的事业的重要意义。高校组织大学生到当地的社区、工厂、农村进行社会调查，让大学生亲自了解基层一线现状。通过体察民情和群众疾苦，懂得劳动、生活的艰辛；通过看到劳动者创造的巨大成绩，意识到劳动者创造历史的道理，增强同劳动人民的感情，树立劳动光荣的价值观；通过了解国情，感受到身上肩负的重任，自觉投身改革开放和社会主义现代化建设的大潮中，为实现共同理想而努力奋斗。

高校组织大学生志愿服务活动。本着发挥所长、服务社会的目标，学校要鼓励大学生通过各种渠道参与各种志愿服务活动。在教师的指导下成立青年志愿者协会，规范组织管理，并组建专业志愿者队伍。与社区相联系，设立固定的服务项目并一直坚持下去。如学雷锋活动，到留守儿童学校、福利院、敬老院、残障孤寡老人家庭开展帮扶活动，参与社区劳动、专业培训、宣传活动等。学校组织"三下乡"活动，发挥大学生的专业知识技能，开展法律、健康、科技等知识宣传、文艺演出活动，让大学生学以致用，服务奉献社会，在锻炼中增长才干，在服务中更有爱心、乐于奉献。高校还可以引导鼓励大学生参加社会志愿组织的志愿者活动，如参加各种大型会议的志愿服务、去贫苦山地区支教等，以此扩大学生参加志愿服务的机会。这些社会实践教育活动，给大学生创造了走进社会、服务社会、奉献社会的机会，让大学生在实践中磨炼意志，克服懒惰、贪图安逸的思想，不畏艰难挫折，激励奋发进取的品质，学会自觉践行艰苦奋斗精神。

高校要鼓励大学生主动到社会中勤工助学。在社会中工作，让大学生亲身经历、亲自动手、亲自感受在社会中工作的各种酸甜苦辣，在工作实践的艰苦磨炼中认识到独立工作的艰辛不易，吃苦耐劳、勤劳节俭是生活必备的美德；在独立完成工作之后体会到自立自强、踏实肯干、敢于担当责任的重要性；在收获报酬的喜悦中，自觉珍惜劳动成果，尊重他人的劳动。这种自主的社会实践，可以检验和提高大学生的综合能力，提前获得的社会工作体验也提升了大学生应对未来生活的能力，使其在经历了困难挫折后，懂得艰苦奋斗的道理。

在大学生结束校外的各种社会实践之后，学校应组织大学生结合亲身体验从思想体会和提升方面撰写实践总结报告，同时参考实践单位对学生的道德素养评价，对大学生的社会实践进行考评，并纳入评优的考核项目中。

实践教育是有效开展艰苦奋斗精神教育的重要方式和环节。通过校内校外形式多样的有组织的实践活动，开拓多种大学生亲身了解和体验的渠道。大学生通过人生体验，实现自我反思、自我认知、自我教育，把艰苦奋斗作为精神追求，而且做到知行统一。促进大学生立志到祖国和人民最需要的西部、贫困地方去，到条件艰苦的基层一线去，磨炼不懈奋斗的意志，砥砺勤劳刻苦的品格，在实践中增长才干，肩负起推动党、国家、民族的发展进步使命。

五、在就业创业教育中坚持艰苦奋斗方向

就业是最大的民生，党的十九大报告中指出：提供全方位公共就业服务，促进高校毕业生等青年群体的就业创业。就 2017 年来看，全国在校就读大学生将近 2700 万人，应届大学毕业生 795 万人，可以说是百舸争流、竞争激烈。随着国家采取积极政策，高校重视教育引导，当前，大学生对创业基本都是持有积极的态度。对西安九所高校的调查显示：48.8% 的大学生以创业为目标，39.8% 的学生明确表示会尽一切努力来创业，33.9% 的大学生已经为创业做好准备，信心十足①。这种情况下如何能让大学生的就业需要、大学生的创业梦想与社会各层面需求相对接就变成硬性需要。而心仪就业岗位数量与大学生待就业数量之间的巨大差距、创业过程中难以预知的艰辛，可能会让很多大学生面临失意和挫折。大学生的就业创业教育，不但需要开发和培养大学生就业知识、能力，帮助他们走向社会后尽快适应工作岗位，还需要帮助和指导大学生树立正确的就业观，培养创业意识、敬业精神和良好心理素质，准确定位就业创业理想和奋斗方向，这些正确积极观念的形成需要艰苦奋斗精神的引领。艰苦奋斗为创业就业教育目的实现提供了正确的价值

---

① 陆根书，彭正霞，康卉. 大学生创业意向及其影响因素研究：基于西安市九所高校大学生的调查分析 [J]. 西安交通大学学报（社会科学版），2013（4）：108.

取向和精神支撑。同时，就业创业教育为艰苦奋斗精神教育提供了平台和渠道，使艰苦奋斗精神通过就业创业教育活动在大学生的意识中得到强化。

第一，艰苦奋斗精神引领大学生的思想意识，形成正确的就业创业价值取向，择业观、创业观教育可以促进艰苦奋斗精神的内化。就业创业指导教师在传授就业创业知识技能、带领学生进行创业实践时，需要用艰苦奋斗精神引领大学生的思想意识，帮助大学生树立正确的择业观、创业观。同时，就业、创业观教育可以促进艰苦奋斗精神的内化。艰苦奋斗精神是大学生顺利就业和创业都需要具备的品质。大学生无论在就业还是创业过程中，都难免会遇到可以预见或难以预测的多种难题、艰难环境和不利条件，这就需要大学生有足够的不畏艰难的勇气，勇于开拓进取、顽强奋斗，在重大困难、艰难境地、失败挫折面前不气馁、不妥协，只有忍受住创业的辛苦，不懈地努力奋进才能取得成功。教师可以用古往今来成就一番事业的人的艰苦创业经历，还可以邀请社会上、学生中创业的成功者讲述自己的创业经历，以此来教育学生：事业成功都离不开个人的艰苦创业。教师可以通过正反面的就业创业实际案例，特别是大学生中遇到的典型案例，来引导学生意识到艰苦奋斗精神的重要性。教师在进行就业创业教育时，引导学生树立脚踏实地的工作态度，爱岗敬业的职业道德。把个人就业创业与社会发展需要结合起来，努力把自己培养成符合时代要求的人才。在对学生的职业生涯规划引导中，鼓励大学生到基层、西部等条件艰苦急需人才的地方奋斗，发挥自己的才华立业创业，把自己的事业与国家的发展进步联系起来。

第二，组织大学生的实践实训，为就业创业教育目的的实现提供精神支撑。组织大学生就业创业教育实践实训，促进大学生艰苦奋斗精神固化。让大学生亲身经历就业创业的坎坷与磨难，让他们收获奋斗果实后，深切感受艰苦奋斗精神对就业创业的重要性，从而自觉培养艰苦奋斗精神；在就业实习、创业实践过程中，大学生经过实际的辛苦工作，有助于培养吃苦耐劳、笃实肯干的品质；承担一项工作时，大学生可以培养起自己的责任心和使命感；亲身经历激烈竞争后，大学生可以把竞争压力转化成刻苦钻研、积极进取的动力，不断锻炼自身的综合能力；在参与创业活动中，遇到困难挫折时，可以唤起大学生不屈不挠、知难而进的坚强意志；大学生创业取得成功后，增强了他们创业的自信，同时激发他们更大的创新、创业热情，勇于创新、乐于创业。综上所述，艰苦奋斗精神为大学生走向社会后成为符合时代要求、具备创新能力、勇于创业奋进的人才，提供了强大的精神支撑。

就业创业教育能从很多角度促进艰苦奋斗精神内化为大学生的精神追求，为社会培养出有专业知识技能、自主创业意识、创业能力的国家发展所需的创业主力军。

第三节　构建协同的教育机制

习近平总书记在全国高校思想政治工作会议上强调要把思想政治工作贯穿教育教学全过程，实现全程育人、全方位育人，为新形势下，进一步指导高校采取有力措施做好大学生思想政治工作提出基本原则。这也给新时期如何构建高效的大学生艰苦奋斗精神教育机制指明了方向。大学生艰苦奋斗精神对大学生的精神塑造、行为养成具有重要作用。高校要想取得教育的良好效果，就必须把它作为一项系统的工程，在发挥思想政治理论课主渠道的作用基础上，充分调动、运用相关的大学生教育的信息和资源，实施全员、全面、全程参与的艰苦奋斗精神教育活动，并常抓不懈。开展全员参与的艰苦奋斗精神教育，就是要调动高校和社会各方人员，担负起思想教育的责任，为传播和践行艰苦奋斗精神做贡献。全面开展艰苦奋斗精神教育，高校不但要充分发挥思想政治理论课主渠道的育人功能，还要利用好学校资源，扩大艰苦奋斗精神教育渠道，从单一的思想政治理论课教学，转变为融入管理和服务等隐性教育手段。通过建立激励和约束的制度，实施管理育人；通过做好各项保障工作，实现服务育人。全程开展艰苦奋斗精神教育，主要是构建学校、家庭、社会三位一体的教育网络，在大学生成长、学习、生活、工作的全过程中开展艰苦奋斗精神教育，使大学生艰苦奋斗精神教育效果保持长效。

一、完善高校党政齐抓共管的工作机制

为进一步加强高校思想政治教育工作，习近平总书记指出，"各级党委要把高校思想政治工作摆在重要位置，加强领导和指导，形成党委统一领导、各部门各方面齐抓共管的工作格局"①。在新时期，保证高校社会主义办学方向，把握高校意识形态工作领导权，高校要继续坚持和完善党委领导下的校长负责制的领导体制。高校党委对本校工作实行全面领导，高校行政部门在党委领导下组织实施党委有关决议，行使相关法律规定的各项职权。高校开展好艰苦奋斗精神培育工作，也离不开

① 习近平. 把思想政治工作贯穿教育教学全过程 开创我国高等教育事业发展新局面 [N]. 人民日报，2016–12–09（1）.

完善和加强高校党的领导体制，通过形成党政齐抓共管的工作机制来领导全校的艰苦奋斗精神教育工作，保证艰苦奋斗精神教育在全校育人过程中得到有效开展。

首先，高校党政领导要从培养什么人、怎样培养人的战略出发，贯彻立德树人的理念，充分重视艰苦奋斗精神教育的重要性。高校党委是高校的领导核心，全面领导学校工作，负有办学治校的主体责任，能够把握思想政治工作的方向，从全局入手加强调动和管理。只有党政齐抓共管，才能使艰苦奋斗精神教育真正贯穿于全校教育的各个环节，保证艰苦奋斗精神教育走进各个课堂、走进学生的内心。党政领导需要率先垂范，在工作和日常行为中时刻践行艰苦奋斗精神，以自己的良好作风调动起全校教职工的思想政治教育责任。这是因为，高校的思想政治教育同样需要动员全校教职工的力量。思想政治工作一直是党自身发展建设的基本经验，党的几代领导集体在关于如何做好思想政治工作的论述中，都提到思想政治工作是全社会的工作，要党政齐抓共管，动员全社会的力量参与形成合力的思想。全员参与思想教育工作已经成为党思想政治工作的基本经验。要使艰苦奋斗精神教育取得良好效果，离不开每位教职工的参与。高校党委通过加强领导和培训，改变错误认识（即认为大学生的思想政治工作只是党政领导、思想政治课教师、辅导员等专职思想政治教育教师的工作），而要让每位教师、每位职工都认识到学生思想政治教育的重要性以及这项工作的广泛性，破除非专职思想政治工作人员对高校思政教育的错误认识，明确自身具有随时进行思想教育和道德品质教育的责任，并能自觉肩负起这份重要职责，给学生做好示范，对学生的失范行为进行及时的教育引导。同时，党政领导需要统一领导相关部门各负其责，让管理者和服务人员在各自的工作中尽到培养学生艰苦奋斗精神的责任。管理和服务人员是让大学生全面得到艰苦奋斗教化的重要环节。一方面，管理部门需要制定相应的规章制度。把具备艰苦奋斗精神作为一项大学生评优、评奖学金等思想素质考核标准；对良好践行艰苦奋斗精神的大学生给予奖励并树立为学习典型；在校规、校园公约等行为规范中，明确倡导勤劳节约，约束浪费懒惰的行为；帮助大学生解决学习、生活中的实际困难，减少心理负担和挫折感，让他们更多把精力放在学习上以顺利完成学业；设立勤工助学岗、设置校内劳动，让大学生在校园内也可以进行劳动锻炼，培养他们的吃苦精神等。另一方面，学校的服务部门要给学生提供细致入微、学生所需的服务。切实加强对大学生的服务，以此来引导大学生养成艰苦奋斗的行为习惯。如提供和维护好学习场所，满足学生安静学习的需求；在寝室、食堂、澡堂、文体活动等这些生活场所尽量设立节约环保的设施和提醒标语。服务人员给大学生提供耐心优质的服务，是敬业和奉献精神的体现。高校党政齐抓共管之下，调动全校的教育职工全员参与教育活动，可以实现艰苦奋斗精神理论教育、管理和服务育人的统一，把对大学生的艰苦奋斗精神培养工作落到实处。

其次，高校党政齐抓共管，要充分发挥高校党委领导核心的作用，做好顶层设计，为艰苦奋斗精神教育的有效运行提供保障机制。要从领导管理层面提供保障。党委和行政部门形成及时有效沟通机制，改变过去行政部门主抓学生智育工作的情况，学生德育主要由思想政治理论教学单位和学生党团、学生管理部门负责执行的状况。高校党政领导定期了解大学生的艰苦奋斗状况，以解决学生切实需要作为出发点，统筹领导学校的党政部门针对学生现状中存在的问题开展教育活动。要为艰苦奋斗精神教育的有效执行提供保障。高校党政领导要领导制定规范教职工行为的制度，明确规定教职工要承担学生艰苦奋斗精神培育的职责，并依据各部门工作性质，引导全校教职工都要自觉参与对学生的教育活动，严肃纠正一些教师疏于履行育人职责的行为。对艰苦奋斗精神教育工作中有突出成绩的教师在评优、评职称等方面给予奖励。搞好艰苦奋斗精神教育还离不开物质保障。没有必要的物质保障，只是把对学生的艰苦奋斗精神培育工作停留在言语的教导上，是难以有足够的感染力来影响学生的。高校党政领导需要给予足够的资金支持和政策扶持；要领导协调相关部门提供和搞好教学、学习场所以及需要用到的设备等物质条件；要组织领导加强与社会的联系，建立社会实践基地、培训基地，为学生的实践教育提供便利；要领导组织专门思想政治辅导教师的培训，进行深入的学术研究，以提升教师队伍素质；要设立指导机构帮助大学生解决问题。同时，建立以学术咨询为主要工作的学习辅导中心，解决学生生活问题为主的生活行为中心等，还要继续发挥好就业创业指导机构、心理健康咨询机构的作用，在帮助解决学生遇到的问题的同时结合解决问题的过程进行艰苦奋斗精神品质的教育。

通过建立党政群齐抓共管的教育机制来做好艰苦奋斗精神教育工作，离不开各地负责高校思想政治工作部门的切实支持，对各高校教育情况的督导，以及有关部门各负其责，全社会大力支持，形成全社会共同支持的合力。

二、完善思想政治理论课主渠道的教育机制

思想政治理论课是大学生艰苦奋斗精神教育的主阵地、主渠道，要以改革创新的理念，不断完善思想政治理论课主渠道的教育机制，充分

发挥课堂教学的主导作用，增强艰苦奋斗精神教育的说服力、吸引力、影响力。实践证明，课堂教学是向大学生传授艰苦奋斗基本理念最高效的方式。课堂教育的时间集中并且可以得到保证，教学内容、方法科学系统，教师专业具有较高水平，并有权威的教材和多种教学手段配合辅助，可以直接有效地让大学生获得对艰苦奋斗精神的正确认识，形成价值认同，内化于心。思想政治理论课程所包括的各门课程、哲学社会科学的课堂教学中都需要强化对大学生艰苦奋斗精神的培养，相互配合、相互促进，使艰苦奋斗精神不但进教材，还要进课堂、进大学生头脑，切实加强教育效果。

第一，思想政治理论课要做好艰苦奋斗精神的理论教育。由于理论教育具有稳定性、集中性的特点，可以让大学生对艰苦奋斗精神有系统、全面的认识，把艰苦奋斗精神转化为大学生个体思想观念，为他们在社会实践中提供有效的思想和行为指引。课堂教学的主要形式是进行理论教育，理论教育中讲授的关于艰苦奋斗精神的相关理论是对感性认识的抽象和凝练，是较之感性认识更深刻的正确的理论认识，有着完整的理论体系，使课堂的理论教学更加稳定。通过理论教学，集中在思想政治理论课上开展艰苦奋斗精神的相关理论的教学活动，可以让大学生全面地学习和掌握艰苦奋斗精神，更容易深入学生内部认知结构和知识系统，产生较为长期稳定的理论认知。为此，思想政治理论课所包括的各门课程需要进行艰苦奋斗精神理论的讲授。"马克思主义基本原理"课程要结合马克思主义思想讲授艰苦奋斗精神的理论基础，让大学生理解无产阶级从进行社会主义革命开始就具有艰苦奋斗精神。"毛泽东思想和中国特色社会主义理论体系"课程要结合党的思想理论，讲授党的艰苦奋斗发展历程、艰苦奋斗精神在党的事业发展中的重要作用和意义、艰苦奋斗精神的基本内涵和时代内涵、艰苦奋斗是党始终坚持的优良传统、艰苦奋斗精神是时代精神、大学生为什么要具有艰苦奋斗精神等理论认识。"近现代史纲要"课要结合党的革命历史，用生动的历史事实讲述党是如何靠着艰苦奋斗精神取得一次次胜利，带领中国人民获得了今天的发展成就；了解党的领导人是如何践行艰苦奋斗精神，率先垂范让艰苦奋斗成为党永远不变的优良作风，从而让大学生深入理解艰苦奋斗精神的重要意义。思想道德修养和法律基础课授课内容更贴近大学生的思想、学习生活，因此可以从培养大学生艰苦奋斗行为的角度开展教育，让大学生懂得勤劳节俭、环保节约、刻苦学习、不畏艰险、勇于面对挫折的艰苦奋斗精神是他们应有的道德修养和行为习惯，应该自觉修炼良好的品行。在"形势与政策"课上也可以结合有关联的热点问题，进行艰苦奋斗精神的教育引导。

除此之外，还需组织以艰苦奋斗精神为主题的专题报告，对艰苦奋斗精神的理论进行深刻系统的讲解，因为思想政治理论课的各门课程都是在不同学期开课的，艰苦奋斗精神教育的相关内容分布在不同的课程中，难免出现分散、片面化的问题。组织关于艰苦奋斗精神的学术讲座可以让大学生完整理解并掌握理论体系，有利于大学生对艰苦奋斗精神理论形成完整深刻认识。此外，还要纠正大学生中存在的对艰苦奋斗精神的认识误区，消除大学生发扬艰苦奋斗精神的障碍。

第二，改进思想政治理论课中培养艰苦奋斗精神的教学方法和手段。在理论教学过程中，教师遵循以人为本的理念，了解学生在思想、学习和生活中的状况，选择贴近他们的生活和需要的、被多数人关注的案例进行艰苦奋斗精神的理论讲解，结合实例把问题分析透彻，化解学生的困惑，使学生理解得更深刻到位，加深学生对艰苦奋斗精神的认可。还可以开展讨论，选择能反映大学生常遇到的一些问题的典型案例，如关于学习、人际交往、就业创业等问题，组织学生分析讨论案例，让大学生把抽象的理论融入感性的实例中，运用所学的艰苦奋斗理论找到处理问题的有效办法，或者以此为例让学生课下撰写分析研究报告，从而让大学生有收获、有启发，增进共识。还可以通过以艰苦奋斗精神教育为主题的演讲、辩论等形式进行体验教学。

把新的教学技术手段引入教学。以"两微一端"建设为基础，把精品的艰苦奋斗精神教育资源，转换开发为网络视频、卡通动漫等网络文化产品，通过微信、微博等新媒体平台对大学生进行教育，利用好大学生日常生活中大量碎片化时间。使用互动教学的学习应用软件如"云班课"开展教学活动。教师可以在教学应用程序中利用文字、影音等多种形式发布教育内容，如视频课程、教学课件、参考书目等；可以布置学生需要自学或讨论的问题，如将对大学生有启发的视频、受关注的帖子或新闻事件等发布到平台上，在教师的引导下，学生们一起参与讨论，让学生自己分析产生问题原因，学会在遇到困难挫折时运用艰苦奋斗精神作为精神支撑解决问题；教师通过教学应用程序可以批改点评学生作业，或组织学生之间互评，并由教师对作业情况做总结，对学生进行思想引导等。在教学过程中，利用互动教学软件，可以使艰苦奋斗精神的教学活动更灵活，不受时空限制，督促调动学生积极认真的学习态度，使学生们能彼此启发、自我学习、实现自我教育。改革教育方法和手段，有助于艰苦奋斗精神教育由说教向精神引领转变，由单一形式向综合形式转变，由学生被动听讲向主动思考体会转变，这将有利于提升教育实效。教育部门和学校还可以利用大数据，掌握大学生的思想动态，对出现的问题及时干预和纠正。

　　第三，提升思想政治理论课教师队伍水平。习近平总书记在全国高校思想政治工作会议上强调高校教师要"以德立身、以德立学、以德施教"。首先，思想政治理论课教师要不断提升理论水平和教学能力。思想政治理论课教师作为艰苦奋斗精神培育工作的教育主体，对学生开展有效的教育就必须自己先进行正确、深入的理论学习，切实掌握艰苦奋斗精神的相关理论，具备艰苦奋斗精神的品行。因此，思想政治理论课教师要以对学生和工作的热情，通过增强思想政治理论、教育方法的学术研究和不断学习，增进自身的专业理论水平和教学能力。这样才能使思想政治理论课成为学生喜欢、终身受益的课程，教师对学生进行的艰苦奋斗精神教育才易于被学生接受和认可，转化为大学生自己的精神品质。其次，思想政治课教师要始终保持艰苦奋斗的作风。教师承担的是为人师表、教书育人的重要使命。思想政治理论课教师的一言一行对大学生的思想道德修养的养成有着重要的影响。如教师爱护校园环境、节约水电、努力钻研学术等日常行为中的举动，都可能对学生产生积极影响。因此，要做好大学生艰苦奋斗精神教育工作，更好地承担起大学生成长成才的指导者和引路人的责任。思想政治理论课教师始终要坚持言传和身教相统一，要先把艰苦奋斗精神内化为自身的精神追求，以自身的模范行为给学生做表率，以自身的学识魅力吸引学生，以自身的人格魅力感染学生，才能成为对学生有信服力、有感染力的模范。只有教师能够做到知行统一，学生会认同在课堂上学到的艰苦奋斗精神理论，而且当作值得自己一生遵循并践行的精神品质。最后，思想政治理论课教师要提升责任心，以培养具有艰苦奋斗精神的大学生为己任。思想政治课教师要主动与学生多沟通、多交流，通过关注大学生的思想动态，尽可能及时掌握大学生中存在艰苦奋斗精神淡化的相关问题。针对个别学生的问题，教师要及时进行引导，帮助解决；对于具有普遍现象的问题，教师可以在课堂上与学生们进行讨论，学生在教师引导下实现自我分析，自我解决，从而强化艰苦奋斗精神教育效果。

思想政治理论课是大学生艰苦奋斗精神教育的主要渠道，是有效提高大学生艰苦奋斗精神品质、促进大学生全面发展的基本途径。思想政治课教师必须借助这个主渠道，以更多改革措施、更多的责任感，给艰苦奋斗精神培育工作打好坚实的基础。

三、完善学校、家庭和社会的协同机制

切实引领大学生发扬艰苦奋斗精神，并做到知行合一，还需要完善学校、家庭和社会的协同机制，以学校为主导，同时发挥家庭、社会对艰苦奋斗精神教育的外部支撑功能，三方步调一致，把艰苦奋斗精神的教育活动贯穿于大学生的整个生活之中，实现全程育人，形成立体全方位的教育养成模式。

建立学校、家庭和社会的协同机制是要把艰苦奋斗精神培育工作融入大学生生活的方方面面，充分利用好校内外资源，形成合力效应。因此，必须使学校、家庭和社会都发挥各自的教育功能，突出各方在艰苦奋斗精神教育中的优势。学校教育是学校按照党和国家的教育方针和要求，有组织、有目的、有计划地对学生开展的思想政治教育。学校教育是由专业教师按照党和国家的相关要求对大学生开展系统、科学、规范的思想政治教育，可以使大学生从理论到实践都获得成长的全面思想品德教育。因此，学校教育是大学生艰苦奋斗精神教育的主阵地，发挥着基础和主导作用。

　　家庭教育是家庭生活中以血缘亲情为基础的，父母对子女开展的有目的的教育，"教育的主要方式是以行导人，以情感人，潜移默化地进行教育"①。家庭教育是一个人最早接受的教育，更是能够伴随一个人一生的教育。家庭教育具有持久性，家庭会相伴人的一生，人从家庭中获得的影响容易持久保持，有的影响甚至可以代代延续。家庭教育具有灵活针对性，家长可以通过自己的言行对孩子产生无形影响，对孩子出现的具体问题进行及时教育。家庭教育可以对大学生的思想品格、行为习惯产生深刻影响。家庭教育的持久性，有助于学校开展的系统的艰苦奋斗精神教育效果长期保持，通过家庭的影响，艰苦奋斗精神在大学生思想意识中不断得到巩固和强化。及时、有针对性的家庭教育，不但可以教给大学生艰苦奋斗的道理，还能从生活的点滴小事、日常的行为习惯，培养大学生艰苦奋斗的良好行为，把艰苦奋斗精神落实到行动中，实现知行统一。

　　社会教育是"社会教育力量运用各种社会资源和方式对大学生开展的各种思想政治教育活动"②。社会教育影响力广泛，人们可以通过社会舆论、社会交往、社会实践、社会环境等接受思想教育。社会教育具有开放性，对大学生的教育活动可以随时开展，不受地点的限制。积极弘扬和践行艰苦奋斗精神，可以为大学生提供强大的精神食粮。社会教育内容丰富、形式多样，可以让大学生通过多种途径在无形中得到教育：社会活动可以让大学生从实践体验中得到教育；社会交往可以使大学生从具有艰苦奋斗精神的人身上获得启发、鞭策；社会环境对大学生

---

① 骆郁廷. 思想政治教育原理与方法 [M]. 北京：高等教育出版社，2010：275.
② 骆郁廷. 当代大学生思想政治教育 [M]. 北京：中国人民大学出版社，2010：270.

艰苦奋斗精神教育的作用也很突出；等等。

构建和完善学校、家庭和社会的协同机制，对于大学生艰苦奋斗精神教育保持长效，具有重要作用。第一，学校、社会、家庭是大学生生活、成长的主要空间。建立和完善学校、家庭和社会的协同机制，可以使大学生除了接受学校系统显性的艰苦奋斗精神教育外，还可以通过社会和家庭对他们实施隐性的艰苦奋斗精神教育，让大学生在校外也可以接受艰苦奋斗精神的渗透和影响。学校教育、家庭教育和社会教育共同构成时空上的整体性，三方面的教育分别存在于大学生生活中的不同空间和时间段，彼此衔接配合，形成一体化格局，共同发挥作用，以有效增强艰苦奋斗精神教育的效果①。努力发挥学校、社会、家庭教育的功能，实现这三方教育的一致性，形成立体的贯穿大学生学习、生活全过程的有效教育。第二，完善学校、家庭和社会的协同机制，可以在艰苦奋斗精神教育过程中，整合三方教育力量，实现力量互补。不同的学生易于接受的教育方式和来源各有不同，而学校教育、家庭教育、社会教育同时存在于大学生的主要生活领域中，三方面的教育共同开展，能够对不同类型学生实施有效教育。对于那些认可学校教育，乐于接受集中、系统教育的大学生来说，学校开展的艰苦奋斗精神教育就是帮助其树立精神追求并外化为行动的有效途径。对于那些家庭关系密切，受家庭影响较深的学生来说，经过家庭的艰苦奋斗教育引导，使他们对艰苦奋斗精神有了认同和认知基础，就很容易接受学校的系统教育，从而产生良好的教育效果。对于那些喜欢接触社会、自主学习的学生来说，他们能够全面、客观地了解社会，明辨社会中的积极因素和消极因素及其

---

① 骆郁廷. 当代大学生思想政治教育［M］. 北京：中国人民大学出版社，2010：273.

影响，就易于自觉接受社会教育。经过不断、积极的社会教育可以增进这一类学生的艰苦奋斗精神培养效果，并能够保持长效。第三，将学校、家庭和社会的教育相结合是被国外德育理论研究和实践证明了的有效的德育体制，也是世界各国广泛运用的德育机制。国外学校的道德教育，积极倡导学校、家庭和社会的教育相结合的机制，努力实现三方协作，致力于各种教育力量、教育目标达到一致，形成德育网络化。在全社会范围内实现德育的统一，使知识学习、能力培养和行为训练得到真正结合。国外的学校道德教育有一些成熟的具体措施，如加强社区的管理，通过社区监督学生在校外的行为；学校举行家长会解决学生出现的问题；组织家长联谊会等①。艰苦奋斗精神教育是在培养大学生的思想品质，努力建立起学校、家庭和社会不断协调、相统一的教育网络，将有助于艰苦奋斗精神教育水平的提升。

完善学校、家庭和社会的协同机制，要发挥家庭和社会的育人功能，配合学校一起开展艰苦奋斗精神的教育，完善学校、家庭和社会的衔接沟通，各自承担教育职责，协调构建大学生艰苦奋斗精神教育的大环境，形成目标一致、内容统一的强大合力，达到事半功倍的教育效果。

首先，要建立学校、家庭、社会相统一的教育机制。学校、家庭、社会都应遵循党和国家制定的思想政治教育相关意见和要求，在各级党政机关的统一组织和指导下，保证学校、家庭、社会对大学生的艰苦奋斗精神培养具有统一的教育方针、教育目标、教育内容等，保持三方对大学生艰苦奋斗精神教育问题认识的一致性。这三个方面共同构成大学

---

① 冯增俊. 当代西方学校道德教育［M］. 广州：广东教育出版社，1993：437，448，463.

生艰苦奋斗精神教育的整体空间，只有思想统一、目标一致、要求一致，才能形成教育合力。否则，哪一方面教育不足或者缺失，都会导致教育力量的不足，弱化教育的效果；哪一方面有不同的声音，彼此之间有矛盾，不但无法形成教育的合力，而且还可能起反作用，消减甚至抵消原有的教育成效。如果三方面教育存在不一致或矛盾，学校作为主导，需要通过协调机制进行沟通、调节、改善，始终让学校、家庭、社会的艰苦奋斗精神教育保持步调统一。

其次，要发挥学校、家庭和社会三方各自教育优势，相互补充。学校、家庭、社会都负有培养大学生艰苦奋斗精神的教育责任，三方在开展大学生的艰苦奋斗精神教育方面，具有不同的优势，因此学校、家庭、社会要突出各自优势，相互补充。学校教育要发挥其在大学生艰苦奋斗精神教育中的主导作用，不断提高教育水平，探索创新教育方法和模式，掌握好大学生的思想动态，为家庭和社会教育的开展提供依据，为家庭和社会教育水平的提升拓展途径。学校要做好与家庭和社会的协调工作，保证三方对大学生开展的艰苦奋斗精神教育保持一致。学校与家长，学校与政府部门、社会各机构、企业等都可以建立起联系，作为培育大学生艰苦奋斗精神的主体，有能力和责任协调三方保持统一。

不断巩固艰苦奋斗精神教育的效果，实现把艰苦奋斗精神从大学生的精神追求转化为实际行动，并养成自觉的行为习惯，需要家庭教育的支持和参与。由于家庭教育具有持久性、具体性、及时性的优势，对大学生可以产生潜移默化、保持长久的教育效果。一方面，家庭教育要树立正确的教育理念，走出认识误区。有些家长对艰苦奋斗精神本身存在错误认识，没有认识到当今对子女进行艰苦奋斗精神教育的必要性，有些家长只关注子女的智育而忽视意志品质的培养，忽视子女的心理健康，导致家庭中艰苦奋斗精神教育"缺位"。有些家长由于过于宠爱子女，导致家庭中艰苦奋斗精神教育"错位"。家长要重视子女思想道德、心理素质的培养，正确认识艰苦奋斗精神并担当起教育子女的责任。家长要注意培养子女的节约理念，树立合理消费观念，树立环保理念；锻炼子女独立处理问题的意识和能力；教会子女基本的劳动技能，使其具备生活自理能力；对子女开展挫折教育，提高子女的心理承受能力。另一方面，家庭教育要注重改进教育方法。在对青年人的教育活动中，正确的教育方式方法对取得良好教育效果具有至关重要的作用。由于家长的言行在家庭教育中的重要示范作用，家长首先就要不断进行自我教育，具备艰苦奋斗精神，并把艰苦奋斗的行为体现在日常的家庭生活之中，给孩子做榜样。还要把艰苦奋斗精神融入家风之中，注重通过日常生活使孩子养成良好行为习惯。

社会教育的多样性、快捷性、及时性对大学生的艰苦奋斗精神的影响也很大。在大学生步入社会、走上工作岗位后，能否保持之前的教育成果，离不开社会教育所发挥的作用。在社会这个大熔炉中，有时一个负面的事件或错误的行为给大学生带来的影响，可能会抵消过去很长时间里学校教育、家庭教育的成效。所以，艰苦奋斗精神教育也需要利用社会中巨大的教育资源和众多的实践机会，来为艰苦奋斗精神教育服务。党和政府要给予足够的重视，做好反腐倡廉工作，树立廉洁高效的形象，提倡建设资源节约型、环境友好型社会。各类媒体要承担社会责任，大力宣传艰苦奋斗精神，引导正确的社会舆论，提倡弘扬艰苦奋斗精神。社会各界都要努力践行艰苦奋斗的作风，为大学生提供实践锻炼的机会等。学校、家庭和社会的教育发挥各自优势，各担其责，相互补充，实现全社会共同促进大学生艰苦奋斗精神教育的局面。

最后，要搭建学校、家庭和社会三方协同的教育网络。通过建立好学校与家庭、社会的沟通联系机制，实现三方的良性互动，形成学校、家庭和社会统一的艰苦奋斗精神教育网络。学校是能够联结三方的中介和桥梁，学校可以设立或指派专门的部门作为协调机构，负责组织协调学校、家庭、社会的教育工作。一方面，学校要和家庭建立固定的联系机制。利用好当代便捷的信息沟通方式，建立及时的联系渠道。学校可以在网站开办艰苦奋斗精神教育专栏，向家长提供艰苦奋斗精神教育的培训，设立专家咨询平台，解答家长的问题；学院可以通过微博、公众号与家长建立联系，介绍学院的整体情况，可以定期发布有关艰苦奋斗精神教育的方法和资讯，以供家长了解学生在校情况和教育资讯。辅导员老师可以通过 QQ 群、微信群等社交平台，向家长提供大学生的具体情况，对学生在接受教育过程中存在的问题进行及时沟通；老师和学生家长可以使用电话或社交软件针对某个学生的问题，进行沟通解决。除了联系畅通的沟通渠道，学校还要定期开展让家长参与的活动，实现学校与家长面对面的沟通。可以开办教育辅导讲座，邀请有条件的家长可以学习新的教育理念和方法，让家长与教育专家沟通学习，指导家长提高教育能力和水平；设立家长接待日，让专业的思想政治教育教师一对一地解决家长在培养子女艰苦奋斗精神时遇到的具体问题；设立家庭联谊会，增加大学生家长间的沟通联系，彼此交流经验，共同帮助解决教育难题；设立家长参观日，让家长参观、参与大学生的校内外实践活动，让家长看到艰苦奋斗精神给子女带来的改变和提升，自觉发挥家庭教育作用，参与到子女的艰苦奋斗精神培育中。另一方面，学校还要建立与社会的沟通机制。这需要地方党委政府机关对高校思想政治教育工作的高度重视和大力支持，切实加强组织领导和工作指导，建立学校与党政相关部门协作常态机制，在职能部门组织协调下，调动社会各方积极参与艰苦奋斗精神教育。党政机关帮助学校协调建立与机关事业单位、社区、社会组织、企业的联系机制，为大学生艰苦奋斗精神培养建立更多的实践基地，提供物质支持，同时让实践单位也负起教育责任，使大学生艰苦奋斗精神教育的社会实践效果更佳。

第四节 营造良好的教育氛围

开展新时代大学生艰苦奋斗精神教育工作，不可避免地会受到各种外部环境因素的影响和制约，为此要建设和利用好思想政治教育环境中促进大学生精神塑造的有利因素，为大学生的艰苦奋斗精神培养营造良好的教育氛围。马克思主义认为："人们的观念、观点和概念，一句话，人们的意识，随着人们的生活条件、人们的社会关系、人们的社会存在的改变而改变。"① 就是说人们观念的形成要受到外部客观环境的影响，人们的思想观念、价值取向、行为方式的形成与环境有密切关系。思想政治教育环境是思想政治教育所面对的外部客观存在，它对人们的思想意识、政治观念、道德修养的形成和发展都产生影响；思想政治教育环境对人们的思想道德素质起到潜移默化的作用，环境对人的思想产生无形的影响，使人们在不知不觉中，思想发生改变并提高到新的高度；思想政治教育环境对人们的思想道德素质有约束和规范作用，环境因素中所包括的法律、制度、纪律、道德、舆论等对人的思想行为有

---

① 马克思，恩格斯．马克思恩格斯选集：第 1 卷［M］．北京：人民出版社，1995：291．

约束、规范作用。① 思想政治教育环境对人们的影响有积极影响和消极影响之分，需要培育和运用促进大学生艰苦奋斗精神培养的思想政治教育环境，在整个社会中树立这样的信念：艰苦奋斗精神是中华民族的核心精神，是当代中国人必须传承的美德，是应有的时代精神。营造全社会自觉弘扬和践行艰苦奋斗精神良好的教育氛围。

一、优化校园文化环境

习近平总书记在全国高校思想政治工作会议上指出："要更加注重以文化人以文育人，广泛开展文明校园创建，开展形式多样、健康向上、格调高雅的校园文化活动，广泛开展各类社会实践。"② 讲话强调了当前高校开展思想政治教育也要注重校园文化的育人功能，优化校园文化环境。为此，高校需要营造优良的校园文化环境，把艰苦奋斗精神教育寓于校园文化之中，充分开发、挖掘校园文化中的教育因素，为培养大学生的艰苦奋斗精神服务，用校园文化熏染和陶冶学生，让他们在不知不觉中接受艰苦奋斗精神教育。校园文化环境中蕴含着高校的校风、学风，丰富多彩的文化活动，展现高校的校园物质文化，对增强大学生艰苦奋斗精神培育的效果都非常显著。

第一，通过保持高校优良的校风、学风，优化艰苦奋斗精神培育环境。利用校风对大学生的精神引领和塑造作用，把积极进取、顽强奋斗、踏实笃行的精神融入校风之中，从学校领导到教师都自觉做踏实工

---

① 教育部社会科学研究与思想政治工作司. 思想政治教育学原理［M］. 北京：高等教育出版社，1997：145－146.

② 习近平. 把思想政治工作贯穿教育教学全过程　开创我国高等教育事业发展新局面［N］. 人民日报，2016－12－09（1）.

作、努力奋斗的模范，用校风引领整个校园文化，把艰苦奋斗精神作为全校的共同精神追求和价值取向，在潜移默化中强化大学生的艰苦奋斗精神。高校加强优良学风建设，可以激发和调动大学生的学习积极性，营造浓郁的求知创新氛围，可以引导大学生塑造勤奋钻研、攻坚克难、勇攀高峰、敢于创造的精神。在良好学风的影响下，培养磨炼大学生艰苦奋斗的意志和品行。

第二，通过开展校园文化活动，创设艰苦奋斗精神培育环境。校园文化活动形式灵活多样、内容丰富多彩，既贴近大学生生活又提升大学生文化品位，既蕴含悠久的传统文化又紧扣时代的流行风尚，深受大学生喜爱。校园文化活动也是大学生提升自我、锻炼能力的有效途径。开展以学院、班级或寝室为单位的评比竞赛活动，如文明卫生评比、各类节约竞赛、环保竞赛等活动，让大学生在日常生活中培养勤劳节约的品质、合理消费理念；举办含有弘扬艰苦奋斗精神的各种文化活动，如研究革命精神的学术活动，以革命历史、励志奋斗等为主题的读书论坛，弘扬践行艰苦奋斗精神的书画摄影展或比赛，还有征文、演讲、辩论等。这些形式多样的活动中，都可以融入勤学节俭、吃苦耐劳、拼搏进取、奋斗创新的艰苦奋斗精神主要内涵，通过大学生喜闻乐见的文化活动，让校园的文化活动中蕴含艰苦奋斗精神，将教育寓于无形。

第三，通过建设校园物质文化，打造艰苦奋斗精神培育环境。校园文化环境中的物质文化，同样可以起到陶冶、熏陶大学生艰苦奋斗的作用。例如，人文气息浓重的校园环境，可以为大学生营造良好学习氛围；校园中建筑外观、绿化景观、塑像、绘画作品等美化校园的措施，可以给大学生提供优美的学习、生活环境，使他们心情放松愉悦，有助于保持良好心态；校园中广泛使用人性化的设计、节约环保的设施，会累积强化大学生关爱他人的情操、节约环保意识，并有助于他们行为习惯的养成；校园中各种宣传设施和宣传方式，是艰苦奋斗精神教育的有效载体，如校园里的文化长廊、宣传展板、网站专栏、广播、校报、教室寝室的宣传栏等，都可以成为向大学生宣传艰苦奋斗精神的空间。

校园文化环境建设是一项复杂的工程，涉及的内容广泛，保证校园文化环境能够起到引导、凝聚、强化大学生艰苦奋斗精神的作用。这离不开学校党政领导的组织领导，规范管理校园中各类思想文化阵地宣传内容，以确保校园各类文化环境中体现的内容与艰苦奋斗精神保持一致，努力遏制低俗文化、奢侈享乐之风，防止不良环境对校园文化造成消极影响，为大学生艰苦奋斗精神的培养营造有利环境。

二、发挥网络载体作用

充分发挥网络载体作用，占领网络思想政治教育阵地，利用现代网络平台的优势，对新时代大学生开展艰苦奋斗精神教育。随着信息时代的快速发展、网络技术的普及和网络终端的广泛应用，网络已经成为当代人生活中不可或缺的工具，第 39 次《中国互联网络发展状况统计报告》显示，截至 2016 年 12 月，我国网民规模达 7.31 亿，互联网普及率达到53.2%[1]。网络正快速改变着社会，改变着人们的思想观念、行为方式和生活习惯。网络的全民性、便捷性、虚拟性等特点，使其成为信息传播最佳的载体和信息快速广泛传播的重要媒介。当前，由于互联网和移动网络技术在高校中的普及，个人计算机、智能手机等终端设备

---

① 喻思变. 我国网民达 7.3 亿 [N]. 人民日报, 2017 - 01 - 23 (10).

在大学生中得到普遍应用，加之大学生又是从小就接触和应用网络的新一代青年人，网络深受大学生喜爱并在生活中广泛使用，大学生已经成为重要的网民群体。网络是绝大多数大学生每日生活的重要组成部分，他们的学习、生活、娱乐都离不开网络。网络使大学生获得前所未有的大量知识和便捷的学习方式；锻炼大学生自主学习习惯，激发求知欲望，提升创新意识；为高校思想政治教育提供了新的手段和方式，增强教育实效性。大学生的思想还不够成熟稳定，网络中的多元文化和价值的碰撞交织冲击大学生的价值观；网络中存在大量信息，大学生由于缺乏分辨能力而相信虚假信息或形成错误认识；网络中存在的多样娱乐方式吸引了大学生过多的注意力和精力，导致一些学生沉迷于网络无法自拔、荒废了学业；新媒体、新技术的使用，对传统的思想政治教育方式提出挑战。可见，对于大学生思想政治教育，网络也是一把"双刃剑"。为此，必须占领网络思想政治教育阵地，利用网络教育手段让主流健康的信息占领大学生的思想，引领大学生的行为。

基于网络对大学生思想的深刻影响，大学生艰苦奋斗精神教育也要利用网络的积极作用，促进和强化大学生的艰苦奋斗精神。具体就是"要运用新媒体新技术使工作活起来，推动思想政治工作传统优势同信息技术高度融合，增强时代感和吸引力"①。

一方面，高校组建专门的网络思想政治教育工作队伍，要充分利用网络技术和新媒体，开展艰苦奋斗精神培育工作。一是通过建设艰苦奋斗精神教育主题网站，利用网络资讯庞大、展示形式多样化、互动性强的特点，集文字、声音、图像为一体，共享内容丰富的教学、学习资

---

① 习近平.把思想政治工作贯穿教育教学全过程　开创我国高等教育事业发展新局面[N].人民日报，2016-12-09（1）.

源，组织实践活动，是师生之间、学生之间的互动平台。在其他思想政治教育网络平台设置艰苦奋斗精神专栏，或者在内容设置上突出艰苦奋斗精神，给大学生提供更多的网络学习平台。二是探索自媒体的教育宣传新模式，开展艰苦奋斗精神教育。利用自媒体宣传不受时间、空间限制，师生在自由平等的氛围中互动，学生普遍喜爱的优势，有效利用大学生的碎片化时间，在潜移默化中对其产生积极影响。高校中利用思想政治教育专业教师和优秀学生，注册学校、教师和学生个人的微博、微信公众号等，以艰苦奋斗精神为核心内容，从传统美德、革命精神、大学生的道德素养和心理健康等角度宣传艰苦奋斗精神的内涵，帮助大学生深刻理解和强化对艰苦奋斗精神的认知。从社会事件中、大学生的真实事例中、模范人物事迹中选取体现艰苦奋斗精神教育的内容，引导大学生发扬艰苦奋斗的行为作风，做到知行合一。通过互动，师生一起探讨在树立和践行艰苦奋斗精神过程中如何解决遇到的问题、如何纠正错误的认识和做法，从而对大学生进行正面的思想引领。三是利用网络即时通信技术进行艰苦奋斗精神宣传。当前，大学生基本都有经常使用QQ、微信、电子邮件等即时通信工具的习惯，辅导员、思想政治课教师、心理辅导教师等思想政治教育专业教师，可以有针对性地对大学生进行艰苦奋斗精神教育，如一对一的教育，或针对一个班级或特殊群体的教育活动。这类通信工具可以进行单独隐秘的沟通，是师生平等互动的沟通方式，便于大学生向教师主动说出自身的问题，让老师帮助及时解决问题，也便于教师在发现学生个人或学生群体存在共性问题时，及时教育引导大学生纠正问题。四是利用大数据及时掌握大学生的艰苦奋斗精神现状，为教育工作提供有效支持。高校定期在网上开展内容多样的大学生思想状况的调查问卷，利用技术手段对大学生网络行为数据进

225

行分析，通过对大学生的学习、劳动、节约、消费、环保、面对挫折等方面的态度和行为习惯的调查和大数据统计，及时掌握大学生艰苦奋斗精神现状，为学校和专业教师的教育指导工作提供依据。通过充分利用网络和新技术手段，如云班课，拓宽师生平等互动渠道，打造多样立体的网络艰苦奋斗精神教育互动空间。

另一方面，要加强网络管理，保障风清气正的网络环境。网络对新时代大学生思想行为产生的重要影响日益深刻，必须加强网络安全管理，给青年人、整个社会都营造一个风清气正的网络环境。只有这样，才能有效抵制和防止网络环境的负面影响消减大学生艰苦奋斗精神教育效果。立法执法机关、政府部门要依据《网络安全法》维护网络安全，加强对网络环境的执法监管，规范人们在网络活动中的行为，特别是要加强对大学生有较大影响力的媒体名人、企业名人、演艺明星、网络"大V"等人的言论，此外，还要对大学生喜爱的社会型网络社区，基于网络技术而兴起的网络直播、各类娱乐网络综艺节目、网络脱口秀等内容的监管，防止其中炫富、享乐、重物质欲望等不正确的价值观对大学生的误导，避免大学生受此影响而出现贪图物质享乐、不思进取、不劳而获等错误认识。只有给思想尚未成熟稳定的大学生营造一个风清气正、积极向上、奋斗进取的网络环境，才能给他们的未来点上一盏盏指引奋斗的明灯，帮助他们积蓄未来人生前进的动力。

三、倡导社会良好风尚

新时代大学生的艰苦奋斗精神教育需要良好的社会新风尚。通过营造重拾艰苦奋斗精神、宣传艰苦奋斗精神、全民继续艰苦创业的社会氛围，在社会中倡导艰苦奋斗良好风气，为大学生艰苦奋斗精神保持长效创造必要的社会环境。每个人都生活在社会这个大环境之中，社会环境是大学生学习与生活的外部环境，大学生的精神塑造离不开社会大环境的影响。社会风气良好，可以陶冶人们的心灵，激励人们积极奋进，塑造优良的精神品质，对人们思想道德行为产生强大持久的影响。所以，倡导社会良好风尚，在全社会弘扬艰苦奋斗之风，可以为大学生发扬艰苦奋斗精神营造良好社会氛围。具体可以从三个方面来实现。

一要加强党的作风建设，引领社会弘扬艰苦奋斗精神之风。艰苦奋斗精神不但传承了中华民族的传统美德，也体现了中国共产党在革命、建设和改革的过程中形成的优良作风。党永远保持艰苦奋斗的作风，通过党员艰苦奋斗的言行，可以感染全社会成员，形成弘扬和践行艰苦奋斗精神的良好风气，从而对大学生产生积极影响。随着改革开放的不断深入，经济社会环境已发生深刻变化，一些党员尤其是领导干部迷失于物欲之中，认为艰苦奋斗精神已经过时，贪图享乐、不思进取，为了满足自身不断膨胀的贪欲、色欲、权欲，在部分党员尤其是领导干部身上出现了现贪污腐败等问题，这损害的不仅是党的形象，更是在腐蚀党的执政根基。一方面，百姓痛恨腐败，欲除之而后快；另一方面，"小人德风，君子德草"，普通百姓会不自觉地去效仿这些做法，客观上造成了群众中享乐主义、拜金主义的盛行，浪费现象、奢侈消费、坐享其成、贪图享乐之风泛起，严重破坏了艰苦奋斗的传统美德。党要加强艰苦奋斗的作风建设，反腐倡廉、倡导节约环保理念，让党员率先垂范，做踏实笃行、居安思危、奋斗进取、艰苦创业的模范，以实际行动带领全社会抵制不良作风和丑陋现象，营造弘扬艰苦奋斗的社会风尚，优化社会风气，给大学生一个良好的社会氛围。

二要加大媒体宣传教育，创造艰苦奋斗的舆论氛围。中共中央国务院《关于进一步加强和改进大学生思想政治教育的意见》中早就提出要求："宣传、理论、新闻、文艺、出版等方面要坚持弘扬主旋律，为大学生思想政治教育营造良好的社会舆论氛围，为大学生提供丰富的精神食粮。"党和政府要在全社会重视开展艰苦奋斗精神教育的工作，组织和调动传统媒体和新媒体的社会责任感，把培养大学生的思想道德作为义不容辞的责任。当今，大众媒体覆盖广泛、传播迅速、综合性强、品种繁多、信息量大而生动，对人们具有极大吸引力，成为社会生活中不可或缺的部分，也是对人们的思想道德和行为习惯产生影响的一个社会环境因素。大学生在自我学习的过程中，通过媒体宣传获得的信息最多，对他们思想道德产生的影响最深远。媒体对青年人思想道德形成具有双重影响。传媒宣传教育内容与思想政治教育的观点一致，就可以强化思想政治教育的效果；反之，就很可能消减教育效果。为此，大众传媒要利用易被青年人接受的优势，积极参与宣传艰苦奋斗精神的教育活动，不断为弘扬艰苦奋斗的社会风气做好舆论引导工作。如积极倡导低碳生活、节约资源等环保理念和生活方式；宣传在社会中践行艰苦奋斗精神的典型人物、典型事迹；介绍社会各领域创新的成果和积极作用；宣传各行各业艰苦创业的事例，特别是青年励志人物及其事迹等。媒体大力宣传艰苦奋斗精神，坚决抵制奢靡之风，坚决抵制拜金主义、享乐主义，为大学生营造一个积极进取的舆论氛围。

三要加强教育场馆和基地建设，提供培养艰苦奋斗精神的教育场所。建设教育场馆和教育基地，为大学生创建思想道德教育的场所，是发达国家思想政治教育的重要经验。党和政府要支持建设青少年思想政治教育的教育基地和各类展馆，给艰苦奋斗精神教育提供社会教育基地。在大力建设和开放各类爱国主义教育基地的基础上，结合重要的纪念日和重大事件，开展专题活动吸引大学生参与。大力挖掘红色文化资源，把艰苦奋斗精神教育与红色文化资源开发利用相结合，拓展教育资源。各类教育场馆和教育基地，通过精彩的内容、优良的设施、多样的形式吸引大学生去了解历史、了解英雄人物等内容，从中体会学习宝贵的精神品质，同时也为大学生坚定艰苦奋斗精神信念创造条件。

结　语

我国已经迈入中国特色社会主义新时代，决胜全面建成小康社会胜利在望，开启全面建设社会主义现代化强国的新征程，距离实现中华民族伟大复兴的中国梦更进一步。在经济全球化背景下，在激烈的国际竞争中，党的事业、国家的发展将面临更加巨大的风险和挑战，实现我们的奋斗目标需要一代又一代青年人在党的领导下，同全国人民一道发扬艰苦创业精神、改革创新精神，为实现中华民族伟大复兴而努力奋斗。习近平总书记在全国教育大会上的讲话指出："要在培养奋斗精神上下功夫，教育引导学生树立高远志向，历练敢于担当、不懈奋斗的精神，具有勇于奋斗的精神状态、乐观向上的人生态度，做到刚健有为、自强不息。"① 明确提出新时代全面发展的社会主义建设者和接班人要具有奋斗精神的要求。而近些年，大学生艰苦奋斗精神淡薄、高校艰苦奋斗精神教育效果不佳的问题比较明显。缺乏艰苦奋斗精神的新时代大学生，将无法担当起自己的社会责任和历史使命。为此，高校必须加强培养大学生艰苦奋斗精神的工作。本书从整体视域，对大学生艰苦奋斗精神教育问题进行系统深入研究，并且对何为大学生艰苦奋斗精神教育、

---

① 习近平. 坚持中国特色社会主义教育发展道路　培养德智体美劳全面发展的社会主义建设者和接班人［N］. 人民日报，2018 - 09 - 10（1）.

为何开展此项教育、如何更好地开展此项教育等问题都做出了阐述，努力为提升高校艰苦奋斗精神教育实效而发挥作用，可以丰富高校思想政治教育理论，践行高校立德树人的根本任务，努力开创高校思想政治工作新局面。

当前，急需加强新时代大学生艰苦奋斗精神教育，引导大学生自觉弘扬和践行艰苦奋斗精神，对于大学生能够担当起责任和使命，对于大学生能够成长成才都具有重要意义。在建设中国特色社会主义、实现中国梦的征程中，艰苦奋斗精神帮助大学生面对顺境和逆境时，保持清醒头脑，不盲目乐观，保持奋斗的状态；引导大学生在各种风险和挑战面前，不畏险阻，敢于攻坚克难，坚忍不拔地持续奋斗。在大学生成长和今后的人生中，艰苦奋斗精神可以给青年人提供强大的精神力量。帮助大学生以持之以恒、奋发有为、开拓进取的精神，跨越人生中的陡坡险滩；帮助大学生在挫折和考验面前，以宠辱不惊的心态、百折不挠的进取意志，从挫折中吸取教训，从考验中获得经验；帮助大学生放弃懒惰享乐、贪图安逸、不思进取、自私自利的心态，以踏实笃行、自立自强、创新进取、乐于奉献的精神激扬青春，增长才干。用艰苦奋斗的行动托起我们的"中国梦"。

中国共产党的艰苦奋斗思想和奋斗史是艰苦奋斗精神教育的宝贵资源。深入剖析党的艰苦奋斗思想有助于提升研究的理论性，为大学生艰苦奋斗精神教育提供更多生动的教育素材。艰苦奋斗精神是中国共产党人的红色基因和精神财富。中国共产党的历史是一部奋斗史，是一部不断铸造崇高精神的文明史。党的艰苦奋斗思想为艰苦奋斗精神不断赋予新的时代内涵，使艰苦奋斗精神保持永久的活力，能够激发大学生学习、弘扬艰苦奋斗精神；党以艰苦奋斗精神为武器成就伟业的历程，能够感染大学生，加深他们对艰苦奋斗精神的认同感；有着艰苦奋斗精神优秀党员干部的率先垂范，能够引起大学生的效仿和学习。

要把协同理念贯穿于大学生艰苦奋斗精神教育的实践，有助于达到提升教育实效的目标。大学生的艰苦奋斗精神教育要同其他教育环节相协同，即与理想信念教育、成长成才教育、实践教育、就业创业教育相结合，以增加更多艰苦奋斗精神的教育路径。其他各门课程也应与艰苦奋斗精神教育保持同向，不应该出现与艰苦奋斗精神教育观念相悖的内容和言论。还要注重学校、家庭与社会教育的协同，这三方教育能够保持同向同行，并发挥各自对大学生教育的优势，就可以基本实现对大学生艰苦奋斗精神培养的全覆盖，有利于建立艰苦奋斗精神教育的长效机制。把协同理念运用到大学生艰苦奋斗精神教育中，综合各种思想教育资源形成合力，生成协同效应，可以达到增强对践行艰苦奋斗精神的思想自觉和行动自觉的教育目的，促进大学生艰苦奋斗精神教育的发展。

在不断深入研究如何能使艰苦奋斗精神教育获得更好成效的过程中，发现开展艰苦奋斗精神教育不仅要使青年人把精神内化于心，更要外化于行动，这样才算真正完成了艰苦奋斗精神教育的任务。把艰苦奋斗落实为大学生的实际行动，并能让大学生始终坚持践行，这并不是大学四年的引导与规范就能完全实现的，而是要靠长期的教育监督和影响，最终使艰苦奋斗成为个人的价值追求和行为习惯。从国外教育的实践经验中不难发现，这种教育从小就应该开始，而且小时候的教育更需要注重行为养成。我们国家在这方面做得还不够，存在有些教育环节和教育阶段中艰苦奋斗教育缺失，在学生成长的整个过程中教育内容衔接不上等问题。另外，对艰苦奋斗理论和艰苦奋斗精神教育的理论还需要进一步挖掘。这些都是今后需要继续研究和探讨的问题。

参考文献

著作类:

[1] 马克思,恩格斯. 马克思恩格斯选集:1—4卷 [M]. 北京:人民出版社, 1995.

[2] 列宁. 列宁选集:1—4卷 [M]. 北京:人民出版社, 1995.

[3] 毛泽东. 毛泽东选集:1—4卷 [M]. 北京:人民出版社, 1991.

[4] 毛泽东. 毛泽东文集:1—8卷 [M]. 北京:人民出版社, 1993.

[5] 邓小平. 邓小平文选:1—4卷 [M]. 北京:人民出版社, 1993.

[6] 江泽民. 江泽民文选:1—3卷 [M]. 北京:人民出版社, 2006.

[7] 江泽民. 论党的建设 [M]. 北京:中央文献出版社, 2001.

[8] 胡锦涛. 胡锦涛文集:1—3卷 [M]. 北京:人民出版

社，2016.

[9] 胡锦涛．坚定不移沿着中国特色社会主义道路前进 为全面建成小康社会而奋斗：在中国共产党第十八次全国代表大会上的报告 ［M］．北京：人民出版社，2012.

[10] 习近平．习近平谈治国理政 ［M］．北京：外文出版社，2014.

[11] 习近平．习近平关于党风廉政建设和反腐败斗争论述摘编 ［M］．北京：中央编译出版社，2017.

[12] 习近平．决胜全面建成小康社会 夺取新时代中国特色社会主义伟大胜利：在中国共产党第十九次全国代表大会上的报告 ［M］．北京：人民出版社，2017.

[13] 中共中央宣传部．毛泽东邓小平江泽民论思想政治工作 ［M］．北京：学习出版社，2000.

[14] 中共中央宣传部．毛泽东邓小平江泽民论社会主义道德建设 ［M］．北京：学习出版社，2001.

[15] 共青团中央，中共中央文献研究室．毛泽东邓小平江泽民论青少年和青少年工作 ［M］．北京：中央文献出版社，中国青年出版社，2000.

[16] 中共中央文献研究室．十六大以来重要文献选编 ［M］．北京：人民出版社，2006.

[17] 教育部思想政治工作司．加强和改进大学生思想政治教育重要文献选编（1978—2008）［M］．北京：中国人民大学出版社，2008.

[18] 中共中央宣传部．毛泽东邓小平江泽民论弘扬和培育民族精神 ［M］．北京：学习出版社，2003.

［19］中共中央文献研究室．毛泽东著作专题摘编［M］．北京：中央文献出版社，2003

［20］王峻岩，瞿秀文，张志国．树立社会主义荣辱观学习读本［M］．北京：新华出版社，2006．

［21］柳礼泉．中国共产党对艰苦奋斗精神的发展与升华［M］．长沙：湖南大学出版社，2008．

［22］叶笃初，王作成．党员干部艰苦奋斗作风读本［M］．北京：红旗出版社，2003．

［23］张友谊，商志晓．中华民族精神导论［M］．济南：山东人民出版社，2006．

［24］张耀灿，郑永廷，吴潜涛，等．现代思想政治教育学［M］．北京：人民出版社，2006．

［25］成志伟，武在平．在艰苦奋斗中求富强［M］．青岛：青岛出版社，1990．

［26］金钊，胡林辉．弘扬和培育民族精神学习读本［M］．北京：中国人事出版社，2003．

［27］魏晓莉．奋斗：让生命与梦想接轨［M］．北京：华艺出版社，2008．

［28］陈万柏，张耀灿．思想政治教育学原理［M］．北京：高等教育出版社，2007．

［29］张荣臣，谢英芬．牢记"两个务必"发扬艰苦奋斗作风［M］．北京：国家行政学院出版社，2003．

［30］陆庆壬．思想政治教育学原理［M］．北京：高等教育出版社，1991．

［31］龚学增.民族精神教育读本［M］.北京：中共中央党校出版社，2003.

［32］黄宏.延安精神［M］.北京：人民出版社，2005.

［33］张荣臣，谢英芬.长征精神读本［M］.北京：红旗出版社，2006.

［34］傅治平.和谐社会导论［M］.北京：人民出版社，2005.

［35］范平，姚桓.新世纪反腐倡廉干部读本［M］.北京：中共中央党校出版社，2001.

［36］吴汉德，刘云林.思想道德修养导论［M］.南京：南京大学出版社，1998.

［37］郑永廷.毛泽东思想政治教育的理论与实践［M］.武汉：武汉大学出版社，1993.

［38］陈秉公.思想政治教育学原理［M］.沈阳：辽宁人民出版社，2001.

［39］骆郁廷.当代大学生思想政治教育［M］.北京：中国人民大学出版社，2010.

［40］教育部社会科学研究与思想政治工作司.思想政治教育学原理［M］.北京：高等教育出版社，1997.

［41］邱伟光，张耀灿.思想政治教育学原理［M］.北京：高等教育出版社，1999.

［42］白显良.思想政治教育的马克思主义理论基础研究［M］.北京：人民出版社，2014.

［43］白显良.隐性思想政治教育基本理论研究［M］.北京：人民出版社，2013.

［44］北京大学哲学系．古希腊罗马哲学［M］．北京：商务印书馆，1982.

［45］宫志峰，李纪岩，李在武．大学生社会主义核心价值体系建设研究［M］．北京：人民出版社，2012.

［46］谢宏忠．大学生价值观导向：基于文化多样性视野的分析［M］．北京：社会科学文献出版社，2010.

［47］寇东亮．公民荣辱观教育——基于德性论的分析［M］．北京：人民出版社，2011.

［48］冯俊，龚群．东西方公民道德研究［M］．北京：中国人民大学出版社，2011.

［49］武衡，谈天民，戴永增．徐特立文存：第2卷［M］．广州：广东教育出版社，1996.

［50］檀传宝．当代东西方德育发展要览［M］．北京：人民教育出版社，2013.

［51］冯增俊．当代西方学校道德教育［M］．广州：广东教育出版社，1993.

［52］吴潜涛，徐艳国．建党90年来高校德育发展的历史轨迹［M］．北京：高等教育出版社，2012.

［53］谈松华．大学思想政治教育简史［M］．上海：上海交通大学出版社，1989.

［54］龚海泉．高等学校思想政治教育史［M］．武汉：武汉出版社，1992.

［55］何东昌．中华人民共和国重要教育文献（1976—1990）［M］．海口：海南出版社，1998.

［56］沈壮海，王培刚，王迎迎，等．中国大学生思想政治教育发展报告（2016）［M］．北京：北京师范大学出版社，2017.

［57］沈壮海．思想政治教育有效性研究［M］．武汉：武汉大学出版社，2008.

［58］成志伟，武在平．在艰苦奋斗中求富强［M］．青岛：青岛出版社，1990.

［59］于欣欣，孟欣．高校大学生思想政治教育［M］．哈尔滨：哈尔滨地图出版社，2006.

［60］单春晓．高校思想政治教育工作新视界［M］．北京：人民出版社，2011.

［61］王树荫，王炎．新中国思想政治教育史纲［M］．北京：人民出版社，2010.

［62］周立平，钟巘．邓小平教育思想概述［M］．北京：人民教育出版社，1992.

［63］毕红梅．全球化视野中的思想政治教育［M］．北京：中国社会科学出版社，2006.

［64］宋希仁．当代外国伦理思想［M］．北京：中国人民大学出版社，2000.

［65］宋志明，吴潜涛．中华民族精神论纲［M］．北京：中国人民大学出版社，2006.

［66］李君如．民族复兴的中流砥柱［M］．长沙：湖南教育出版社，2001.

［67］李方祥．中国共产党的传统文化观研究［M］．北京：中共党史出版社，2008.

[68] 许启贤. 中国共产党思想政治教育史 [M]. 北京：中国人民大学出版社，2004.

[69] 张耀灿. 中国共产党思想政治教育史论 [M]. 北京：高等教育出版社，2006.

[70] 傅治平. 精神的升华：中国共产党的精气神 [M]. 北京：人民出版社，2007.

[71] 姚军. 奋斗论 [M]. 苏州：苏州大学出版社，2013.

[72] 雷莹. 中国共产党革命精神历史嬗变研究 [M]. 北京：光明日报出版社，2009.

[73] 郭德宏. 永恒的延安精神 [M]. 天津：天津古籍出版社，2005.

[74] 谢忠厚. 历史转折之魂：西柏坡精神 [M]. 石家庄：河北教育出版社，1999.

[75] 沈洪波. 全球化与国家文化安全 [M]. 济南：山东大学出版社，2009.

[76] 卞敏. 中华民族精神研究 [M]. 北京：光明日报出版社，2008.

[77] 赵康太，李英华. 中国传统思想政治教育理论史 [M]. 武汉：华中师范大学出版社，2006.

[78] 亚当·斯密. 道德情操论 [M]. 王秀莉，译. 上海：上海三联书店，2008.

[79] 亚当·斯密. 国民财富的性质和原因的研究 [M]. 郭大力，王亚南，译. 北京：商务印书馆，1974.

[80] 塞缪尔·斯迈尔斯. 节俭：如何正确地使用金钱 [M]. 张

历，译．北京：中国长安出版社，2009．

[81] 阿瑟·刘易斯．经济增长理论 [M]．周师铭，沈丙杰，沈伯根，译．北京：商务印书馆，2001．

[82] 马克思·韦伯．新教伦理与资本主义精神 [M]．于晓，陈维纲，等译．北京：生活·读书·新知三联书店，1987．

论文类：

[1] 柳礼泉．论坚持艰苦奋斗与实现远大理想的统一 [J]．科学社会主义，2008（1）．

[2] 谢鑫．艰苦奋斗精神的哲学解读 [J]．湖南文理学院学报（社会科学版），2008（5）．

[3] 陈志超．高校应大力加强大学生艰苦奋斗精神的教育 [J]．思想理论教育导刊，2011（6）．

[4] 王焰新．艰苦奋斗精神的时代内涵及弘扬途径 [J]．中国地质大学学报（社会科学版），2002（3）．

[5] 米如群．关于艰苦奋斗精神内涵的文化释读 [J]．学海，2006（6）．

[6] 王向志，周作武．当代大学生艰苦奋斗思想的现状与对策 [J]．山东省青年管理干部学院学报，2005（11）．

[7] 郭安海，郭英．大学生艰苦奋斗状况的调查与思考 [J]．上饶师范学院学报，2006（5）．

[8] 陈永红．加强大学生艰苦奋斗教育的几点认识 [J]．思想理论教育导刊，2003（10）．

［9］林屹. 加强艰苦奋斗教育 培育高素质人才［J］. 思想政治教育研究, 2007（2）.

［10］曾雅丽. 新时期加强大学生艰苦奋斗精神教育的思考［J］. 学校党建与思想教育, 2008（6）.

［11］谷佳媚. 论艰苦奋斗精神对构建和谐社会的时代价值［J］. 当代社科视野, 2008（9）.

［12］宋易风. 毛泽东、邓小平的艰苦奋斗观［J］. 理论导刊, 1994（7）.

［13］曹监湘. 论艰苦奋斗与廉政勤政［J］. 湖南社会科学, 2003（4）.

［14］周作武. 中共主要领导人艰苦奋斗思想比较研究［J］. 湖南社会科学, 2005（7）.

［15］王璐, 王新爱, 任福全. 当代大学生艰苦奋斗精神教育探析［J］. 中国环境管理干部学院学报, 2008（2）.

［16］田宏秀, 陈书. 当代大学生艰苦奋斗精神的现状剖析及培养之思考［J］. 文教资料, 2007（8）.

［17］于超. 中美高校思想政治教育的比较及借鉴［J］. 黑龙江高教研究, 2008（9）.

［18］苏海虹. 对策: 新时期大学生艰苦奋斗教育［J］. 中国青年研究, 1998（4）.

［19］苏守波. 当代大学生还需不需要艰苦奋斗［J］. 中国青年研究, 2002（2）.

［20］张晋锋, 要在大学生中进行艰苦奋斗精神的教育［J］. 学校党建与思想教育, 2003（8）.

[21] 张宏. 关于大学生艰苦奋斗教育的思考 [J]. 黑龙江高教研究, 1995 (2).

[22] 朱其训. 论大学生的艰苦奋斗教育 [J]. 江苏高教, 2003 (4).

[23] 杨镇, 王霞娟. 论对大学生进行艰苦奋斗教育的现实意义 [J]. 思想教育研究, 2004 (4).

[24] 张丽萍, 张云霞. 浅谈艰苦奋斗精神对大学生成才的意义 [J]. 学校党建与思想教育, 2006 (6).

[25] 刘俊生. 要引导大学生保持艰苦奋斗的传统 [J]. 黑龙江高教研究, 1995 (2).

[26] 李淑慧. 试谈高校艰苦奋斗精神教育 [J]. 思想政治教育研究, 1998 (4).

[27] 康达华, 黄铁苗. 论继续发扬勤劳节俭、艰苦奋斗精神 [J]. 毛泽东邓小平理论研究, 2012 (11).

[28] 张飞燕. 论培育大学生艰苦奋斗精神 [J]. 理论月刊, 2003 (9).

[29] 陈玲玲, 曾长秋, 陈倩倩. 略论大学生的自强自立精神及其培育途径 [J]. 思想政治教育研究, 2007 (3).

[30] 陆克富. 艰苦奋斗精神的时代解读 [J]. 前沿, 2004 (5).

[31] 李海明. 科学把握艰苦奋斗的时代要求 [J]. 求是, 2003 (11).

[32] 乔海曙. 大学生创新能力培养研究综述 [J]. 大学教育科学, 2008 (1).

[33] 郑永扣. 艰苦奋斗的哲学之思 [J]. 河南师范大学学报（哲

学社会科学版），2006（4）．

[34] 陈升．论艰苦奋斗则荣，骄奢淫逸则耻 [J]．中国青年政治学院学报，2007（2）．

[35] 姚润皋．社会主义核心价值体系的特点与建设路径 [J]．高校理论战线，2008（7）．

[36] 范军．论中国共产党宗旨的先进性 [J]．东北师大学报（哲学社会科学版），2008（1）．

[37] 范军．艰苦奋斗：践行党的群众路线的精神力量 [J]．东北师大学报（哲学社会科学版），2016（6）．

[38] 范军．习近平治国理政思想中党的宗旨意蕴 [J]．新长征，2017（3）．

[39] 张澍军，苏醒．论"立德树人"根本任务与思想政治教育学科建设使命 [J]．思想教育研究，2013（7）．

[40] 郭凤志，张澍军．现代文化精神观照下的西方德育模式探析 [J]．社会科学战线，2008（9）．

[41] 张澍军．"八荣八耻"荣辱观的思想价值 [J]．思想理论教育导刊，2006（4）．

[42] 张澍军，曹润生．论大学生思想政治教育的基本原则 [J]．高校理论战线，2005（2）．

[43] 王立仁，吴林龙．论雷锋精神培育的个体价值 [J]．思想政治教育研究，2012（3）．

[44] 郑敬斌，王立仁．改革开放以来思想政治教育发展的历史回顾与思考 [J]．兰州学刊，2011（6）．

[45] 康达华，黄铁苗．论继续发扬勤劳节俭、艰苦奋斗精神

[J]. 毛泽东邓小平理论研究，2012（11）.

[46] 陆根书，彭正霞，康卉. 大学生创业意向及其影响因素研究：基于西安市九所高校大学生的调查分析 [J]. 西安交通大学学报（社会科学版），2013（4）.

[47] 邢增鎏. "以艰苦奋斗为荣，以骄奢淫逸为耻"：谈新时期的艰苦奋斗 [J]. 前沿，2007（7）.

[48] 李捷，卢洁，沈雁昕. 弘扬艰苦奋斗精神 全面推进伟大事业和伟大工程 [J]. 思想理论教育导刊，2003（6）.

[49] 杨玲玲. 艰苦奋斗是中国共产党人的精神力量：纪念中国共产党建党九十周年 [J]. 人民论坛，2011（20）.

[50] 罗贤甲，杨树明. 大学生艰苦奋斗精神欠缺的深层原因及教育路径探析 [J]. 思想教育研究，2010（5）.

[51] 袁纯清. 实现中国梦需要艰苦奋斗的正能量 [J]. 求是，2013（21）.

[52] 代红凯，丁俊萍. 邓小平艰苦奋斗精神教育思想及其当代启示 [J]. 理论学刊，2016（2）.

[53] 钟小明，高晓林. 论苏区时期艰苦奋斗精神的内涵及其当代价值 [J]. 毛泽东邓小平理论研究，2016（8）.

[54] 侯玉环. 论新时代青年学生奋斗精神培育研究 [J]. 思想理论教育导刊，2019（6）.

报纸类：

[1] 邓小平为学习张海迪活动的题词 [N]. 人民日报，1983 -

05 - 04.

[2] 江泽民. 在庆祝北京大学建校一百周年大会上的讲话 [N]. 人民日报, 1998 - 05 - 05 (1).

[3] 胡锦涛. 坚持发扬艰苦奋斗的优良作风 努力实现全面建设小康社会的宏伟目标 [N]. 人民日报, 2003 - 01 - 03 (1).

[4] 胡锦涛. 致中国青年群英会的信 [N]. 人民日报, 2007 - 05 - 05 (1).

[5] 胡锦涛. 在同中国农业大学师生代表座谈时的讲话 [N]. 人民日报, 2009 - 05 - 03 (2).

[6] 胡锦涛. 在全国教育工作会议上的讲话 [N]. 人民日报, 2010 - 09 - 09 (2).

[7] 胡锦涛. 在纪念中国共产主义青年团成立 90 周年大会上的讲话 [N]. 人民日报, 2012 - 05 - 05 (1).

[8] 习近平. 在同各界优秀青年代表座谈时的讲话 [N]. 人民日报, 2013 - 05 - 05 (2).

[9] 习近平. 青年要自觉践行社会主义核心价值观: 在北京大学师生座谈会上的讲话 [N]. 人民日报, 2014 - 05 - 05 (2).

[10] 习近平. 在庆祝中国共产党成立 95 周年大会上的讲话 [N]. 人民日报, 2016 - 07 - 02 (2).

[11] 习近平. 弘扬"红船精神"走在时代前列 [N]. 光明日报, 2017 - 12 - 01 (1).

[12] 习近平. 决胜全面建成小康社会 夺取新时代中国特色社会主义伟大胜利——中国共产党第十九次全国代表大会上的报告 [N]. 人民日报, 2017 - 10 - 28 (1).

［13］习近平.在 2018 年春节团拜会上的讲话［N］.人民日报，2018 - 02 - 15（2）.

［14］习近平.坚持中国特色社会主义教育发展道路　培养德智体美劳全面发展的社会主义建设者和接班人［N］.人民日报，2018 - 09 - 10（1）.

［15］习近平.把思想政治工作贯穿教育教学全过程 开创我国高等教育事业发展新局面［N］.人民日报，2016 - 12 - 09（1）.

［16］胡锦涛.把青春奉献给中国特色社会主义壮丽事业［N］.人民日报，2008 - 06 - 15（1）.

［17］窦玉田.弘扬艰苦奋斗精神需要解决的几个认识误区［N］.营口日报，2007 - 02 - 15（2）.

［18］周为民.艰苦奋斗与马克思主义科学理论［N］.解放军报，2003 - 10 - 06.

［19］曹守亮.行走在理想与现实边缘［N］.光明日报，2013 - 01 - 08（15）.

［20］隋笑飞.厉行节约 反对浪费［N］.人民日报，2013 - 01 - 29（1）.

［21］中共中央国务院印发《关于加强和改进新形势下高校思想政治工作的意见》［N］.人民日报，2017 - 02 - 28（1）.

后　记

本书是笔者多年对奋斗精神研究的认识。时光荏苒，不忘初心，通过几年对艰苦奋斗精神的深入研究，我实现了当初想继续增进专业理论水平和科研能力的目的。特别是在今日获得本书出版的成果时，更是用自己的亲身实践，再次验证了艰苦奋斗精神的宝贵，深刻体会到幸福是靠奋斗获得的，奋斗本身就是一种幸福。

有幸得遇我的博士导师范军教授。我所取得的成果凝结着老师付出的心血。他温文儒雅的个人风度、实事求是的治学之风、一丝不苟的工作态度、真诚无私的师德师风，无不在给我示范一名教师应有的风范和品格。老师不仅教会了我如何做学问，还言传身教，教我如何做具有人格魅力的高校教师。

很幸运在我为学业和研究奋斗的过程中，我的家人、朋友、同事默默给予我包容、鼓励和帮助。他们为我遮风挡雨，排除干扰，才能让我专心完成学业，有了今天的收获。感恩他们每一位的付出。

希望本书的出版，能为落实习近平总书记在全国教育大会上提出的"要在培养奋斗精神上下功夫"的要求提供助力，能将对该问题的研究引向深入，切实为培养当下青年人的奋斗品质提供帮助。书中存在的不足之处，还请读者提出宝贵建议。

张颖

2020.4.21